Incluye una guía de estudio personal y de grupo

UN GIRO HACIA LA

Integridad

Incluye una guía de estudio personal y de grupo

UN GIRO HACIA LA

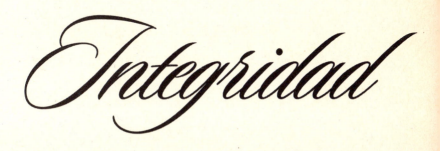
Integridad

ENFRENTE LOS RETOS
DE LA VIDA CON LA
FORTALEZA DE DIOS
Y UNA NUEVA
DETERMINACIÓN

DAVID JEREMIAH

DEDICADOS A LA EXCELENCIA

> La misión de Editorial Vida es proporcionar los recursos necesarios a fin de alcanzar a las personas para Jesucristo y ayudarlas a crecer en su fe.

© 2004 EDITORIAL VIDA
Miami, Florida

Publicado en inglés con el título:
Turning Toward Integrity por Chariot Victor Publishing
© 1993 por SP Publications, Inc.

Traducción: *Rolando Cartaya*
Edición: *Rojas & Rojas Editores, Inc.*
Diseño de cubierta: *Grupo Nivel Uno, Inc.*
Diseño interior: *Rojas & Rojas Editores, Inc.*

Reservados todos los derechos.

ISBN: 0-8297-3561-5

Categoría: Estudio bíblico

Impreso en Estados Unidos de América
Printed in the United States of America

04 05 06 07 08 ❖ 07 06 05 04 03 02 01

CONTENIDO

Uno	INTEGRIDAD: CUANDO LA TEMPERATURA SUBE (Santiago 1:1-12)	11
Dos	INTEGRIDAD: CUANDO LO TORCIDO PARECE RECTO (Santiago 1:13-18)	27
Tres	INTEGRIDAD: CUANDO EL ESPEJO NO MIENTE (Santiago 1:19-27)	44
Cuatro	INTEGRIDAD: CUANDO LA JUSTICIA NO ES CIEGA (Santiago 2:1-13)	60
Cinco	INTEGRIDAD: CUANDO LA FE NO OBRA (Santiago 2:14-26)	76
Seis	INTEGRIDAD: CUANDO LA LENGUA SE DESATA (Santiago 3:1-12)	90
Siete	INTEGRIDAD: CUANDO LA SABIDURÍA ES NECEDAD (Santiago 3:14-18)	105
Ocho	INTEGRIDAD: CUANDO LA ADORACIÓN LLEVA A LA GUERRA (Santiago 4:1-12)	123
Nueve	INTEGRIDAD: CUANDO SUS METAS NO SON LAS DE DIOS (Santiago 4:13-17)	141
Diez	INTEGRIDAD: CUANDO LA RIQUEZA DE NADA VALE (Santiago 5:1-6)	155
Once	INTEGRIDAD: CUANDO USTED ANDA APURADO Y DIOS NO (Santiago 5:7–12)	169
Doce	INTEGRIDAD: CUANDO EL DOLOR NOS LLEVA A ORAR (Santiago 5:1 –20)	184
	GUIA DE ESTUDIO PERSONAL Y COLECTIVA	200
	NOTAS	231

DEDICATORIA

A MI HERMANA,
LA DRA. MARYALICE JEREMIAH,

quien ha demostrado
la integridad de su fe
como consejera y administradora
en el mundo plagado de retos
del deporte universitario.

INTRODUCCIÓN

El diccionario dice que la integridad es una «firme adhesión a un código de valores morales … calidad o estado de lo que es completo e indiviso». En su forma más simple, integridad significa totalidad, entereza. Proviene de una raíz que significa «intacto». Si somos íntegros, no tenemos un corazón dividido ¡No guardamos intenciones ocultas!

Stephen Covey, en su obra *Los siete hábitos de las personas más eficaces*, describe la integridad como:

> ...el valor que nos damos. Es nuestra capacidad para hacer y cumplir compromisos con nosotros mismos, para «hacer lo que decimos». … Su disciplina proviene de su interior; es una función de su voluntad independiente. Usted es un discípulo, un seguidor de sus propios y arraigados valores, así como fuente de los mismos. Y usted tiene la voluntad, la integridad para subordinar a esos valores sus sentimientos, sus impulsos y su estado de ánimo.[1]

Lewis Smedes cita una definición de integridad que se muestra en *The Crucible* [El crisol], una obra teatral de Arthur Miller:

> Integridad es algo más que decir la verdad. Se trata de ser un tipo determinado de persona. De ser individuos que sabemos quiénes somos y dónde estamos. Y se trata de ser consecuentes con lo que somos, aunque nos cueste más de lo que estaríamos dispuestos a pagar.[2]

El libro que usted tiene en sus manos trata sobre la integridad… la integridad de la fe. Trata del tipo de fe que persevera en la persecución, resiste la tentación, reacciona con obediencia a la Palabra de Dios, se sobrepone a los prejuicios, realiza buenas obras, controla la lengua, se guía por la sabiduría divina, contempla en todos sus planes al Señor, depende de él y no de la riqueza, espera pacientemente su regreso y hace de la oración, y no del esfuerzo personal, su recurso espiritual básico.

Según el apóstol Santiago (Santiago es una contracción castellanizada de dos palabras latinas: *santus Iacobus*, que quiere decir *San Jacobo*), una fe genuina debe marcar una genuina diferencia en el estilo de vida de una persona ¡El credo de cada cual debe determinar su conducta! ¡Y aquellos que conocieron a Santiago le consideraban autorizado para tratar este tema! Por causa de su vida virtuosa le llamaban «Santiago el Justo». El texto de esta epístola refleja la probidad de sus normas de vida, y resuenan en ella los elevados y excelsos principios de su hermano. En la Epístola de Santiago se encuentran al menos quince alusiones al Sermón del Monte pronunciado por Jesús.

Tres hombres importantes del Nuevo Testamento llevaban el nombre original de Jacobo. Jacobo, hijo de Zebedeo, era uno de los doce discípulos, y hermano de Juan (Mateo 4:21; Marcos 1:19; Lucas 5:10). Se convirtió en el primer mártir apostólico cuando el rey Herodes «hizo arrestar a algunos de la iglesia con el fin de maltratarlos ... a Jacobo, hermano de Juan, lo mandó matar a espada» (Hechos 12:1-2)

Jacobo, hijo de Alfeo, fue también uno de los Doce (Mateo 10:3; Marcos 3:18; Lucas 6:15; Hechos 1:13). Como era más pequeño que Jacobo, el hijo de Zebedeo, a veces se le menciona como «Jacobo el Menor».

El tercer hombre que llevaba por nombre Jacobo era el medio hermano de Jesús, hijo de María y José (Gálatas 1:19), el redactor de la Epístola de Santiago. Como cada vez que se relaciona a los hermanos de Jesús se le menciona siempre primero, se cree generalmente que era el que le seguía en edad (Mateo 13:55; Marcos 6:3)

Resulta fascinante leer la Epístola de Santiago sabiendo que quien la escribió se crió junto a nuestro Señor Jesucristo.

> Compartió durante treinta años cada comida en la misma mesa con él; trabajó con él seis días a la semana en el mismo taller; asistió con él el séptimo día a la misma sinagoga; y subió con él a Jerusalén una vez al año para celebrar la Pascua. Porque Jacobo, el hijo de José, era en realidad hermano del Señor. Y el pequeño Jacobo hacía a diario las delicias de su hermano mayor; era para él carga y alegría perpetuas, como quizás haya visto usted en su propia familia hermanos semejantes.
>
> Ojalá tuviera yo el conocimiento y el genio para hacerle ver y oír todo lo que debe haber pasado en la casa de José ... la perplejidad y los razonamientos de la familia ante Jesús; las disputas y divisiones familiares en torno a él; las esperanzas que en cierto momento habrían depositado en él; y los temores y desilusiones que en otra época también habrían su-

frido por su causa. Piense en esos años, jamás repetidos en ninguna otra familia sobre la faz de la Tierra.³

Y sin embargo, he aquí un hecho aún más fascinante. Jacobo habitó con Jesús esos treinta años y fue, hasta siete meses antes de la Crucifixión, un incrédulo. Lo cierto es que «ni aun sus hermanos creían en él» (Juan 7:5).

Después que Jesús resucitó de entre los muertos, se apareció de manera especial a Jacobo (1 Corintios 15:7). Jacobo estaba allí cuando él se mostró a los que estaban reunidos en el Aposento Alto, en Jerusalén (Hechos 1:14). Luego, cuando Pedro fue milagrosamente liberado de la cárcel, les pidió a los que estaban reunidos orando que se lo hicieran saber a Jacobo (12:17).

Pablo se refiere a Jacobo como una de las «columnas» de la iglesia (Gálatas 2:9), y para el momento en que fue convocada la primera convención de Jerusalén (alrededor de 51 d.C.), este último se había convertido en el líder de mayor autoridad. En aquel primer concilio de la Iglesia, después que hubieron hablado Pedro, Pablo y Bernabé, él resumió la discusión, y su declaración fue adoptada por unanimidad, formulada en una epístola y enviada a la Iglesia de Antioquía (Hechos 15:13-21)

Varios años después (58 d.C.) cuando Pablo rindió un informe a la Iglesia sobre su tercer viaje misionero, Jacobo era todavía, al parecer, el líder reconocido (21:17-25).

El historiador del Siglo I, Flavio Josefo, apunta que Jacobo acabó su vida lapidado por orden del sacerdote saduceo Anás.⁴

La Epístola de Santiago se escribió para los judíos dispersos por todo el mundo antiguo (Santiago 1:1). Desde Babilonia hasta Roma, dondequiera que una comunidad de hebreos se hubiera asentado por razones comerciales o sociales, es probable que estas exhortaciones de Santiago se hayan leído.

Considerado cronológicamente el primer libro escrito en la época del Nuevo Testamento, la Epístola de Santiago es también una de las de mayor sentido práctico. Jacobo escribe con la pasión de Elías, y gracias a su fiera elocuencia y fervor profético se le ha llamado con frecuencia el Amós del Nuevo Testamento. En los 108 versículos de esta breve carta hay ¡54 imperativos!

Después de nuestro Señor, es Santiago el mejor ilustrador entre los redactores del Nuevo Testamento. Su conocimiento de la naturaleza es fuente de muchas historias que cobran significado en la obra creativa de Dios. En verdad hay más apreciación de la naturaleza en la Epístola de Santiago que en todas las de Pablo juntas.

Pese a su rústico estilo como escritor, esta epístola exuda un candor genuino. Once veces se refiere Jacobo a sus lectores como «hermanos míos». Tres veces les llama «mis queridos hermanos». Sus palabras pueden parecer severas a veces, ¡pero están dirigidas a ayudar, no a lastimar!

Nunca hubo mejor momento que hoy para estudiar el Libro de Santiago. Su poderoso mensaje de «una fe genuina» expone la vacuidad de tantas propuestas modernas.

> Una abrumadora mayoría de los estadounidenses —más del ochenta y cinco por ciento— se identifican todavía como cristianos. Pero si bien los indicadores estadísticos de la fe están aumentando, su influencia social disminuye, y las razones son cada vez más obvias. Ha habido un abandono de la ortodoxia cristiana, una corrupción de la obediencia cristiana, un vacío en el liderazgo cristiano, y un desconcierto en muchas de las iniciativas públicas en que los cristianos han depositado su confianza últimamente. En buena medida el rostro público de la «cristiandad estadounidense» es un inquietante testamento del poder de la religión sin Dios.[5]

Podemos dar un giro hacia la integridad si estudiamos detenidamente las palabras de Santiago y dejamos de ser meros oidores para ser hacedores de cuanto él nos propone.

Uno

INTEGRIDAD:
CUANDO LA TEMPERATURA SUBE

(Santiago 1:1-12)

«Hermanos míos, considérense muy dichosos cuando tengan que enfrentarse con diversas pruebas».

Fueron donde aquel alférez y le derramaron en la espalda un vaso de agua helada. Luego le lanzaron otro a la cara. El suboficial, que se había quedado dormido en el comedor después de cinco noches sin dormir, abrió un segundo los ojos, lo suficiente para balbucear un torpe «Gracias, jefe». Un instante después los entornó y los cerró. Su cabeza volvió a desplomarse sobre la mesa sin haber tocado la comida.

Se le llama la Semana del Infierno, y es parte de la Escuela Básica de Demolición Submarina de la Armada de EE.UU., en la que los marinos son convertidos en las tropas élite SEAL, un acróstico formado por las iniciales de las palabras en inglés Sea [mar] Air [aire] y Land [tierra]. Sometiéndoles a un severo régimen de insomnio, sobrecarga de los sentidos y pruebas físicas, estos hombres acaban contándose entre los seres humanos más recios del mundo.

Los esfuerzos para convertir a un hombre promedio en un comando empiezan en la Base Naval Anfibia de Coronado, en San Diego, California. El curso comienza en octubre con la tarea de nadar 275 metros y el régimen de exigencia física se va haciendo más difícil hasta llegar a la prueba de fuego, conocida como la Semana del Infierno.

Este período final del entrenamiento caracterizado por torturas físicas y psicológicas comienza un domingo por la noche. Una luz comienza a encenderse y apagarse de manera intermitente mientras los reclutas son despertados por el instructor. Una ametralladora dispara salvas en sus oídos, y una manguera, chorros de agua. El entrenador grita sus instrucciones: «Tenemos que cumplir una misión esta noche. Quiero que recuerden bien cada detalle». La misión consiste en ejercicios y en yacer empapado y casi desnudo sobre frías planchas de acero, instaladas en un muelle cercano.

El lunes, los equipos de seis hombres participan en carreras a pie llevando sobre la cabeza botes de asalto Zodiac de caucho. Cada uno pesa 115 kilogramos. El martes, tras dormir menos de una hora la noche anterior, tienen que remar casi 30 kilómetros a bordo del bote, en un viaje de ida y vuelta hasta las aguas territoriales de México.

Durante la travesía, muchos confiesan perder a intervalos la conciencia debido a la falta de sueño. Ya en la base, la mayoría de los alumnos aprenden a dormir mientras comen.

El miércoles, los reclutas reanudan las carreras con el bote de sombrero, hundiendo sus botas de combate en la pesada arena. Esa noche, vuelven a correr. A medianoche se les ordena acostarse desnudos a la orilla del mar, donde rompen las frías olas. Y durante toda la noche, cada diez minutos, les hacen ponerse de pie para exponerlos a los efectos del viento.

Concluida la tortura de las olas, cada estudiante recibe una oportunidad para pedir la baja. Todo lo que tiene que hacer es tocar tres veces una campanilla y decir: «Renuncio».

Al despuntar el jueves todos sufren de alucinaciones. El viernes por la tarde, la semana ha concluido y los SEAL forman una fila para ser auscultados por un médico.[1]

Sólo considerando los horrores de la guerra puede explicarse semejante castigo. Al empujar a estos hombres al borde de la locura en tiempos de paz, la Marina les proporciona la mejor oportunidad de prepararse para enfrentar la crueldad de la guerra, si llegara ese momento.

En las primeras palabras de su epístola, Santiago les recuerda a sus hermanos atribulados que no deben sorprenderse cuando experimenten intensos períodos de pruebas. Él sabe que el conflicto espiritual que ellos enfrentan requerirá una capacidad de resistencia que sólo se adquiere a través de la instrucción apropiada y la experiencia supervisada. Santiago describe el régimen de entrenamiento de Dios como «diversas pruebas». Mientras prepara a sus amigos para la inevitable prueba, esboza para ellos y para nosotros las siguientes cinco estrategias a emplear.

INTEGRIDAD: CUANDO LA TEMPERATURA SUBE

Celebre la razón de las pruebas

Cuando Santiago dirige su epístola a las doce tribus, está utilizando un apelativo común de la nación hebrea (Hechos 26:7). Cuando habla de ellas como «dispersas por el mundo», la palabra que escoge es diáspora, un término técnico empleado con posterioridad al cautiverio en Babilonia para designar a los judíos que vivían entre los gentiles fuera de Palestina.

La diáspora comenzó en 722 a.C., cuando los asirios capturaron a las diez tribus del Reino del Norte (2 Reyes 17:6). El proceso continuó cuando Nabucodonosor deportó al Reino del Sur a Babilonia en 586 a.C. (2 Reyes 25:11). En los primeros días de la Iglesia, cuando grandes olas de persecución barrían Jerusalén, la dispersión persistía: «Los que se habían dispersado a causa de la persecución que se desató por el caso de Esteban llegaron hasta Fenicia, Chipre y Antioquía, sin anunciar a nadie el mensaje excepto a los judíos» (Hechos 11:19; ver también Hechos 8:1,4)

Pedro escribió su primera epístola «a los elegidos, extranjeros dispersos por el Ponto, Galacia, Capadocia, Asia y Bitinia» (1 Pedro 1:1).

En algunas importantes ciudades del mundo antiguo como Alejandría, grandes asentamientos de judíos expatriados eran perseguidos por sus propios compatriotas y por los gentiles, y en muchos lugares eran tenidos por menos que esclavos.

Este es el contexto de las pruebas mencionadas en esta primera sección. Santiago describe a estos israelitas desheredados como los hermanos «que tengan que enfrentarse a pruebas». Es una formulación similar a como Pablo presenta su encarcelamiento en Roma: «lo que me ha pasado» (Filipenses 1:12).

La frase «tener que enfrentarse» podría traducirse mejor como «encontrar». Es una redacción paralela a la utilizada en la historia del buen samaritano acerca del hombre que «cayó en manos de unos ladrones» (Lucas 10:30)

El uso de estas palabras evidencia que aquellos creyentes atribulados no eran presa de actividades pecaminosas o de la tentación. En lugar de ello, eran explotados, vejados y objeto de litigios por parte de los ricos. Dios permitía estas experiencias para que su fe se fortaleciera y madurara.

Para los judíos, estas pruebas tomaban la forma de persecución. Para nosotros hoy día, podrían presentarse bajo muchas otras formas: pérdida de trabajo, divorcio, problemas con los hijos, crisis financieras severas, enfermedades o muertes en la familia, o problemas de relaciones sobre los cuales tenemos muy poco control. Un escritor ha observado que este énfasis de Santiago representa un claro contraste respecto a buena parte del pensamiento cristiano moderno:

> Un asunto que vale la pena sopesar es el hecho de que el primer tema tratado por Santiago tiene que ver con las dificultades que uno encuentra en la vida cristiana. A él le era totalmente ajena la curiosa noción moderna de que convertirnos en cristianos hará nuestras vidas más fáciles, de que todos los problemas desaparecerán, y de que las perspectivas para los creyentes en esta vida consisten en «vivir muy felices y comer perdices».[2]

Sería fácil razonar que, como en este momento no estamos experimentando adversidad alguna, tal enseñanza no se aplica a nosotros. Pero le sugiero observar que Santiago no dice si tienen que enfrentar pruebas, sino cuando tengan que enfrentar pruebas.

Y cuando esas pruebas inevitables lleguen, nuestra primera estrategia debe ser, según el hermano del Señor, «considerarnos muy dichosos» ¿Qué quiso decir con eso?

En su libro *Where Is God When It Hurts?* [¿Dónde está Dios cuando sufrimos?] Philip Yancey habla de Claudia, una hermosa recién casada, que descubrió que padecía la enfermedad de Hodgkin. Uno de sus grandes retos al enfrentar tal prueba se lo presentó un grupo de amigos bienintencionados que iban a visitarla al hospital. Una muchacha, a quien Claudia identifica como la persona más espiritual de su iglesia, iba a menudo a leerle textos sobre alabanza a Dios. Sus sermones a Claudia solían ser como este:

> Claudia, necesitas llegar a un punto en el que puedas decir: «Dios mío, te amo por hacerme sufrir así. Es tu voluntad. Tú sabes qué es lo mejor para mí. Y yo te alabo por amarme tanto y por permitirme pasar por esto. Te doy gracias por todo, incluyendo mis sufrimientos».

Según Claudia refiere, mientras valoraba estas palabras, su mente se llenaba de horribles visiones de Dios:

> Ella se imaginaba una figura con forma de ogro, grande como el universo, que se deleitaba en oprimir entre sus dedos a inermes seres humanos,

pulverizándolos con sus puños, lanzándolos contra afiladas rocas. Aquel ser continuaba torturando a los humanos hasta que estos clamaban: «¡Dios mío, te amo tanto por hacerme esto!»

La idea le repugnaba. Claudia sabía que jamás podría amar a un Dios como aquel.[3]

Cuando Santiago nos recomienda considerarnos dichosos cuando tengamos que enfrentar diversas pruebas, no nos está dando el consejo de la amiga de Claudia. Considerarnos dichosos en medio de la tribulación es reaccionar con una evaluación deliberada e inteligente de nuestra situación. El capitán de la Marina Larry Bailey, oficial que dirige la escuela de entrenamiento de los SEAL en Coronado, afirma que: «Llegar al final de la Semana del Infierno es en un noventa por ciento un ejercicio mental. Al principio los reclutas no lo creen, pero es así».[4]

Lo mismo se aplica a los cristianos que atraviesan un tiempo de pruebas: un noventa por ciento del éxito radica en su mente y en su espíritu. Deben aprender a ver la experiencia desde la perspectiva de Dios, y reconocer que la prueba, aunque no es una experiencia agradable en sí misma, es un medio para producir algo muy valioso en sus vidas.

El Dr. Spiros Zodhiates explica que la palabra considerar «debería traducirse como "anticipar, vaticinar, ver". Mientras vive en el presente, considere el porvenir, piense con visión de futuro. Padezca ahora, pero regocíjese en el porvenir».[5]

Jesús enseñó esta clase de gozo en el Sermón del Monte:

> Dichosos los perseguidos por causa de la justicia, porque el reino de los cielos les pertenece. Dichosos serán ustedes cuando por mi causa la gente los insulte, los persiga y levante contra ustedes toda clase de calumnias. *Alégrense y llénense de júbilo*, porque les espera una gran recompensa en el cielo. Así también persiguieron a los profetas que los precedieron a ustedes. (Mateo 5:10-12, cursivas añadidas)

Pablo experimentó esa extraña bendición. Él escribió: «en medio de todas nuestras aflicciones se desborda mi alegría» (2 Corintios 7:4). Cuando los apóstoles fueron reprimidos por causa de su valiente testimonio de Cristo, se fueron «llenos de gozo por haber sido considerados dignos de sufrir afrentas por causa del Nombre» (Hechos 5:41)

Pedro también creía que esta singular alegría era posible. En su primera epístola escribe:

> Esto es para ustedes motivo de *gran regocijo*, a pesar de que hasta ahora han tenido que sufrir diversas pruebas por un tiempo. El oro, aunque perecedero, se acrisola al fuego. Así también la fe de ustedes, que vale mucho más que el oro, al ser acrisolada por las pruebas demostrará que es digna de aprobación, gloria y honor cuando Jesucristo se revele. (1 Pedro 1:6-7, cursivas añadidas)

> Queridos hermanos, no se extrañen del fuego de la prueba que están soportando, como si fuera algo insólito. Al contrario, *alégrense* de tener parte en los sufrimientos de Cristo, para que también sea inmensa su alegría cuando se revele la gloria de Cristo (1 Pedro 4:12-13, cursivas añadidas).

De nuevo, Philip Yancey nos ayuda a entender este concepto tan a menudo malinterpretado:

> Con esas palabras (regocíjense y alégrense), los apóstoles no pretendían aconsejar una actitud de «haz como si nada hubiera pasado». No hay trazas de semejante actitud en la reacción de Cristo al sufrimiento, ni tampoco en la de Pablo. ... Ni hay indicio masoquista alguno de que hayan disfrutado del dolor. «Regocijarse en el sufrimiento» no significa que un cristiano debe mostrarse feliz ente la tragedia y el dolor cuando en realidad siente ganas de llorar. Tal perspectiva distorsiona la honestidad y la expresión genuina de los sentimientos. El cristianismo no es algo falso. El foco de la Biblia está en el resultado final, en el uso que Dios puede hacer del sufrimiento en nuestra vida. Sin embargo, antes de que Él pueda producir ese resultado, necesita que hagamos el compromiso de confiar en Él, y es el proceso de ofrendarle ese compromiso lo que se puede describir como regocijo».[7]

El Dr. R. A. Torrey fue una generación atrás uno de los grandes maestros de la Biblia y fundadores del Instituto Bíblico de Los Angeles (BIOLA). Él y su esposa atravesaron una época muy difícil cuando su hija de 12 años murió en un accidente. El funeral tuvo lugar un día de

INTEGRIDAD: CUANDO LA TEMPERATURA SUBE

lluvia y mal tiempo. De pie alrededor de la fosa vieron bajar los restos de la niña. Mientras se alejaba, la Sra Torrey dijo: «Me alegro de que Elizabeth esté con el Señor y no en esa caja».

Pero aún sabiendo que eso era cierto, ambos tenían el corazón destrozado. El Dr. Torrey cuenta que al día siguiente, mientras caminaba por la calle todo volvió a presentarse ante él: la soledad, los años por delante sin su presencia, el dolor de una casa vacía y todas las demás implicaciones de su deceso. Mientras reflexionaba sobre aquel instante escribió:

> Y en aquel momento, ese manantial, el Espíritu Santo que albergaba en mi corazón, irrumpió con un poder que nunca antes había experimentado, ¡y fue uno de los momentos más dichosos de mi vida! ¡Ah, cuán maravilloso es el gozo del Espíritu Santo! Es algo glorioso, inefable sentir esa dicha, no causada por las cosas que nos rodean, ni siquiera por los amigos más queridos, sino sentir en tu interior una fuente inagotable de gozo ... los 365 días del año, manando en cualquier circunstancia en dirección a la vida eterna.[7]

Calcule los resultados de sus pruebas

El creyente tiene que mirar por encima de la inmediata amargura de la prueba y hallar gozo en lo que Dios logrará con ella. Pablo dijo a los cristianos de Roma algo muy ilustrativo:

> Y no sólo en esto, sino también en nuestros sufrimientos, porque sabemos que el sufrimiento produce perseverancia; la perseverancia, entereza de carácter; la entereza de carácter, esperanza. Y esta esperanza no nos defrauda, porque Dios ha derramado su amor en nuestro corazón por el Espíritu Santo que nos ha dado (Romanos 5: 3-5).

En su libro *The Fight* [La lucha] John White escribe: «Los tiempos duros ... o nos forman o nos destruyen. Si usted no termina totalmente aplastado por ellos, será engrandecido. El dolor le llevará vivir su vida más profundamente y a expandir su conciencia».[8]

- *Las pruebas producen perseverancia*

Santiago nos dice que el poner a prueba nuestra fe produce paciencia. Pero paciencia no es un término pasivo, sino activo. No es una resignación ante cualquier contrariedad, sino una fuerte y firme determinación en medio de circunstancias muy adversas. Se traduciría mejor como «firmeza», «perseverancia» o «resistencia valerosa».

Santiago 5:11 emplea la segunda palabra refiriéndose a Job: «En verdad, consideramos dichosos a los que perseveraron. Ustedes han oído hablar de la perseverancia de Job, y han visto lo que al final le dio el Señor. Es que el Señor es muy compasivo y misericordioso».

En la vida de los creyentes las pruebas refinan la fe, de manera que todo lo que es falso se desvanece, y la fe genuina que continúa confiando en Dios puede desarrollar una perseverancia positiva y victoriosa.

William Barclay señala que la firmeza de los primeros cristianos no era una cualidad pasiva: «No es sólo la capacidad de soportar agravios; es la capacidad de convertirlos en gloria y grandeza. Lo que más impresionaba a los paganos durante los siglos de la persecución era que los mártires no morían espantados; morían cantando».[9]

- *Las pruebas producen madurez*

Santiago utiliza aquí dos expresiones para definir la madurez en la vida del creyente. Cuando la perseverancia ha cumplido perfectamente su obra, el cristiano se torna *perfecto* e *íntegro*.

En primer lugar, los cristianos maduros son *perfectos*. Esta última palabra significa «plenamente desarrollados». Sin perseverancia ante las pruebas, un cristiano no ha madurado lo suficiente. Debe aprender a mantenerse firme en ellas de modo que la obra que Dios ha comenzado en él pueda concluir.

Tres veces le pidió Pablo al Señor que sacara el aguijón de su cuerpo. Y aunque no como él deseaba, Dios respondió a su petición: «Te basta con mi gracia, pues mi poder se *perfecciona* en la debilidad» (2 Corintios 12:9, cursivas añadidas). El término *perfección* es la misma palabra usada aquí por Santiago. Debemos perseverar en nuestras pruebas para que la obra que Dios comenzó en nosotros pueda concluir.

En una ocasión David oraba acerca de este aspecto de la obra divina: «El Señor *cumplirá* en mí su propósito. Tu gran amor, Señor, perdura para siempre; ¡no abandones la obra de tus manos!» (Salmo 138:8).

En segundo lugar, los creyentes maduros son *íntegros*. Esta palabra se refiere a algo que retiene todas sus partes y por tanto está entero. Es posible que un cristiano concluya su crecimiento y madure en muchos aspectos de la vida, pero quizás le falte el ingrediente de la perseverancia ante las pruebas. Mientras no lo experimente no será íntegro.

El gran teólogo Juan Calvino era de constitución débil y enfermiza, y sufría persecución; sin embargo, guió en forma brillante a miles de creyentes durante la Reforma. Aquejado de reuma y migraña, continuó escribiendo prolíficamente y predicando poderosamente, amén de gobernar durante 25 años la ciudad de Ginebra. Decía Calvino: «Uno debe someterse a sufrimientos supremos a fin de descubrir la plenitud de la dicha».[10]

Reclame en sus pruebas los recursos de Dios

Un cartel de hace algunos años decía:

ESTA ORACIÓN ES PARA DECIRLA
CUANDO EL MUNDO TE HAYA DERRIBADO
Y TE SIENTAS PODRIDO POR DENTRO,
Y DEMASIADO CANSADO PARA ORAR,
Y ANDES MUY APURADO,
Y ADEMÁS, ESTÉS PELEADO CON TODO EL MUNDO...
«¡AUXILIO!»

La mayoría de nosotros nos hemos encontrado en algún momento gritando «¡Auxilio!», pero ese es generalmente nuestro último recurso. Lo normal es que intentemos todas las artimañas ideadas por el ser humano para no admitir que necesitamos ayuda. Santiago toma el verbo «faltar» del versículo 4 y lo enlaza con el 5, recordándonos que el prerrequisito para obtener ayuda en nuestras tribulaciones es ¡reconocer que nos falta suficiente sabiduría para enfrentarlas! El argumento es este: «Al enfrentarse a pruebas, es importante saber cómo lidiar con ellas. La única forma de poder comprender estas pruebas y responder a ellas adecuadamente es pedir la sabiduría que sólo Dios puede dar».

En un libro titulado *The Wisdom of God* [La sabiduría de Dios], se exponen las siguientes ideas sobre la sabiduría:

¿Qué es la sabiduría? Coleridge dice: «Sabiduría es tener sentido común en un grado poco común». C. H. Spurgeon define la sabiduría como: «El uso correcto del conocimiento». Para Francis Hutchinson es: «Perseguir los mejores fines utilizando los mejores medios». Cicerón dijo: «La sabiduría es el conocimiento de las cosas divinas y humanas, y de las causas que las controlan». Alguien, desconocido para mí, ha añadido esta sencilla definición: «La sabiduría es el conocimiento más el uso de la cabeza». Pero si fuera a escoger mi definición secular favorita creo que sería esta: «La sabiduría es hacer lo correcto en una forma sin precedentes».[11]

Cuando nuestros amigos o seres queridos están atravesando alguna prueba, creemos poder ver a través de su odisea lo que Dios está haciendo. Pero cuando nos toca sufrir a nosotros, cuando somos nosotros quienes andamos sobre los rescoldos, es mucho más difícil ser tan sabio. Por eso tenemos que pedir a Dios sabiduría. Nueve vocablos hebreos y cinco griegos pueden traducirse como *orar*, pero el Espíritu Santo los soslaya todos y escoge el más común: *pedir*. Todo lo que tenemos que hacer es *pedir*, y él nos dará la sabiduría que necesitamos para capear el temporal.

Hace unos años encontré un lema que me ha ayudado más de una vez a entender la necesidad de buscar la ayuda de Dios. Dice así:

> A menos que dentro de nosotros
> esté lo que es sobre nosotros,
> pronto cederemos
> ante lo que está alrededor de nosotros.

Mientras Santiago insta a los creyentes atribulados a pedir sabiduría, la manera en que describe a Dios nos hace preguntarnos por qué tardamos tanto en pedir su ayuda.

- *Dios es bueno*

Las Escrituras afirman que Dios es la fuente de la verdadera sabiduría:

> Toda buena dádiva y todo don perfecto descienden de lo alto, donde está el Padre que creó las lumbreras celestes, y que no cambia como los astros ni se mueve como las sombras (Santiago 1:17).

> Con Dios están la sabiduría y el poder; suyos son el consejo y el entendimiento (Job 12:13).

INTEGRIDAD: CUANDO LA TEMPERATURA SUBE

¿De dónde, pues, viene la sabiduría? ¿Dónde habita la inteligencia? ... Sólo Dios sabe llegar hasta ella; sólo él sabe dónde habita (Job 28:20,23)

Porque el Señor da la sabiduría; conocimiento y ciencia brotan de sus labios (Proverbios 2:6).

Pablo oraba para «que el Dios de nuestro Señor Jesucristo, el Padre glorioso, les dé el Espíritu de sabiduría» (Efesios 1:17). Este Dios que es la fuente de la sabiduría la da a todos los hombres. Él es bueno e imparcial. Él siempre responderá a la oración que la solicita. Nunca rechaza una petición. Puede que no responda conforme a nuestro horario... ¡pero siempre responde!

- *Dios es generoso*

Santiago nos dice que Dios da a todos generosamente. Existen dos significados asociados con la palabra original. El primero de ellos significa «extender», y nos presenta a Dios extendiendo o divulgando su tabla de conocimientos. A quienes la piden, Dios les entrega su sabiduría derramando sobre ellos toda la que necesitan.

El segundo significado enseña el *método* de su entrega. La palabra que al castellano traducimos como *generosamente* también se traduce como «individualmente». Dios es lo opuesto del hombre indeciso e inconstante del versículo 8. Él da su sabiduría en forma simple, llana y abierta, así como individualizada, a todos los que se la piden.

- *Dios es gracia*

Santiago dice que Dios da su sabiduría sin reproche (RVR 1960). La palabra reprochar significa «insultar», «lanzar invectivas», «hacer daño». Cuando nos dirigimos a Dios en busca de sabiduría, él nunca nos reprende, no importa con cuanta frecuencia lo hagamos.

Dios es bueno, generoso y lleno de gracia, y por tanto nadie que le busque debe acercarse a él dudando ¡Podemos confiar en él! Pero si no lo hacemos, no debemos esperar que nos responda.

Pero que pida con fe, sin dudar, porque quien duda es como las olas del mar, agitadas y llevadas de un lado a otro por el viento. Quien es así no piense que va a recibir cosa alguna del Señor; es indeciso e inconstante en todo lo que hace (Santiago 1:6-8).

La palabra fe se encuentra solamente tres veces en el Antiguo Testamento (Números 35:30, Isaías 57:11, Habacuc 2:4), pero sólo en la Epístola de Santiago está presente quince veces. Hebreos nos recuerda que «sin fe es imposible agradar a Dios, ya que cualquiera que se acerca a Dios tiene que creer que él existe y que recompensa a quienes lo buscan» (11:6). Si nos acercamos a Dios sin fe, es porque hemos decidido vivir la vida a nuestra manera, tomar nuestras propias decisiones, separarnos de él. Luego entonces, la causa de que no nos responda está en nosotros, no en él.

Cuando Santiago compara al hombre indeciso con el mar ondulante, hace la primera de muchas referencias a la naturaleza en su misiva. También menciona al viento (1:6; 3:4), al sol (1:11,17), las plantas y las flores (1:11), caballos (3:3), así como otras fieras, aves y bestias marinas (3:7), fuentes de agua (3:11), higueras, vides, olivos (3:12), la agricultura (5:7), y la lluvia (5:17-18).

Santiago señala que quien ora dudando es como las olas del mar, agitadas y llevadas de un lado a otro por el viento. Con seguridad tenía en mente el Mar de Galilea, de sólo 24 kilómetros de largo por 11 de ancho, pero a menudo tormentoso. Fuertes vientos bajan de las montañas circundantes como un ciclón, batiendo con furia las aguas. Para Santiago, la agitación constante del mar sugiere los vaivenes del corazón de un hombre que duda. Estas personas se sienten animadas un momento y desanimadas el siguiente. Pablo usa el mismo símil para caracterizar a los creyentes inmaduros. Se refiere a ellos como «niños, zarandeados por las olas y llevados de aquí para allá por todo viento de enseñanza y por la astucia y los artificios de quienes emplean artimañas engañosas» (Efesios 4:14).

El hombre de fe es estable y sólo mira en una dirección en busca de la sabiduría que necesita. Sabe que el Dios al que ora puede y quiere responder a su necesidad. Como nos recuerda Dorothy Sayers, Dios nos puede ayudar en nuestras pruebas porque él mismo escogió el camino del sufrimiento:

Sea cual fuere la razón, Dios escogió hacer al hombre como es: limitado, sufrido y sujeto al dolor y a la muerte. Pero él tuvo la honestidad y el coraje de tomar su propia medicina. Sea cual fuere el juego que se trae con su creación, ha respetado sus propias reglas y ha jugado limpio. Él no exigirá nada del hombre que no se haya exigido a sí mismo. Y ha pasado por toda la experiencia humana, desde las irritaciones más triviales de la vida cotidiana, las restricciones del trabajo duro, y la penuria económica hasta los peores horrores del dolor, la humillación, la derrota, la desesperación y la muerte. Cuando fue hombre, actuó como tal. Nació en la pobreza y murió en la desgracia, y creyó que bien valía la pena.[12]

Considere sus reacciones a las pruebas

Cuando está pasando por una prueba, se sorprende a menudo evaluando la vida. Si por casualidad es rico, comprende que las pruebas le pueden sumir en la pobreza. La mayoría de los lectores de Santiago eran pobres y se habían vuelto aún más miserables bajo la persecución desatada contra ellos. Pero Santiago no dejó que se desanimaran. Les dijo que debían regocijarse en el hecho de que estaban siendo exaltados ¡Habían estado en el fondo y ahora irían hasta la cima! Por medio de la pobreza, ellos habían desarrollado un espíritu de humildad que mantendría abiertos para Dios sus corazones. «Dichosos los pobres en espíritu, porque el reino de los cielos les pertenece» (Mateo 5:3). R. W. Dale le recuerda al hombre pobre su legítima posición ante Cristo:

> Déjenle que recuerde que es un príncipe, y que se gloríe en ello. Es un príncipe que va camino de su reino, viajando por senderos escabrosos, soportando numerosas penurias, padeciendo hambre, frío y cansancio; aquellos con quienes viaja, desconocen su grandeza; pero él sí la conoce ¡Déjenle gloriarse en sus altos dominios![13]

Las pruebas que Dios nos presenta entrañan una vía que él tiene para imponer la equidad en su familia. Cuando le llegan a un hombre pobre, este deja que Dios haga su obra y se regocija por contar con riquezas espirituales que nadie le puede quitar. Sin embargo, cuando le llegan al rico, este también permite que Dios haga lo suyo, y se goza sabiendo que sus riquezas en Cristo no se marchitarán ni desvanecerán. La referencia que hace Santiago al rico y a la relativa brevedad de la vida humana le recuerda las flores silvestres que alfombraban los montes de su tierra natal. Durante unas semanas en la primavera, después de la llegada de las lluvias, eran deslumbradoramente bellas, pero su belleza era siempre efímera. Empleando un lenguaje poético que debe haber resultado familiar a sus lectores hebreos (Job 14:2; Salmos 102:11; 103:15-16; Isaías 40: 6-8; 1 Pedro 1:24-25) Santiago describe el intenso calor que, al terminar la estación de las lluvias, marchitaba las flores. La corta vida de estas en Palestina le ofrecía una elocuente ilustración sobre la fe del hombre rico. Cuando el calor de las pruebas le separaba de sus riquezas, un cristiano rico podía calcular que de todos modos sólo las poseería por un tiempo muy breve. Y sabía que nada había perdido en realidad, ya que Cristo era todo para él.

Hudson Taylor, fundador de la obra misionera en China Continental, hablaba una vez con un joven misionero que se disponía a comenzar su trabajo en aquel vasto país. «Fíjate en esto», le dijo Taylor, y acto seguido dio un puñetazo sobre la mesa. Las tazas de té saltaron y la infusión se derramó. Mientras el sorprendido joven se preguntaba qué quería decir aquello, Taylor le explicó: «Cuando empieces a trabajar, serás zarandeado de muchas maneras. Tus pruebas serán como golpes. Pero recuerda, esos golpes sólo podrán sacar de ti aquello que se encuentre en tu interior».[14]

Contemple la recompensa a sus pruebas

Santiago nos alerta de que nuestras pruebas nos aportan paciencia y madurez, y nos hacen buscar la sabiduría de Dios y guiarnos por ella. Pero la adversidad también está imbricada con el porvenir, pues las pruebas también nos garantizan futuras bendiciones: «Dichoso el que resiste la tentación porque, al salir aprobado, recibirá la corona de la vida que Dios ha prometido a quienes lo aman» (Santiago 1:12).

También Jesús prometió un premio a quienes se mantuvieran fieles bajo la persecución: «Dichosos los perseguidos por causa de la justicia ... Alégrense y llénense de júbilo, porque les espera una gran recompensa en el cielo. Así también persiguieron a los profetas que los precedieron a ustedes» (Mateo 5:10-12).

El premio que promete Santiago es una «corona», palabra que tiene su origen en la griega *stefanos*. Esta fue la denominación que identificaba las ramas de espino trenzadas que colocaron en la cabeza del Señor mientras le preparaban para la crucifixión (Mateo 27:29; Marcos 15:17; Juan

19:5). En sus epístolas a los Filipenses y los Tesalonicenses (Filipenses 4:1; 1 Tesalonicenses 2:19) Pablo se refirió en forma metafórica a su «corona». En su segunda carta a Timoteo, describía su futura recompensa como «la corona de justicia» (4:8). Pedro la definió como «la inmarcesible corona de gloria» que será recibida «cuando aparezca el Pastor supremo» (1 Pedro 5:4). El apóstol Juan la llamó «la corona de la vida» (Apocalipsis 2:10) e indicó que figuraría entre las coronas depositadas ante el trono de Jesús en el Cielo (Apocalipsis 4:10). Nos salvamos por creer en Cristo, pero somos coronados cuando, incluso caminando sobre las brasas, continuamos amándole.

Andrew Murray padecía un terrible dolor crónico en la espalda, resultado de una vieja lesión. Una mañana, mientras desayunaba en su recámara, su ama de llaves le dijo que abajo estaba una mujer que se encontraba en graves problemas, y que quería saber si él tendría para ella algún consejo. Murray alargó al ama de llaves un ensayo en el que había estado trabajando y le dijo: «Déle este consejo que he estado escribiendo para mí mismo. Puede que lo encuentre útil». Esto fue lo que escribió:

> En tiempos difíciles, dígase a sí mismo: «En primer lugar, él me trajo aquí. Es por su voluntad que estoy en este callejón; en ello descansaré». Y luego: «En su amor él me guardará, y me proveerá su gracia a través de esta prueba para que pueda actuar como hijo suyo». Entonces, dígase: «Él convertirá mi prueba en bendición, enseñándome lecciones que espera que aprenda, y haciendo obrar en mí la gracia que desea otorgar». Por último, dígase: «Él puede restaurarme al buen tiempo. Cómo y cuándo, sólo él lo sabe». Por lo tanto, recapitule: «Estoy aquí (1) por la voluntad de Dios (2), guardado por él (3), bajo su guía (4), y en su tiempo».[15]

Mientras que cada curso de entrenamiento básico de los SEAL comienza con un promedio de setenta y cinco marinos, un promedio de sólo treinta y ocho se gradúan y continúan una carrera exitosa como comandos de Mar, Aire y Tierra. Casi la mitad de la clase pide la baja durante el proceso.[16] Cuando los cristianos, en las pruebas de la vida, nos enfrentamos a nuestro entrenamiento básico, se registran también muchas bajas. Pero Santiago nos enseña que podemos ser vencedores en lugar de víctimas, si nos preparamos mentalmente para:

1. Celebrar la razón de nuestras pruebas
2. Calcular los resultados de nuestras pruebas
3. Reclamar los recursos de Dios en nuestras pruebas
4. Considerar nuestras reacciones ante nuestras pruebas
5. Contemplar la recompensa a nuestras pruebas.

Dos

INTEGRIDAD: CUANDO LO TORCIDO PARECE RECTO

(Santiago 1:13-18)

*«Cuando el deseo ha concebido, engendra el pecado;
y el pecado, una vez que ha sido consumado,
da a luz la muerte».*

John Fischer es uno de mis escritores contemporáneos favoritos. En su libro *Real Christians Don't Dance* [Los verdaderos cristianos no bailan], nos cuenta su historia:

> Los dos hombres transitaron calle abajo en dirección al café. El viejo andaría por sus ochenta y tantos, y había caminado con el Señor más de lo que el joven había vivido. En realidad «había caminado» es una expresión demasiado pasiva... sería más exacto «había luchado». Era un anciano muy vital, y había batallado por buscar en sí mismo y en Dios la verdad y la honestidad. La sabiduría y el encanto resultantes hacían que su compañero esperara estos encuentros con anticipación.
>
> Camino del café se cruzaron con una joven. Iba ataviada como para sacar el máximo partido del calor y de sus atributos físicos. El denso silencio que se instaló entre ambos tras pasar junto a ella confundió al joven. Él había conocido ese silencio antes, andando con sus amigos. Era uno lleno de preguntas incómodas como «¿No le haré caso? ¿Romperé el hielo contando algún chiste? ¿Le diré algo que suene espiritual?». En sus coetáneos podía entenderlo, pero en un anciano cuya vista era nebulosa

y cuyas glándulas estaban seguramente secas, no tenía sentido. Finalmente la curiosidad triunfó, y el joven le espetó al viejo:

—¿Usted ha podido vencerlo alguna vez?

—Todavía no —replicó, guiñando un ojo, el anciano. El joven estaba sorprendido. A su edad, con su madurez, con su experiencia... ¿y todavía luchaba contra la lujuria? Minutos después, sentados en el café, el joven retomó la conversación.

—¿Usted quiere decir... que no hay manera de vencerlo?[1]

La mayoría de nosotros suponemos que, al envejecer, sentiremos los tirones de la tentación mucho menos que en nuestros años mozos. En otras palabras, si resistimos, ya pasará. Pues bien, creo que podemos vencerla, pero no porque alcancemos a vivir más allá del campo gravitatorio de las tentaciones. Este, el más antiguo de los problemas humanos, continuará hostigándonos hasta nuestros últimos días. A decir verdad, muchos opinan que la intensidad de la tentación se ha elevado hasta un nivel sin precedentes:

> Me parece que la batalla contra el pecado y sus poderes podría ser para nosotros hoy más enconada que en casi cualquier otra época de la historia reciente. Somos bombardeados desde todas direcciones con fuertes tentaciones que pueden hacer que nos alejemos de Dios. Antiguamente, los hombres tenían que romper consigo mismos para entregarse al pecado. Hoy en día, las posibilidades de pecar están presentes en todas partes: en las tiendas, la TV, la escuela, el trabajo, los cines, los periódicos y en cada página de nuestras revistas. Nos exponemos a diario a una variedad increíble de oportunidades para la desobediencia de pensamiento y obra. La estimulación persuasiva capta nuestra atención y alimenta nuestras fantasías. Parecería no haber escape ... las tentaciones que resistimos hoy vienen cargadas con el poder brutal de la publicidad y agazapadas bajo el genio perverso y sutil de la persuasión mundana. Ninguna otra era ha tenido que lidiar con cosas como las que enfrentamos nosotros. Todo, desde gaseosas hasta llantas, se vende con sexo.[2]

En el capítulo 1 aprendimos que las pruebas vienen de Dios para ayudarnos a mejorar. En este, descubriremos que la tentación proviene de

INTEGRIDAD: CUANDO LO TORCIDO PARECE RECTO

Satanás y tiene la intención de inducirnos a pecar. Cuando caemos en un período de pruebas debemos regocijarnos, pero también es menester renunciar a las tentaciones y abandonarlas. No es fácil interpretar este pasaje, porque en la lengua griega original la palabra que se traduce *prueba* y la palabra *tentación* es la misma. Los problemas externos y las seducciones internas se confunden, y sólo el contexto nos indica qué significado asignarles. En los versículos 2 y 12 de Santiago la forma nominal de *peirasmos* se utiliza para describir el carácter externo de las pruebas. En el 13 y el 14, su forma verbal se emplea para presentar el carácter interno de las tentaciones.

Cuando Satanás nos tienta, es como si el defensor de los consumidores Ralph Nader tomara un automóvil de la General Motors para someterlo a una serie de pruebas. Su propósito es sacar a flote las características negativas del auto. Pero cuando Dios nos prueba, es como si la General Motors sometiera a exámenes a sus propios vehículos. Lo que le motiva es sacar a flote las cualidades positivas.[3]

Cuando un asesino maniático toma un cuchillo para cortar la carne de su víctima, lo hace con el propósito de destruir a esa persona. Pero cuando un experto cirujano utiliza el bisturí para cortar la carne de un ser humano, es con la intención de sanarle. Satanás es el asesino tentador. Nuestro Dios es el experto cirujano. En otras palabras, el diablo nos tienta para poner de relieve lo malo (Santiago 1:13-19). Dios nos prueba para hacer brotar en nosotros lo bueno (vv. 1-12).

Al atravesar cada día, el cristiano se enfrenta a la carne *interna*, al mundo *externo*, y al príncipe de los *infiernos*; sin embargo, sólo el diablo nos tienta para que obremos mal. En Mateo 4:3 y en 1 Tesalonicenses 3:5 se le llama «el tentador». Si usted ha sido cristiano durante un tiempo, el tentador no le debe ser ajeno. Rugiendo como un león presto a devorar, se habrá cruzado en su camino más de una vez.

Aunque las pruebas y las tentaciones son experiencias diferentes, tienen algo en común: sin la preparación adecuada el creyente puede resultar una víctima. Nada pone a prueba la integridad de nuestra fe como nuestra respuesta a las tentaciones. Conociendo las seducciones a que se enfrentaban sus dispersos amigos cristianos, Santiago les ofreció cinco principios para vencer a la tentación.

Reconozca la realidad de la tentación

Un sacerdote joven que oficiaba por primera vez en el confesionario era supervisado por otro veterano. Al final del día el más viejo llevó aparte al joven y le amonestó: «Cuando una persona termine de confesarse tendrás que decir otra cosa que "¡No me cuente!"».

A la mayoría de nosotros no nos sorprende tanto saber que otros han caído en tentación, pero sí nos sorprende el enfrentarla. Y sin embargo, ¡la tentación es inevitable! ¡Nadie escapa de ella! Mientras más crecemos en el Señor, más tentados somos. John White nos recuerda el carácter inevitable de la tentación:

> Siempre seréis tentados. Los tipos de tentaciones pueden variar. Golosinas para los niños, sensualidad para los jóvenes, riquezas para los de mediana edad y poder para los mayores. El Maligno puede inducir estos cambios con más pericia que cualquier agencia de publicidad. Conoce cuál es el talón de Aquiles de cada microbio vivo. Seréis tentados constantemente, y con ferocidad en tiempos de crisis. El propio Jesús lo fue «en todo según nuestra semejanza» (esto es, a cometer adulterio, a robar, a mentir, a matar, etc.) «pero sin pecado». Así que la tentación en sí misma no tiene por qué desanimarnos. La experimentó nuestro Salvador y la experimentaremos nosotros. Mientras vivamos, seremos tentados.[4]

Charles Ryrie hace un cuadro de personajes bíblicos que estuvieron expuestos a la tentación:

> ¿Recuerdan la ebriedad de Noé? ¿O la cobardía y las mentiras de Abraham delante de un monarca pagano? ¿O la auto exaltación de Moisés que le llevó a golpear la roca y le privó de llegar a la Tierra Prometida? ¿O las estratagemas de Jacob? ¿O el maltrato de los Patriarcas a José? ¿O las murmuraciones de Elías? ¿O el doble pecado de David? ¿O la ostentación de Ezequías? ¿O el espíritu rebelde de Jonás? ¿O la negación de Pedro a su Señor? ¿O la deserción de Juan Marcos? ¿O el altercado de Pablo y Bernabé? Algunos de los hombres más nobles de la Biblia no sólo experimentaron la tentación, sino que cedieron a su poder.[5]

Oswald Chambers rescata el concepto de la tentación de su entorno enteramente negativo con estas palabras de su clásico *En pos de lo supremo:*

> En nuestros días la palabra tentación ha llegado a significar algo malo, pero tendemos a usarla incorrectamente. La tentación en sí misma no es pecado. Es algo que estamos destinados a enfrentar simplemente en virtud de que somos humanos. No ser tentados significaría que estamos tan descarriados que no tendríamos noción de la desobediencia ... La tentación no es algo de lo que podamos escapar; en realidad, es esencial para que la vida de una persona esté completa. Guárdese de pensar que usted es tentado como nadie. Sólo está experimentando la herencia común de la raza humana, y no es de ningún modo algo que nadie más haya experimentado. Dios no nos libra de las tentaciones: nos sostiene en medio de ellas (Hebreos 2:18 y 4:15-16).[6]

Todos estos escritores argumentan lo mismo: a menos que reconozcamos la realidad de la tentación, habremos programado para el fracaso nuestra vida espiritual. Pablo coincide con Santiago en que la tentación no debe considerarse inusitada en la vida de un cristiano:

> Ustedes no han sufrido ninguna tentación que no sea común al género humano. Pero Dios es fiel, y no permitirá que ustedes sean tentados más allá de lo que puedan aguantar. Más bien, cuando llegue la tentación, él les dará también una salida a fin de que puedan resistir (1 Corintios 10:13).

En *La Biblia al Día* se parafrasea este versículo: «Pero recuerde esto: Los malos deseos que les hayan sobrevenido no son ni nuevos ni diferentes. Muchísimos han pasado exactamente por los mismos problemas».

Asuma la responsabilidad por la tentación

El humorista Will Rogers dijo que en la historia de Estados Unidos ha habido dos grandes movimientos: la extinción del búfalo o bisonte, y el paso del balde [de la expresión en inglés «to pass the bucket», que significa pasar a otro la responsabilidad]. Nada como la tentación confirma mejor en la práctica la verdad de estas palabras. Erwin Lutzer explica:

No podemos exagerar el daño que han hecho a nivel individual las enseñanzas de Sigmund Freud acerca de que quienes observan una mala conducta es porque están enfermos. No consideramos a nadie responsable de contraer la gripe, el sarampión o un cáncer. Tenemos hospitales, no cárceles, para los que sufren enfermedades físicas, sencillamente porque ellos no son culpables de sus afecciones. La reprensible implicación freudiana está clara: si no somos responsables de una dolencia física, ¿por qué deberían culparnos de un crimen, que es sólo un síntoma de una enfermedad mental?[7]

Según Santiago, llegamos a culpar a Dios por nuestras tentaciones, a pesar del hecho de que «Dios no puede ser tentado por el mal, ni tampoco tienta él a nadie» (1:13).

El traspaso de las culpas empezó realmente en el Jardín del Edén. Adán se excusó con Dios por su desobediencia diciendo: «La mujer que me diste por compañera me dio de ese fruto y yo lo comí» ... Y la mujer, por su parte, dijo: «La serpiente me engañó y comí» (Génesis 3:12-13).

Hoy continuamos de manera muy sutil la tradición de nuestros padres originales. Decimos: «Debe ser la voluntad de Dios o él no dejaría que esto sucediera»; o «Dios ha permitido que yo esté en esta situación... ¡Él podría haberlo evitado si hubiera querido». Pero Santiago no acepta ninguna de nuestras excusas. Dios no condona ni auspicia nuestra conducta pecaminosa.

La formulación de Santiago es mucho más drástica de lo que la traducción al castellano sugiere. Él dice: «Ni remotamente piensen que Dios tiene que ver algo con vuestras tentaciones». Puede que Dios nos pruebe para *fortalecer* nuestra fe, ¡pero nunca nos tentará para *subvertir* nuestra fe! A veces culpamos a Dios al decir que «después de todo somos humanos». Robert Burns lo hizo con estos versos:

> Tú sabes que me has formado
> con ardientes y salvajes pasiones;
> y escuchar su voz hechicera
> a menudo me condujo a errores.[8]

Algunos de los rabinos hebreos de los tiempos de Santiago creían que Dios era al menos indirectamente responsable de la existencia del mal en

INTEGRIDAD: CUANDO LO TORCIDO PARECE RECTO

el mundo. Gracias a eso los lectores de Santiago tenían una excusa congénita para culpar a Dios cuando eran vencidos por la tentación. Spiros Zodhiates explica su razonamiento:

> Dios ha mandado que yo deba ceder a la tentación en que he caído. He sido empujado a pecar, no por el propio Dios, pues él odia el pecado, sino por las circunstancias en que Dios me ha colocado. Dios es la causa última y por tanto debo absolverme de responsabilidad.[9]

Otro escritor expresa esta misma idea en términos aún más gráficos:

> Algunos [cristianos] recurren a la mentira para salir de un apuro; utilizan un lenguaje soez cuando se exasperan; roban o engañan a otros para compensar sus penurias; albergan enconados resentimientos contra otros; incurren en la autocompasión y se quejan amargamente; si no pueden tener por un tiempo relaciones sexuales normales con su cónyuge, satisfacen sus urgencias manteniendo relaciones inmorales con otras personas. Y luego culpan alegremente de sus pecados a Dios y se sienten absueltos de cualquier falta.[10]

¿Por qué no es posible que Dios nos tiente a pecar?

> Quien nos tienta para que pequemos tiene que ser él mismo pecador, predispuesto a las seducciones del mal. Pero Dios no puede ser tentado. Su absoluta santidad le excluyó de la posibilidad de ser tentado, y así, desde su propia naturaleza, no puede ser tentado a pecar.[11]

Una de las mejores ilustraciones de la independencia de Dios respecto de la tentación se encuentra en la vida de Job. Dios *le permitió* a Satanás que tentara a Job, pero él mismo no estaba involucrado en la tentación. Dejó que el diablo despojara a Job de todas sus posesiones, pero la respuesta de Job fue adorar a su Señor: «Desnudo salí del vientre de mi madre, y desnudo he de partir. El Señor ha dado; el Señor ha quitado. ¡Bendito sea el nombre del Señor!» (Job 1:21). Cuando la mujer de Job le increpa: «¡Maldice a Dios y muérete!», él responde de nuevo desde su fe: "Mujer, hablas como una necia. Si de Dios sabemos recibir lo bueno, ¿no sabremos también recibir lo malo?" A pesar de todo esto, Job no pecó ni de palabra» (Job 2:10). Este hombre que había sufrido tantas pérdidas y tragedias entendía la tentación y rehusaba implicar en ella a Dios.

Anticipe la rutina de la tentación

Si Dios no es el responsable de la tentación, ¿entonces quién?

Santiago responde con claridad a esa pregunta en los versículos 14-16: «Todo lo contrario, cada uno es tentado cuando sus propios malos deseos lo arrastran y seducen. Luego, cuando el deseo ha concebido, engendra el pecado; y el pecado, una vez que ha sido consumado, da a luz la muerte. Mis queridos hermanos, no se engañen».

Además de declarar a cada persona responsable ante su propia tentación, el autor puntualiza que la tentación no es un hecho único, sino un proceso:

> Las personas no llevan una vida moral hoy y tienen mañana una relación ilícita. Aunque dé esa impresión, es un proceso. Y este proceso con frecuencia se pasa por alto debido a que algunas de sus fases no son obvias para quienes observamos y son, por tanto, difíciles de detectar. Es por eso que, en apariencia, sucede de la noche a la mañana. Cualquiera de nosotros podría encontrarse ahora mismo envuelto en el proceso. No somos inmunes. Si podemos detectar las primeras señales de peligro y responder a ellas, nos será más fácil cambiar de dirección. Si adora las hojuelas de patatas fritas y sabe que no parará de comer hasta que el paquete esté vacío, hará mejor en no llevarse a la boca la primera. Algunos pasos en la senda de la inmoralidad no son pecados en sí mismos; pero para algunas personas esos pasos pueden ser como la primera hojuela de patata.[12]

Si no queremos que Satanás se aproveche de nosotros, es vital que comprendamos el proceso estratégico del adversario... lo que Pablo llama «sus artimañas» (2 Corintios 2:11).

El Tentador ha estado empleando la misma rutina desde la tentación de Adán y Eva en el Paraíso. He aquí su esquema, paso por paso:

INTEGRIDAD: CUANDO LO TORCIDO PARECE RECTO

- *Primer Paso: Seducción*

Los deseos no son malos si vienen en el lugar apropiado y bajo control. Pero Satanás quiere tomar los deseos rutinarios y convertirlos en deseos desenfrenados ¡Las obsesiones con lo bueno crean lo malo! Reaccionamos a la tentación desde el fondo de nuestro corazón. Jesús lo explicó en Marcos 7:21-23:

> Porque de adentro, del corazón humano, salen los malos pensamientos, la inmoralidad sexual, los robos, los homicidios, los adulterios, la avaricia, la maldad, el engaño, el libertinaje, la envidia, la calumnia, la arrogancia y la necedad. Todos estos males vienen de adentro y contaminan a la persona.

Pero el hombre interior también responde a la provocación del exterior:

> Experimentamos la tentación ...cuando algo en nosotros responde a estimulación externa. Si no hubiera nada en nosotros que pudiera experimentar la atracción de los poderes y placeres mundanos, la tentación no existiría. Santiago llama a esta capacidad de respuesta «malos deseos» ...Todos buscamos la satisfacción de nuestros deseos. Los deseos o anhelos que experimentamos no son malos en sí mismos. Dios creó la Tierra y todo lo que está en ella para nuestro agrado y disfrute. Lo que sí es malo es que a menudo tratamos de satisfacer nuestros deseos en formas inapropiadas, malsanas y contrarias a la voluntad de Dios para nuestra vida.[13]

John White explica cómo los deseos internos responden a las tentaciones externas:

> ¿Alguna vez ha pasado un rato experimentando con un piano? Abra la tapa. Pise el pedal sostenedor. Entonces, entone tan fuerte como pueda dentro de la caja armónica del piano una nota musical. Deténgase y escuche. Oirá al menos un acorde vibrando, en respuesta a la nota que usted ha entonado. Cuando usted canta, su voz resuena en una cuerda del piano, que la devuelve.

He ahí un esquema de la tentación. Satanás llama y usted vibra. La vibración es la «pasión» de que habla Santiago. Su inclinación es continuar, responder a ese llamado. Si los pianos tienen sensaciones, imagino que se sienten excitados con la vibración del acorde. No hay nada malo en esta. Se ha hecho vibrar la cuerda, poderosamente. Pero se suponía que vibrara en respuesta al macillo, no en respuesta a una voz.

La respuesta apropiada no es entonces vibrar extasiado a la voz del diablo, sino soltar el pedal y bajar la tapa del piano. Lutero lo describió en forma pintoresca: usted no puede evitar que los pájaros vuelen sobre su cabeza, pero sí puede impedirles que hagan un nido en su pelo.[14]

- *Segundo Paso: Entrampamiento*

Santiago nos dice que el resultado de la seducción es el entrampamiento. Él pinta al que es tentado como alguien que es atraído y cebado (RV 1909).

Los dos términos originales que usa aquí eran comunes en el mundo de los cazadores y pescadores. La palabra original griega traducida *atraer* significa «atrapar». Y la que se traduce al castellano como *cebar* significa «atraer con el cebo», e incluso se deriva de una raíz que significa «cebo». Homer Kent resume el impacto de ambas palabras tomadas en conjunto para demostrar cuán poderosa es en verdad esta atracción. «Combinando ambos conceptos y viéndolos como metáforas de pescador uno puede visualizar al pez cuando es, primero, tentado a abandonar el seguro lugar donde reposa, y luego, atraído a la carnada que oculta el mortal anzuelo».[15]

Satanás sabe escoger el cebo ideal para cada uno de nosotros. Conoce nuestras debilidades y sabe cómo enmascarar bien este anzuelo con una carnada que nos seduzca. Muchas veces sabemos que nos están engatusando. Sospechamos que hay un anzuelo en lo que Satanás está haciendo, pero continuamos el juego, mordisqueamos el cebo ¡hasta que quedamos atrapados!

Santiago describe este proceso como engañarse, o dejarse engañar. Esta expresión se encuentra también en Gálatas 6:7; 1 Corintios 15:33; y Lucas 21:8.

- *Tercer Paso: Confirmación*

El ejemplo que Santiago usa en el versículo 15 es el de una mujer encinta. «Cuando el deseo ha concebido», dice, «engendra el pecado». El pecado es la unión de la voluntad y la lujuria. Tal como en la concepción humana se inicia un proceso que resultará en el nacimiento de una criatura en un período de tiempo determinado, así también, cuando la tentación es acariciada, tiene un inevitable fruto. Santiago concluye que el hijo nacido de la tentación es el pecado. Ceder a la tentación conlleva un resultado inaplazable.

Así como un niño es una persona aun antes de nacer, así el pecado está presente en el corazón aun antes de que dé indicios de estar allí. La concepción del pecado puede distar muchos meses de su descubrimiento, pero el proceso se ha puesto en marcha. Como dicen las Escrituras, «pueden estar seguros de que no escaparán de su pecado» (Números 32:33).

Hasta este punto el pecado propiamente dicho no se ha cometido. Sin duda que lo ha habido si la tentación se ha acariciado en el corazón y se ha elucubrado en la mente. Pero el acto no ha sido cometido. Sin embargo, ¡ya está hecho! ¡El pecado ha nacido! ¡Y descubrimos que la tentación no parece tan mala como es!

- *Cuarto Paso: Esclavitud*

Cuando vencemos a la tentación, recibimos la corona de vida. Cuando cedemos a ella, recibimos la muerte. La paga del pecado es la muerte.

Usted puede escoger cómo desea vivir. Es libre de elegir sus acciones, pero no sus resultados. Es libre para tomar decisiones, pero no para evitar las consecuencias.

En su tragedia *Macbeth*, William Shakespeare ilustra los pasos regresivos del mal. Lady Macbeth había ambicionado ser reina de Escocia. Lo único que se interponía entre ella y la realización de su ambición era un pariente de su cónyuge, Duncan, el monarca reinante. Tan ardiente era su deseo de ser reina que la motivó a planear el asesinato de Duncan y a persuadir luego a su esposo para que lo perpetrara.

Ella organizó lo que parecía ser el crimen perfecto. Sólo había un problema: tendría que vivir con su conciencia. En la escena más trágica de la obra, Lady Macbeth entra en el escenario sonámbula y gritando: «¡Fuera, maldita mancha! ¡Fuera he dicho!». Y entonces, gimiendo, agrega: «Todos los perfumes de Arabia no alcanzarían a limpiar esta pequeña mano mía».

Active la alternativa a la tentación

El versículo 17 es clave en este debate. Hasta este momento nos hemos estado concentrando en la maldad de la tentación. Pero ahora Santiago pasa la página hacia la bondad de Dios, recordándonos que en el Señor se encuentra todo lo que es pleno, digno, bueno o apropiado. En contraste con las seducciones, que vienen de nuestro interior, todos los buenos dones vienen de Dios, que mora sobre nosotros, y bajan a nosotros en una corriente continua procedentes —dice el autor— del Padre que creó las lumbreras celestes. Al referirse de esta manera a Dios, Santiago

> …estimula al lector a mirar al cielo, donde puede ver la clara luz del sol durante el día, y la luz que refleja la luna y el titilar de las estrellas durante la noche. Dios es el creador de todas esas fuentes de luz en el cielo; Él mismo no es sino luz … Por lo tanto, la oscuridad no puede existir en la presencia de Dios.[16]

Cuando Santiago menciona a Dios como Padre de las lumbreras celestes nos recuerda la naturaleza inmutable del Creador ¡Él es de fiar! Él es quien ha dado, y a fin de cuentas, el don mismo es Él. Y según Santiago, su bondad es total. El propio Jesús dijo:

> Pues si ustedes, aun siendo malos, saben dar cosas buenas a sus hijos, ¡cuánto más su Padre que está en el cielo dará cosas buenas a los que le pidan! (Mateo 7:11)

> Si así viste Dios a la hierba que hoy está en el campo y mañana es arrojada al horno, ¿no hará mucho más por ustedes, gente de poca fe? (6:30)

Pablo dijo a los Romanos: «Revístanse ustedes del Señor Jesucristo, y no se preocupen por satisfacer los deseos de la naturaleza pecaminosa» (13:14).

No sólo debemos abstenernos de pensar en satisfacer nuestros deseos, sino que debemos evitar pensar en *no* satisfacerlos. La manera de lidiar con las tentaciones no es rechinar los dientes y tomar la decisión de no hacer una determinada cosa. La clave está en llenar nuestra mente con otras ideas.

INTEGRIDAD: CUANDO LO TORCIDO PARECE RECTO

En lugar de resistir, ¡reconcéntrese! Mientras más luche contra un sentimiento, ¡más lo atrapará! ¡Lo que resistimos tiende a persistir! Como la tentación comienza con nuestros pensamientos, cambiar estos es la clave de la victoria. En su libro *Dealing with Desires You Can't Control* [Luchando con los deseos que no podemos controlar], Mark McMinn escribe:

> La clave no es *eliminar* la tentación, sino controlarla. Por ejemplo, imagine que está a dieta. Una vez que ha dado cuenta de su ensalada chef con aliño italiano de bajas calorías, el camarero regresa con una bandeja de suntuosos postres. Usted tiene el impulso de comer alguno, pero su lado razonable insiste en que debe abstenerse ¿Qué probabilidades hay de que alguna estrategia de autocontrol *elimine* ese conflicto? … Tratar de eliminar la tentación la hará más difícil de controlar.[17]

Quienquiera que haya entrenado a un cachorrito a obedecer conoce esta escena. Un pedazo de carne o de pan se pone en el suelo cerca del perro, y el amo ordena: «¡No!». El can sabe que eso quiere decir que no debe tocarlo. Generalmente quita la vista del alimento, porque la tentación de desobedecer es demasiado grande, y fija entonces los ojos en la cara de su amo. Esa es la lección del perro. Mirar siempre a la cara del amo. Barclay resume esta idea alternativa:

> El cristiano puede entregarse a Cristo y al Espíritu de Cristo de manera que sea liberado de malos deseos. Puede estar tan involucrado en hacer buenas obras que no le quede tiempo ni lugar para deseos malsanos. Satanás busca las manos ociosas para inducirlas a hacer el mal. Una mente no ejercitada y en juego con los deseos, y un corazón no comprometido, son vulnerables a la fuerza de atracción de la lujuria.[18]

Acepte la razón de su tentación

En el versículo 18, Santiago nos recuerda que experimentamos la tentación debido a que somos quienes somos. En el 15, asevera que el pecado da a luz la muerte. De nuevo en el 18 dice que Dios nos hizo nacer mediante la Palabra de Verdad. El autor habla aquí de un nacimiento espiritual. Somos miembros de la familia de Dios porque hemos vuelto a nacer por la Palabra de Verdad. Este es el modelo de todas las conversiones del Nuevo Testamento:

> En él también ustedes, cuando oyeron el mensaje de la verdad, el evangelio que les trajo la salvación, y lo creyeron, fueron marcados con el sello que es el Espíritu Santo prometido (Efesios 1:13).

> ...a causa de la esperanza reservada para ustedes en el cielo. De esta esperanza ya han sabido por la palabra de verdad, que es el evangelio (Colosenses 1:5).

> Pues ustedes han nacido de nuevo ... mediante la palabra de Dios que vive y permanece (1 Pedro 1:23).

> Así que la fe viene como resultado de oír el mensaje, y el mensaje que se oye es la palabra de Cristo (Romanos 10:17).

Cuando Santiago usa la expresión «primeros frutos» o —en otras traducciones— «primicias» (VRV 1909) para describir a sus amigos creyentes, está recordándoles que pertenecen exclusivamente a Dios. En el Antiguo Testamento, dicha expresión describía a los primogénitos del ganado y a los frutos tempranos de la tierra, ambos, patrimonio de Dios (ver Éxodo 22:29; 23:16; 34:26; Levítico 23:10). En el Nuevo Testamento, el término se asocia con los nuevos creyentes:

> Saludad a Epeneto, amado mio, que es las primicias de Acaya en Cristo» (Romanos 16:5, VRV 1909).

> Y os ruego, hermanos, ya sabéis que la casa de Estéfanas es las primicias de Acaya, y que se han dedicado al ministerio de los santos» (1 Corintios 16:15, VRV 1909).

Somos blancos del enemigo porque somos personas especiales para Dios. A Satanás no le preocupan aquellos que no han vuelto a nacer por la Palabra de Verdad. Esto no nos debe confundir:

> El peligro estriba en la posibilidad de que puedan inducirnos a dudar de

la autenticidad de nuestra relación con Cristo a partir del hecho de que tenemos una pugna con el pecado. Lo cierto es que esa misma lucha es prueba de que Dios está muy cerca de nosotros. Nuestra sensibilidad ante el pecado es un don del Espíritu de Dios. Es una señal de nuestra salvación. No habría batalla interior si estuviéramos irremediablemente perdidos. Sólo cuando podemos pecar sin remordimiento, sin experimentar tensión interior, sólo cuando el pecado se hace fácil para nosotros, es que corremos verdadero peligro.[19]

Si recapitulamos las enseñanzas de Santiago acerca de la tentación, he aquí lo que hemos aprendido. Para salir victoriosos debemos:

1. Reconocer la realidad de la tentación
2. Asumir la responsabilidad por la tentación.
3. Anticipar la rutina de la tentación.
4. Activar la alternativa a la tentación
5. Aceptar la razón de la tentación.

En la primera página de mi Biblia he escrito cinco sencillas palabras que parecen resumir todo lo que hemos aprendido hasta ahora del hermano del Señor, y todo lo que los escritores del Nuevo Testamento parecían estar diciendo cuando abordaron el tema. Estas palabras y las citas de las Escrituras que las acompañan deben escribirse en el pizarrón de nuestro corazón, y utilizarse en la batalla contra el enemigo junto con los razonados argumentos de Santiago.

- *Luche.*
Santiago 4:7: «Resistan al diablo y él huirá de ustedes».

1 Pedro 5:8-9: «Practiquen el dominio propio y manténganse alerta. Su enemigo el diablo ronda como león rugiente, buscando a quién devorar. Resístanlo, manteniéndose firmes en la fe, sabiendo que sus hermanos en todo el mundo están soportando la misma clase de sufrimientos».

Efesios 6:11: «Pónganse toda la armadura de Dios para que puedan hacer frente a las artimañas del diablo».

- *Siga.*

Santiago 4:7-8: «Así que sométanse a Dios … Acérquense a Dios, y él se acercará a ustedes».

1 Pedro 2:21: «Para esto fueron llamados, porque Cristo sufrió por ustedes, dándoles ejemplo para que sigan sus pasos».

- *Huya.*

1 Corintios 10:14: «Por tanto, mis queridos hermanos, huyan de la idolatría».

2 Timoteo 2:22: «Huye de las malas pasiones de la juventud».

Romanos 13:14: «Más bien, revístanse ustedes del Señor Jesucristo, y no se preocupen por satisfacer los deseos de la naturaleza pecaminosa».

Génesis 39:12: Cuando fue tentado por la mujer de Potifar, José, «dejando el manto en manos de ella, salió corriendo de la casa».

- *Asóciese.*

2 Timoteo 2:22: «esmérate en seguir la justicia, la fe, el amor y la paz, junto con los que invocan al Señor con un corazón limpio».

Proverbios 13:20: «El que con sabios anda, sabio se vuelve; el que con necios se junta, saldrá mal parado».

1 Corintios 15:33: «No se dejen engañar: Las malas compañías corrompen las buenas costumbres».

- *Aliméntese.*

Salmo 119:11: «En mi corazón atesoro tus dichos para no pecar contra ti».

Mateo 4: Cristo venció a Satanás citando el Antiguo Testamento. Presentó su respuesta diciendo: «Está escrito».

INTEGRIDAD: CUANDO LO TORCIDO PARECE RECTO

Comenzamos este capítulo con un recordatorio de que no vamos a *vivir más* que la tentación. Terminamos nuestra discusión con otro recordatorio, enfático, de que si bien no viviremos más que ella, sí la podemos *vencer*.

Amy Carmichael fue misionera en Japón, China, Ceylán (actual Sri Lanka) y la India. Durante su primera asignación en Japón, atravesó una época de severas tentaciones, mientras contemplaba la posibilidad de quedar soltera toda su vida. Su tentación era muy privada y personal, y no fue hasta cuarenta años más tarde que pudo compartir los detalles con una amiga íntima:

> Por esta fecha, hace muchos años, me encaminé sola a una cueva en la montaña llamada Arima. Tenía sentimientos de temor por el futuro. Por eso fui allí, para estar a solas con Dios. El diablo se mantenía murmurando: «Ahora todo está bien, pero ¿y luego? Luego vas a estar muy sola». Y me pintaba imágenes de soledad que todavía hoy puedo ver. En una especie de desesperación me volví a Dios y le dije: «Señor, ¿qué puedo hacer? ¿Cómo puedo seguir hasta el final?» Y él me dijo: «Ninguno de ustedes, los que creen en mí, se hallarán desolados». Esas palabras me han acompañado desde entonces. Él las cumplió conmigo. Y las cumplirá también con ustedes.[20]

Tres

INTEGRIDAD:
CUANDO EL ESPEJO NO MIENTE

(Santiago 1:19-27)

«No se contenten sólo con escuchar la palabra, pues así se engañan ustedes mismos. Llévenla a la práctica».

Un profesor de Nueva Inglaterra hacía preguntas sobre la Biblia a un grupo de alumnos de secundaria que planeaban ingresar en la universidad. El cuestionario precedía a una clase titulada «La Biblia como literatura», programada para ser impartida en la que se consideraba generalmente como una de las mejores escuelas públicas de EE.UU. He aquí algunas de las respuestas más insólitas de aquellos estudiantes: «Sodoma y Gomorra eran amantes», y «Jezabel era el burro de Acab».

Otros respondieron que los cuatro jinetes del Apocalipsis se habían aparecido en la Acrópolis; que los Evangelios del Nuevo Testamento fueron escritos por Mateo, Marcos, Lutero y Juan; que Eva fue creada de una manzana; y que Jesús fue bautizado por Moisés.

Pero la respuesta que mereció el gran premio a la desinformación fue la de un joven que clasificaba en el cinco por ciento con mejor nivel académico en su clase. A la pregunta «¿Qué era el Gólgota?» respondió: «Gólgota era el nombre del gigante que mató al apóstol David».

Si usted piensa que este es un ejemplo aislado de analfabetismo bíblico, déjeme citar los resultados de una reciente encuesta Gallup:

Un ochenta y dos por ciento de los estadounidenses creen que la Biblia es la Palabra de Dios literal o «inspirada» ... más de la mitad dijeron que leían la Biblia al menos una vez al mes; pero el cincuenta por ciento de ellos no pudieron identificar ni uno de los cuatro Evangelios … y menos sabían quien había pronunciado el Sermón del Monte.[1]

Otra encuesta publicada por el diario *USA Today* mostró que sólo el once por ciento de los estadounidenses leen la Biblia a diario. Más de la mitad la leen menos de una vez al mes o no la leen.[2] El Grupo Investigador Barna realizó un sondeo enfocado solamente en los cristianos «nacidos de nuevo», y compiló las siguientes estadísticas: «Sólo un dieciocho por ciento —menos de dos de cada diez— leen la Biblia a diario. Y lo que es peor, un veintitrés por ciento, o uno de cada cuatro cristianos practicantes, afirman que nunca leen la Palabra de Dios».[3]

La Biblia está disponible en más de 1.800 idiomas, y sin embargo alguien ha observado que si todos los miembros de las iglesias que nunca abren su Biblia las desempolvaran a la vez, se levantaría la peor tormenta de polvo de la historia.

Leí acerca de un padre muy religioso cuyo hijo estaba estudiando para dedicarse al ministerio. El chico había decidido irse a Europa para obtener allí un título avanzado, y al padre le preocupaba que su sencilla fe fuese corrompida por sofisticados profesores ateos. «No les dejes que te alejen de Jonás», le advertía, pensando que la historia del hombre tragado por la ballena sería la primera en ser suprimida. Dos años después, cuando el hijo regresó, el padre le preguntó:

—¿Todavía guardas a Jonás contigo?

—¿Jonás? Esa historia ni siquiera está en tu Biblia —respondió riendo el hijo.

—¡Claro que está! —Replicó el padre—. ¿Qué quieres decir?

—Te digo que no está —continuó el hijo, y riendo, insistió—. Vamos, muéstramela.

El anciano hojeó rápidamente las páginas de su Biblia en busca del libro de Jonás, pero no pudo encontrarlo. Por último revisó la tabla de contenido tratando de localizar la página exacta. Al llegar donde debía estar, descubrió que las tres páginas del libro de Jonás habían sido cuidadosamente mutiladas de su Biblia.

—Fui yo quien lo hice, antes de marcharme —repuso el hijo—. ¿Qué diferencia hay entre perder el libro de Jonás por estudiar con ateos que perderlo por negligencia?

Santiago acaba de escribirles a sus amigos creyentes que su nacimiento espiritual es fruto de la Palabra de Verdad (1:18). Ahora está a punto de exhortarlos a tomar en serio esta misma Palabra en su andar diario. La realidad de las pruebas externas y las tentaciones internas requieren algo más que una experiencia inicial con Dios. Todos los días necesitamos de su sabiduría.

En este pasaje central sobre la importancia y la prioridad de la Palabra de Dios, el hermano del Señor nos lleva a través de un proceso de seis pasos que comienza con la necesaria preparación para el estudio y concluye con una poderosa ilustración sobre la diferencia que la Biblia puede marcar en la vida de cada uno de nosotros.

Primer paso: Preparación

He aquí cuatro claras directivas para ayudarle a iniciarse en esta importante actividad.

- *Concentre su atención.*

Santiago comienza sus instrucciones alentándonos a estar «listos para escuchar». En sus días, esto era muy importante, porque si se sabía escuchar se aprendía más. Como pocos creyentes poseían ejemplares de las Escrituras, dependían de escuchar su lectura y su predicación en los servicios públicos. Quien no estuviera «listo para escuchar», ¡quedaba rezagado! Pablo recordó a los romanos que «la fe viene como resultado de oír el mensaje, y el mensaje que se oye es la palabra de Cristo» (10:17). Los miembros de la iglesia en Tesalónica captaron el mensaje de lo escrito por Santiago en su aproximación a la Palabra de Dios:

> Así que no dejamos de dar gracias a Dios, porque al oír ustedes la Palabra de Dios que les predicamos, la aceptaron no como palabra humana sino como lo que realmente es, Palabra de Dios, la cual actúa en ustedes los creyentes (1 Tesalonicenses 2:13).

En nuestra civilización hoy, muchos creyentes son indiferentes a la Palabra de Dios. Quizás estemos viviendo en el período del que Pablo advirtió a Timoteo cuando le instó a que fuera un predicador valiente.

INTEGRIDAD: CUANDO EL ESPEJO NO MIENTE

Porque llegará el tiempo en que no van a tolerar la sana doctrina, sino que, llevados de sus propios deseos, se rodearán de maestros que les digan las novelerías que quieren oír. Dejarán de escuchar la verdad y se volverán a los mitos (2 Timoteo 4:3-4).

Si como creyentes no desarrollamos una interacción con personas no cristianas, un ministerio vital con nuestros hermanos en crecimiento, y un esfuerzo personal para acercarnos a Dios, no pasará mucho tiempo sin que la Biblia nos parezca irrelevante.

Un oficial del Ejército de los EE.UU. hablaba del contraste entre alumnos de dos épocas diferentes de su magisterio en la escuela de entrenamiento de artillería de Fort Sill, Oklahoma. En los del curso 1958-60 la actitud era tan relajada que los instructores confrontaban problemas para mantener a sus hombres despiertos y atentos. Sin embargo, en la clase de 1965-67 los alumnos, aunque escuchaban las mismas lecturas básicas, se mantenían alertas y tomaban copiosas notas. La razón: sabían que en menos de seis semanas estarían enfrentando al enemigo en Vietnam.

- *Controle su lengua.*

Cuando Santiago instaba a sus lectores a ser «lentos para hablar», quizás tenía en mente la interacción espontánea que a menudo tenía lugar en las iglesias todavía carentes de estructura para las cuales escribía. A veces, la asamblea era dominada por aquellos que deseaban demostrar su conocimiento con largos discursos.

No hay nada de malo en las preguntas y respuestas, pero un maestro experimentado no tarda mucho en dilucidar si las preguntas se hacen para buscarles respuestas o porque quien pregunta cree tenerlas ya todas. En el recordatorio del autor resuenan ecos de las palabras de nuestro Señor:

> Pero yo les digo que en el día del juicio todos tendrán que dar cuenta de toda palabra ociosa que hayan pronunciado. Porque por tus palabras se te absolverá, y por tus palabras se te condenará (Mateo 12:36-37).

Si usted ha estudiado la literatura sapiencial del Antiguo Testamento, habrá visto una y otra vez este consejo:

El que mucho habla, mucho yerra; el que es sabio refrena su lengua (Proverbios 10:19).

El que es entendido refrena sus palabras; el que es prudente controla sus impulsos. Hasta un necio pasa por sabio si guarda silencio; se le considera prudente si cierra la boca (Proverbios 17:27-28).

No te apresures, ni con la boca ni con la mente, a proferir ante Dios palabra alguna; él está en el cielo y tú estás en la tierra. Mide, pues, tus palabras. Quien mucho se preocupa tiene pesadillas, y quien mucho habla dice tonterías (Eclesiastés 5:2-3).

Se dice que en una ocasión un joven se acercó al gran filósofo Sócrates para que le adiestrara como orador. En su primera reunión con el maestro, comenzó a hablar sin freno. Cuando Sócrates consiguió interrumpirle, le dijo: «Joven, me veré obligado a cobrarle el doble». «¿El doble? ¿Y por qué?» «Pues porque tendré que enseñarle dos ciencias: La primera, cómo controlar su lengua. Y la segunda, cómo usarla».

- *Contenga su ira*

Con frecuencia, en las asambleas de la iglesia primitiva la ira de los participantes estallaba cuando varios de ellos exponían sus opiniones personales acerca de diversos asuntos. Cuando Santiago les recomienda ser «lentos para enojarse» este enojo significa «una actitud constante de rencor y disgusto». Semejante actitud se oponía a la justicia de Dios. Observe estas advertencias:

El que es paciente muestra gran discernimiento; el que es agresivo muestra mucha insensatez (Proverbios 14:29).

Más vale ser paciente que valiente; más vale dominarse a sí mismo que conquistar ciudades (Proverbios 16:32).

El necio da rienda suelta a su ira, pero el sabio sabe dominarla (Proverbios 29:11).

El hombre iracundo provoca peleas; el hombre violento multiplica sus crímenes (Proverbios 29:22).

Abandonen toda amargura, ira y enojo, gritos y calumnias, y toda forma de malicia (Efesios 4:31).

Cuando Pablo escribe a los efesios, les dice: «Abandonen toda amargura, ira y enojo, gritos y calumnias, y toda forma de malicia» (Efesios 4:31).

- *Limpie su vida*

La cuarta directiva consiste en abandonar toda inmundicia y malevolencia. Si la vida moral de una persona está fuera de control (lo cual puede incluir su lengua y su temperamento) el resultado puede ser devastador para atender la Palabra de Dios o comprenderla. La recomendación de Santiago es clara: debe haber un saneamiento espiritual. No basta con limpiar el exterior de la casa; también hay que eliminar de su interior toda inmundicia y maldad. El uso de la palabra inmundicia al respecto es muy instructivo:

> Esta palabra ... se refiere en sentido estricto al cerumen en las orejas ... El pecado es en nuestras vidas como la cera en las orejas: impide que la Palabra de verdad llegue a nuestros corazones; pues al no poder entrar por el canal auditivo, tampoco puede bajar hasta el corazón ... Como cristianos debemos sacarnos la cera de las orejas, para que la Palabra pueda influir en nuestra vida. Creo firmemente que aquí Santiago nos habla del cristiano vuelto a nacer, cuyo pecado puede ser como cera en las orejas, impidiéndole escuchar y aplicar la Palabra de Dios.[4]

Segundo Paso: Examen

Una vez que han concentrado su atención, controlado su lengua, contenido su ira y saneado su vida, los creyentes están listos para recibir la Palabra que ya ha sido plantada en ellos. Esta no es la Palabra de salvación. ¡Esa ya la han recibido! (1:18). Esta es más bien la Palabra de instrucción, tan crucial para su crecimiento. Cada creyente debe prepararse humildemente para escuchar esa Palabra que podrá conducirle a la madurez en Cristo. Simon J. Kistemaker comenta:

> Una vez más, el autor recurre a un ejemplo ilustrativo tomado de la naturaleza. Una planta necesita constantes cuidados. Si se le priva de agua y

nutrimentos, morirá. Así, si los lectores que han escuchado la Palabra no prestan atención, morirán una muerte espiritual. La Palabra requiere atención y aplicación diligentes para que los lectores puedan crecer y expandirse espiritualmente.[5]

La palabra *recibir* se traduce varias veces en el Nuevo Testamento como «acoger». No se supone que examinemos pasivamente la Palabra hablada, sino que la acojamos en nuestro corazón con emoción y expectación. ¡Debemos ir a la lectura y a la predicación de la Palabra de Dios con sensación de expectación! Esta debe ser nuestra actitud cada vez que nos acerquemos a la Verdad de Dios.

Mortimer J. Adler hace esta intrigante observación en su clásico *How to Read a Book* [Cómo leer un libro]:

> La única vez que uno lee con toda su alma es cuando está enamorado y está leyendo una carta de amor. Entonces leemos cada palabra de tres maneras. Leemos entre los renglones y los márgenes. Leemos el todo en relación con las partes, y cada parte en relación con el todo. Nos volvemos sensibles al contexto y a la ambigüedad, a la insinuación y a la implicación. Percibimos el color de las palabras, el orden de las frases y el peso de las oraciones. Hasta la puntuación tenemos en cuenta. Entonces, no antes, ni después, leemos cuidadosa y profundamente.[6]

Cuando el libro de Adler fue publicado por primera vez, *The New York Times* lo anunció bajo el lema «Cómo leer una carta de amor». Una ilustración mostraba a un adolescente embobecido leyendo una carta. Este era el pie de grabado:

> Este joven acaba de recibir su primera carta de amor. Puede haberla leído ya tres o cuatro veces, pero sólo está empezando. Para leerla con tanta exactitud como quisiera, necesitaría algunos diccionarios y una buena cantidad de horas de trabajo al lado de expertos en filología y etimología. No obstante, se las arreglará sin ellos. Ponderará el tono exacto del significado de cada palabra, de cada coma. Ella ha encabezado su carta así: «Querido John». «¿Cuál» —se pregunta él— «es el significado exacto de estas palabras?» ¿Se habrá cohibido ella de decir «Amado» por timidez? ¿Le habrá parecido «Querido mío» demasiado formal?

¡Diantres, puede que ella le diga «Querido-Fulano-de-tal» a cualquiera! Ahora nuestro amigo frunce las cejas preocupado. Pero el mohín desaparece tan pronto entra a analizar la primera oración ¡Ella de seguro no le habría escrito *eso* a cualquiera! Y así continúa él, examinando la carta, ora suspendido de una nube como un bendito, ora miserablemente apabullado bajo un vocablo ambiguo. Cientos de preguntas han discurrido en su mente. Podría citar la carta de memoria. A decir verdad, se propone citarla durante las semanas por venir… para sí mismo.

Si leyéramos libros con una concentración siquiera aproximada a esta, seríamos una raza de gigantes mentales.[7]

¡No puedo evitar preguntarme en qué «gigantes espirituales» nos convertiríamos si aprendiéramos a leer así la Palabra de Dios!

Tercer paso: Aplicación

Jesús concluyó el Sermón del Monte con la historia del constructor prudente y el insensato. Cuando iba a comenzar su relato, les dijo: «Por tanto, todo el que me oye estas palabras y las pone en práctica es como un hombre prudente que construyó su casa sobre la roca» (Mateo 7:24). En otra ocasión el Salvador dijo: «Dichosos … los que oyen la Palabra de Dios y la obedecen» (Lucas 11:28).

Es importante convertirse en buen oidor de la Palabra de Dios, pero eso en sí mismo no tiene un valor perdurable. Habiendo oído lo que dice la Palabra, debemos desarrollar una disciplina para ponerla en práctica. Debemos aprender a ser más que meros oidores… aprender a ser hacedores. El Apóstol Juan comprendió esta verdad cuando escribió: «Queridos hijos, no amemos de palabra ni de labios para afuera, sino con hechos y de verdad» (1 Juan 3:18).

En tiempos de Santiago, la palabra *oidor* se utilizaba con el significado que damos hoy a *auditor*. En nuestras universidades, si una persona está auditando el curso que estamos impartiendo, no se someterá a exámenes, ni recibirá calificaciones, ni está esforzándose por un título, ni puede competir por premio alguno. Está meramente escuchando la clase. No podemos darnos el lujo de convertirnos en auditores de la Palabra de Dios. Nuestro propósito primario al escuchar o leer la Biblia debe ser hacer lo que ella dice.

UN GIRO HACIA LA INTEGRIDAD

- *El acercamiento casual.*

A fin de ilustrar sus palabras, Santiago recurre una vez más a la vida cotidiana de sus lectores, y les lleva a imaginar un espejo. Los espejos del Siglo I estaban hechos de metal muy pulido. No se fijaban a las paredes, sino que se acostaban sobre mesas, de modo que quien quisiera contemplar su reflejo tenía que inclinarse y mirar hacia abajo. Y aun entonces sólo veía un pobre reflejo de sí mismo.

Si escuchamos la Palabra de Dios y no hacemos lo que nos dice —afirma Santiago— seremos como alguien que mira casualmente en un espejo su rostro «natural», aquel con el que ha nacido, y después de mirarse, se marcha rápidamente sin hacer cambio alguno en su apariencia. Phillips traduce este versículo así: «Él se ve, cierto, pero continúa haciendo cualquier cosa que estuviera haciendo, sin la más mínima memoria del tipo de persona que ha visto en el espejo» (1:24). Esta aproximación casual a la Palabra de Dios resulta en lo que Howard Hendricks llama cristianos *funcionalmente analfabetos*:

> ¿Nunca ha visto una Biblia «estacionada» bajo el vidrio trasero de un automóvil? En mi pueblo natal eso es común. Nuestro prójimo sale de la iglesia, entra en su auto, tira su Biblia allá atrás y allí la deja hasta el domingo siguiente. Es toda una declaración sobre el valor que le concede a la Palabra de Dios. En lo que respecta a las Escrituras, este hombre es en efecto *funcionalmente analfabeto* seis de los siete días de la semana.[8]

Actualmente muchos cristianos rehúsan adentrarse en «la ley perfecta que da libertad», porque no quieren enfrentarse a la realidad de su vida. Preferirían vivir engañados antes que conocer la Verdad. Son como la princesa africana de la que habla George Seeting en uno de sus libros:

> Ella vivía en el corazón de la jungla incivilizada, y a esta hija de un jefe tribal le habían dicho durante años que era la mujer más hermosa de la tribu. Aunque no tenía espejo para mirarse, se había convencido de su belleza incomparable. Un día, cuando una partida de exploradores se internó en aquella región de África, le regalaron un espejo a la princesa. Por vez primera en su vida pudo ver su propia imagen reflejada. Su reacción inmediata fue hacer añicos el espejo contra la piedra más cercana ¿Por qué? Pues porque por primera vez en su vida había conocido la ver-

dad. Lo que otros le habían dicho durante años no tenía gran importancia. Tampoco, la opinión que se había formado sobre sí misma. Por primera vez había visto que su belleza no era auténtica. Era falsa.

- *El acercamiento contemplativo.*

El oidor de corta memoria echa una simple ojeada a la Palabra de Dios y sigue su camino, pero el que la escucha de verdad, se queda contemplándola. Para denotar esta apreciación minuciosa, Santiago emplea una palabra griega que significa «mirar algo que se encuentra fuera de la línea normal de visión». Es la misma que se utilizó para describir la forma en que Pedro, Juan y María Magdalena se inclinaron a mirar la tumba vacía la mañana de la Resurrección (Lucas 24:12; Juan 20:5,11). También la encontramos en 1 Pedro 1:12, donde se nos dice que los ángeles anhelan «contemplar» las glorias de la salvación que escapan a su experiencia personal. Esta mirada contemplativa examina intencionalmente la verdad y el significado de la Palabra, porque existe el deseo de poner en práctica todo lo que Dios ha manifestado.

Cuando Santiago describe a este estudiante esmerado de la Palabra, le visualiza *haciendo* lo que escucha. El vocablo griego *poieetai*, que se traduce como «hacer», sólo aparece seis veces en todo el Nuevo Testamento, cuatro de ellas en la Epístola de Santiago. Conlleva mucho más que un rutinario acatamiento de las órdenes. De *poieetai* se deriva nuestra palabra «poeta», y nos comunica una obediencia creativa:

> Poeta es aquel que enlaza palabras a fin de expresar de una manera hermosa un pensamiento o sentimiento. Eso es lo que Dios quiere que seamos los cristianos: poetas, creadores de belleza. Tenemos que ser creativos en nuestra vida. Debemos tomar todas las experiencias, agradables y desagradables, y presentarlas al mundo que nos rodea como atractivos poemas.[10]

Cuarto paso: Meditación

Después de la aplicación personal de la Palabra queda aún otro paso. «Pero quien se fija atentamente en la ley perfecta que da libertad, y persevera en ella...»

Existe una diferencia básica entre un explorador y un turista. El turista viaja de prisa, deteniéndose sólo para observar los puntos de interés más notables. El explorador, por otro lado, se toma su tiempo para acopiar cuanto pueda.

Demasiados de nosotros leemos la Biblia como turistas y luego nos quejamos de que el tiempo que dedicamos a la devoción no produce frutos. Geoffrey Thomas nos advierte acerca de tal acercamiento a las Escrituras:

> No espere dominar la Biblia en un día, en un mes o en un año. En lugar de ello, puede esperar quedar intrigado por su contenido. No todo es igualmente claro. Los grandes hombres de Dios se sienten a menudo como perfectos novicios al leer la Palabra. El Apóstol Pedro dijo que había algunas cosas difíciles de entender en las epístolas de Pablo (2 Pedro 3:16). Me alegro de que escribiera esas palabras, porque con frecuencia lo he sentido así. De modo que no espere recibir siempre una carga emotiva o una sensación de paz y calma cuando lea la Biblia. Por la gracia de Dios, puede esperar que esta sea una experiencia frecuente, pero muchas veces no habrá respuesta emotiva alguna. Deje que a medida que pasen los años la Palabra irrumpa en su mente y en su corazón una y otra vez, e imperceptiblemente, grandes cambios tendrán lugar en su actitud, su perspectiva y su conducta.[11]

Si vamos a crecer, es crucial que pasemos tiempo explorando la Biblia. He aquí algunas citas claves de las Escrituras que destacan las virtudes de la meditación:

> Recita siempre el libro de la ley y medita en él de día y de noche; cumple con cuidado todo lo que en él está escrito. Así prosperarás y tendrás éxito (Josué 1:8).

> Dichoso el hombre que no sigue el consejo de los malvados, ni se detiene en la senda de los pecadores, ni cultiva la amistad de los blasfemos, sino que en la ley del Señor se deleita, y día y noche medita en ella (Salmo 1:1-2).

> ¡Cuánto amo yo tu ley! Todo el día medito en ella (Salmo 119:97).

> Sean, pues, aceptables ante ti mis palabras y mis pensamientos, oh Señor, roca mía y redentor mío (Salmo 19:14).

Si usted no ha meditado sobre la Palabra de Dios en largo tiempo, quizás estos comentarios de Donald Witney puedan libertarle para empezar de nuevo:

> Debido a que la meditación ocupa un lugar tan prominente en muchos grupos y movimientos espirituales espurios, algunos cristianos se sienten incómodos con el tema y desconfían de quienes la practican. Pero debemos recordar que la meditación ha sido al mismo tiempo mandada por Dios y moldeada por los hombres de Dios en las Escrituras ... El tipo de meditación a que nos exhorta la Biblia difiere de otros en varias formas. Mientras que algunos abogan por una variante de meditación en la cual uno hace lo posible por vaciar su mente, la meditación cristiana comprende llenar la mente de Dios y de la verdad. Para algunos, la meditación es un intento por lograr absoluta pasividad mental, pero la meditación bíblica requiere una actividad mental constructiva. La meditación mundana emplea técnicas de visualización dirigidas a «crear su propia realidad» ... Nosotros vinculamos la meditación con la oración a Dios y con una acción humana responsable y llena del Espíritu Santo, con el fin de efectuar cambios.[12]

Quinto paso: Memorización

El estudiante casual de la Biblia es olvidadizo, pero el diligente fija en la memoria las cosas sobre las cuales medita. Lorne Sanny, del ministerio The Navigators miraba su vida en retrospectiva evaluando por qué se había tomado el tiempo para memorizar la Biblia. Esto es, en forma abreviada, lo que él dijo:

Libertad del pecado. El acto de memorizar las escrituras no me libra del pecado. Pero la Palabra de Dios sí lo hace: «En mi corazón atesoro tus dichos para no pecar contra ti» (Salmo 119:11).

Victoria sobre Satanás. Se nos dice en Efesios 6:17 que luchemos contra él con «la espada del Espíritu, que es la palabra de Dios» (ver también Mateo 4:1-10).

Prosperidad espiritual. Meditar —pensar, rumiar, dejar que la Palabra de

Dios quede flotando en nuestras mentes día y noche— trae prosperidad espiritual (Salmo 1).

Dirección personal. El Salmo 119:24 dice: «Tus estatutos son mi deleite; son también mis consejeros».

Ayuda a otros. «¿Acaso no te he escrito treinta dichos que contienen sabios consejos? Son para enseñarte palabras ciertas y confiables, para que sepas responder bien a quien te pregunte» (Proverbios 22:20-21).[13]

Sexto paso: Demostración

Santiago concluye esta sección de su epístola ofreciendo tres ejemplos concretos de comportamientos que fluirán de la persona que ha tomado en serio la Palabra de Dios. Por tercera vez en este primer capítulo advierte a sus lectores sobre los peligros de engañarse (1:16,22,26). Según él, es posible creer que estamos viviendo una vida cristiana cuando en realidad sólo nos estamos timando a nosotros mismos. Las tres pruebas que ofrece a sus lectores del Siglo I son igualmente importantes hoy para nosotros.

- *La prueba del autocontrol.*

Cuando nuestro escritor, más adelante en su epístola, aborda el tema de la lengua, la describe como «un mal irrefrenable, lleno de veneno mortal» (3:8). Señala que si un hombre es capaz de controlar su lengua, «es una persona perfecta (madura)» (3:2). Ahora vincula el asunto del autocontrol con la realidad de nuestras pretensiones religiosas: «Si alguien se cree religioso pero no le pone freno a su lengua, se engaña a sí mismo, y su religión no sirve para nada» (Santiago 1:26).

La sediciosa lengua interviene en mentiras, maldiciones y juramentos, calumnias y lenguaje soez. Desde su punto de vista, al hombre le son indiferentes, por insignificantes, la palabra precipitada, el encubrimiento de la verdad, la sutil insinuación y la chanza cuestionable. Pero desde la perspectiva de Dios son una violación del mandamiento de amar al Señor tu Dios y a tu prójimo como a ti mismo. Desobedecer este mandamiento hace inservible la religión del hombre.[14]

- *La prueba de la compasión espiritual.*
La segunda prueba de tornasol de la religión verdadera es nuestra actitud para amparar a los que atraviesan momentos difíciles. Aquí Santiago menciona dos grupos: las viudas y los huérfanos. Las condiciones sociales en el Siglo I eran muy penosas para estas personas, pues no existían instituciones que les protegieran o ayudaran. Su único socorro lo encontraban entre sus hermanos y hermanas en Cristo. La ley del Antiguo Testamento exigía que fueran atendidos por el pueblo de Dios: «Así … los extranjeros, los huérfanos y las viudas que viven en tus ciudades podrán comer y quedar satisfechos. Entonces el Señor tu Dios bendecirá todo el trabajo de tus manos» (Deuteronomio 14:29).

El Señor Jesús llegó a igualar el tratamiento que daban sus seguidores a los que sufren y el que le tributaban a Él:

> «Porque tuve hambre, y ustedes me dieron de comer; tuve sed, y me dieron de beber; fui forastero, y me dieron alojamiento; necesité ropa, y me vistieron; estuve enfermo, y me atendieron; estuve en la cárcel, y me visitaron». Y le contestarán los justos: «Señor, ¿cuándo te vimos hambriento y te alimentamos, o sediento y te dimos de beber? ¿Cuándo te vimos como forastero y te dimos alojamiento, o necesitado de ropa y te vestimos? ¿Cuándo te vimos enfermo o en la cárcel y te visitamos?» El Rey les responderá: «Les aseguro que todo lo que hicieron por uno de mis hermanos, aun por el más pequeño, lo hicieron por mí» (Mateo 25:35-40).

Leí acerca de un ministro que predicó en su sermón dominical acerca del cielo. A la mañana siguiente, mientras se dirigía al pueblo, se encontró con uno de los miembros más acaudalados de su iglesia, quien le detuvo y le dijo:

—Pastor, usted predicó un buen sermón sobre el cielo, pero nunca dijo dónde estaba.

—Ah —dijo el predicador—, me alegro de tener esa oportunidad esta mañana. Acabo de regresar de una cabaña en lo alto de una colina. Allí vive una miembro de nuestra iglesia. Se trata de una viuda con dos hijos pequeños. Está enferma en una cama, y los dos niños, enfermos en la otra. No tiene nada en la casa: ni carbón, ni pan, ni carne, ni leche. Si usted quisiera comprarle unas provisiones, podría subir usted mismo allá arriba y decirle: «Mi hermana, le he traído estas provisiones en el nombre del Señor Jesús». Pídale entonces una Biblia y lea el Salmo 23; arrodíllese y ore; y si no ve el cielo antes de que haya terminado, yo pagaré la cuenta.

Al otro día el hombre volvió a ver al Pastor y le dijo:

—Pastor, vi el cielo y pasé quince minutos en él; puede estar tan seguro como que usted me está escuchando.[15]

- *La prueba de la corrupción social.*

De frente a la sociedad, el creyente tiene que caminar sobre una estrecha línea. Debe estar total y compasivamente involucrado en los problemas sociales de su tiempo, pero no debe permitir que la civilización que produjo esos problemas tenga impacto alguno en la santidad de su vida. En palabras de Santiago, debe «conservarse limpio de la corrupción del mundo».

Cuando Santiago habla del mundo se refiere al sistema que está bajo el control de Satanás, y en oposición al propósito de Dios. John Henry Jowett dijo: «Es la vida sin llamados nobles, vacía de ideales elevados. Su perspectiva es siempre horizontal, nunca vertical. Su lema es "avanza", nunca "asciende". Tiene ambiciones, pero no aspiraciones».[16]

El cristiano debe conducir su vida en el mundo de tal manera que nunca se avergüence de enfrentar a su Señor. Pedro dice que debemos *esforzarnos* en este sentido. «Por eso, queridos hermanos, mientras esperan estos acontecimientos, esfuércense para que Dios los halle sin mancha y sin defecto, y en paz con él» (2 Pedro 3:14).

Cuando nos dirigimos a escuchar o leer la Palabra de Dios con el corazón adecuadamente preparado, con un examen cuidadoso de su verdad, con una aplicación resuelta de su mensaje, cuando meditamos en ella y atesoramos en el corazón su mensaje, un cambio drástico ocurre en nuestra vida ¡Somos transformados! Esta promesa es del propio Dios: «Así es también la palabra que sale de mi boca: No volverá a mí vacía, sino que hará lo que yo deseo y cumplirá con mis propósitos» (Isaías 55:11).

Quizás no haya ejemplo más sensacional del poder transformador de una vida que tiene la Biblia que la legendaria historia de *Mótín a Bordo*. En 1778 el *Bounty*, bajo el mando del capitán William Bligh, zarpó rumbo a la isla de Tahití en los Mares del Sur. Al cabo de una travesía de diez meses, la nave arribó a las Islas Friendly en Tonga, donde los marinos se relacionaron con las mujeres nativas. Tras recibir la orden de embarcarse, en abril de 1789 se amotinaron, dejaron al capitán y a algunos de sus hombres a la deriva en un bote, y regresaron a la isla.

El capitán Bligh sobrevivió a su odisea y pudo regresar a Inglaterra. Se envió entonces una expedición punitiva que capturó a catorce de los amotinados. Pero nueve de ellos se habían trasladado a otra isla, donde habían creado una nueva colonia. Allí degeneraron tan rápidamente y se volvieron tan feroces que la vida en la colonia se convirtió en un infierno. La razón principal fue la destilación de whisky a partir de una planta aborigen. Riñas, orgías y crímenes eran una constante en la vida de aquellos hombres. Por último, todos menos uno fueron asesinados o perecieron.

Alexander Smith se quedó solo con un puñado de mujeres nativas e hijos mestizos. Entonces, algo muy extraño sucedió. En un cofre desvencijado, Smith encontró una Biblia. La leyó, la creyó y comenzó a vivir conforme a ella. Determinado a enmendar su anterior vida de maldad, reunía en torno a él a las mujeres y niños y también les enseñaba. Pasó el tiempo, los niños crecieron y se hicieron cristianos. La comunidad experimentó una inmensa prosperidad. Casi veinte años después, un barco de bandera estadounidense visitó la isla y llevó de regreso a Europa e Inglaterra noticias sobre el pacífico estado instalado en ella. La isla era una comunidad cristiana. No había enfermedades, ni demencia, ni delitos, ni analfabetismo, ni bebidas alcohólicas fuertes. Las vidas y propiedades estaban seguras y los valores morales de las personas eran tan altos como en cualquier otro punto del mundo cristiano. Era una verdadera utopía en pequeña escala ¿Qué había llevado a cabo esta sorprendente transformación? Solamente la lectura de un libro. Ese libro fue la Biblia.[17]

Cuatro

INTEGRIDAD: CUANDO LA JUSTICIA NO ES CIEGA

(Santiago 2:1-13)

«Si muestran algún favoritismo, pecan y son culpables, pues la misma ley los acusa de ser transgresores».

Joel Engel, un escritor residente en Los Angeles que escribe con frecuencia para el *New York Times*, habla de una experiencia que tuvo una vez a bordo de un autobús de la ciudad donde vive:

Considerando la cantidad de personas en su interior, la ausencia de voces me extrañó; sólo un esporádico crepitar de periódicos y el bronco motor diesel rompían el silencio. Varios hombres bien vestidos iban de pie en el pasillo, así que pensé que todos los asientos estaban ocupados. Pero mientras me movía hacia el fondo, descubrí un asiento vacío en una banca doble, del lado del pasillo, y me pregunté enseguida por qué nadie lo habría ocupado.

El joven que viajaba del lado de la ventanilla era sobrecogedoramente feo. Su grotesca faz había sido aparentemente víctima de tumores fibrosos. Pero no sólo su rostro lo hacía tan desagradable. Su cabello largo, opaco, cochambroso, y su raída indumentaria advertían a otros mantenerse a distancia. Era obviamente un desamparado, y resultaba fácil imaginar por qué. Iba sentado con los hombros encorvados y los ojos fijos al otro lado de la ventanilla ... la imagen genuina de una bestia: olvidado y desesperadamente solo.

Casi paralizado por la piedad, agradecí en silencio que no me acompañara ese día mi hijita, haciendo sus inevitables preguntas acerca de él con voz menos que discreta, o peor, con repulsión. Pero fue por su causa que finalmente me senté: el tipo de hombre que debía ser el padre de mi hija se sentaba en un autobús junto a alguien cuyo único crimen era su extrema fealdad.

No puedo decir que me sentía relajado. Mi hombro y mi brazo izquierdos reculaban involuntariamente, y todo mi torso se inclinaba como una Torre de Pisa en sentido contrario a él, quien, sin dejar de mirar afuera, no parecía haber notado mi presencia.

Antes de entrar en la autopista, el autobús hizo una parada más. Subieron varias personas. Una mujer mayor caminó hacia el fondo. Esperé a ver si otro le brindaba su asiento. Nadie lo hizo, así que me puse en pie y la convidé a sentarse. «No, no quiero sentarme ahí», dijo en voz alta, «no al lado de él».[1]

Resulta penoso leer este relato. Sentimos enojo al pensar en el rechazo a este infortunado ¡La insensibilidad de la anciana nos abruma! Nos escandaliza que esto pueda suceder en nuestro país, en un autobús público. Pero, ¿y si le dijera que estas cosas a veces ocurren en la iglesia?

En realidad, ocurría tan a menudo en las pequeñas iglesias a las cuales Santiago dirigió su epístola, que se vio obligado a dedicar al problema un apartado entero de su misiva. Al confrontar la discriminación social, se concentra en los ricos y los pobres, pero los principios que nos ofrece tienen un campo de aplicación mucho más amplio. Rick Warren sugiere por lo menos cinco áreas donde como creyentes nos sentimos tentados a discriminar:

Podemos discriminar basándonos en la *apariencia*.
Podemos discriminar basándonos en el *origen*.
Podemos discriminar basándonos en la *edad*.
Podemos discriminar basándonos en el *éxito*.
Podemos discriminar basándonos en la *solvencia*.[2]

En su libro *A Pretty Good Person* [Una persona muy buena] Lewis Smedes nos recuerda que todos podemos ser culpables de discriminación pecaminosa a menos que desarrollemos el tipo de amor que es capaz de ver a través de las etiquetas que acostumbramos poner a otros:

Ponemos etiquetas a las personas del mismo modo que los diseñadores las cosen a sus prendas de vestir. Y dejamos entonces que la etiqueta nos diga qué es cada persona y cuánto vale. Si valoramos la inteligencia en los niños, les colgamos etiquetas según aprendan rápida o lentamente, y lo primero que preguntamos a cualquier chiquillo es cómo le va en la escuela. Si nos importa el dinero, ponemos etiquetas a las personas según sean pobres o acomodadas, y lo primero que nos preguntamos sobre ellas es cuánto ganan. Si ponderamos la apariencia física, las clasificamos como atractivas y no atractivas, y nuestra primera pregunta sobre cualquiera es qué tal luce. Hay una iglesia aquí que premia a las familias estables y los matrimonios duraderos: cuando una mujer de esa iglesia se divorcia, la iglesia le coloca la etiqueta de divorciada, y así, queda ciega para sus penas, sus dones, sus necesidades ... cuando llegan personas con limitaciones físicas, los catalogamos como incapacitados, y en consecuencia ya no somos capaces de ver el tesoro infinito que tienen para ofrecernos.[3]

En este capítulo, las razones de Santiago para rechazar un espíritu discriminatorio son presentadas de una manera clara y convincente. Nos retan a examinar nuestros corazones para ver si albergamos algún prejuicio u odio secreto.

La discriminación social es incompatible con la fe cristiana

Santiago se dirige a sus lectores como «hermanos míos», recordándonos que el problema que está a punto de discutir es una preocupación de la familia. Siempre que usa esa expresión para identificar a sus lectores se está preparando a señalar algo que hace falta cambiar en sus vidas. Aquí está a punto de hacer una fuerte denuncia contra toda forma de prejuicio, favoritismo, engreimiento y pleitesía a las personas. Para muchos de sus lectores hebreos, este sería un tema familiar, ya que estarían muy familiarizados con las advertencias contra la discriminación que se encuentran en el Antiguo Testamento:

No perviertas la justicia, ni te muestres parcial en favor del pobre o del rico, sino juzga a todos con justicia (Levítico 19:15).

No sean parciales en el juicio; consideren de igual manera la causa de los débiles y la de los poderosos (Deuteronomio 1:17).

INTEGRIDAD: CUANDO LA JUSTICIA NO ES CIEGA

Porque el Señor tu Dios es Dios de dioses y Señor de señores; él es el gran Dios, poderoso y terrible, que no actúa con parcialidad ni acepta sobornos (Deuteronomio 10:17).

No pervertirás la justicia ni actuarás con parcialidad. No aceptarás soborno (Deuteronomio 16:19).

También éstos son dichos de los sabios: No es correcto ser parcial en el juicio (Proverbios 24:22).

No es correcto mostrarse parcial con nadie. Hay quienes pecan hasta por un mendrugo de pan (Proverbios 28-21).

La palabra *favoritismo* utilizada por Santiago significa literalmente «recibir un rostro», «aceptar una cara». Se refiere al indebido trato desigual que se dispensaba a los más ricos entre los visitantes de la asamblea, al tiempo que se dedicaba poca atención a los más pobres. Según Santiago, tal conducta era una deshonra para el Señor, que nunca rindió pleitesía a las personas.

La palabra favoritismo y sus sinónimos se mencionan varias veces en el Nuevo Testamento. La mayoría de esas referencias tienen que ver con la ausencia de parcialidad en la relación entre Dios y los hombres:

Pedro tomó la palabra, y dijo: —Ahora comprendo que en realidad para Dios no hay favoritismos (Hechos 10:34).

Porque con Dios no hay favoritismos (Romanos 2:11).

Y ustedes, amos, correspondan a esta actitud de sus esclavos, dejando de amenazarlos. Recuerden que tanto ellos como ustedes tienen un mismo Amo en el cielo, y que con él no hay favoritismos (Efesios 6:9).

El que hace el mal pagará por su propia maldad, y en esto no hay favoritismos (Colosenses 3:25).

Ya que invocan como Padre al que juzga con imparcialidad las obras de cada uno, vivan con temor reverente mientras sean peregrinos en este mundo (1 Pedro 1:17).

La mención de Santiago a «nuestro glorioso Señor Jesucristo» establece un vivo contraste entre la gloria verdadera del Señor Jesucristo y la gloria falsa de las riquezas relumbrantes que habían captado la atención de los ujieres de la asamblea.

El propio Señor Jesucristo nos mostró su disposición a renunciar a las provisiones del cielo para incursionar en esta Tierra. El hecho de que él se hiciera hombre y luego se entregara en la cruz debería humillar y desarmar a quienquiera que en la iglesia estuviere sopesando prejuicios clasistas (Filipenses 2:5-8). La cruz misma es una demostración visual de nuestra necesidad de amar a todos los seres humanos:

> ¡Piense en la cruz de esta manera! El madero vertical es más largo que el horizontal, pero el vertical busca lo alto, busca a Dios; el horizontal se extiende al nivel de toda la humanidad. En la cruz, buscamos las alturas, pero nos mantenemos al nivel necesario para ministrar a la humanidad. Cuando creemos en el Cristo que se entregó en esa cruz, nuestro propósito, nuestro amor, nuestro servicio deben estar prestos a extenderse a toda la humanidad, al mismo nivel para unos y otros, sin reparar en estatus o razas.[4]

La discriminación social es insensible al llamado de la Iglesia

Al parafrasear estos versículos, J.B. Phillips consigue que el problema parezca un suceso del domingo pasado:

> Supongamos que un hombre bien vestido y con un anillo de oro en un dedo llega a nuestra reunión, mientras que otro, evidentemente pobre, llega con la ropa sucia. Si ustedes le dedican atención especial al elegante diciéndole: «Por favor, siéntese aquí. Este es un asiento excelente», mientras que al pobre le dicen: «Quédese ahí de pie, por favor, y si se va a sentar, siéntese en el suelo», ¿no prueba esto que ustedes están haciendo en sus mentes distinciones de clase, y actuando con un comportamiento prejuiciado al evaluar la calidad de cada uno?[5]

A nuestra asamblea local llega un individuo. Nos damos cuenta de que es un extraño porque no sabe dónde sentarse. Podría o no ser cristiano, ya que ambos asistían a los servicios de la iglesia primitiva (1 Corintios 14:23-24). El hombre luce en los dedos prendas de oro y viste con

DoubleTree®
HOTELS·SUITES·RESORTS·CLUBS
1-800-222-TREE

Please be more thorough this week. I had to go behind you last time. Make sure you get behind doors and dust completely
Thank You
Mary

Reservations doubletree.com or 1-800-222-TREE

cuando la temperatura sube

María   santiago 1 -

Mirando atrás - Comentarios

Idea central
Pregunta Natural
  SE: Porq! el sufrimiento
      Quienes sufren
      cuando
      como
Respuesta Natural

Aplicacion
    Y que hago yo con eso

INTEGRIDAD: CUANDO LA JUSTICIA NO ES CIEGA

finas telas. Tan pronto se hace evidente que es rico, se le trata a cuerpo de rey y es escoltado a un asiento prominente en la asamblea. El hombre pobre que llega después de él es apartado a un lado y tratado con desdén.

La palabra griega que se traduce como asamblea en el versículo 2 es *sinanogen*, término que usualmente designaba la sinagoga hebrea. Esta es la única ocasión en que se usa dicha palabra en el Nuevo Testamento con referencia a una reunión cristiana. Es un recordatorio de la naturaleza netamente judía de aquellos servicios religiosos, en los cuales los escribas y fariseos ocupaban los puestos más importantes: «se mueren por el lugar de honor en los banquetes y los primeros asientos en las sinagogas» (Mateo 23:6; ver también Marcos 12:39; Lucas 11:43 y 20:46).

La pregunta que hace Santiago a aquellos que muestran favoritismo es retórica, y anticipa una respuesta afirmativa: «¿acaso no hacen discriminación entre ustedes, juzgando con malas intenciones?» Si un juez en un tribunal se permitiera ser prejuiciado por el vestuario del acusado, ¿no estaría quebrantando la justicia? De igual modo, un cristiano que acepte o rechace a alguien basándose en su apariencia externa, ¡no estaría actuando menos mal!

Santiago tendrá algunas palabras fuertes para el rico más adelante en su epístola, pero en este punto está reprendiendo a miembros de la asamblea por la manera en que le trataron a él cuando llegó a ella. El problema fue más que un tratamiento preferencial. Fue un termómetro de los corazones de los miembros de la congregación, que estaban más preocupados por el dinero y las posesiones que por las personas. En lugar de estar cautivados por la gloria del Señor, estaban fascinados con el esplendor de los anillos de oro y la ropa fina. En lugar de honrar a Jesucristo, reverenciaban a los ricos y despreciaban a los pobres. En lugar de aceptar a las personas sobre la base de su fe en Cristo, mostraban favoritismo, basándose en las apariencias y el estatus.

Leí acerca de una mujer que vivía en la pobreza y que quería integrarse a una iglesia muy llamativa. Se lo comentó al pastor, y él le sugirió que se fuera a casa y lo pensara detenidamente durante una semana. Al cabo de ese tiempo, ella regresó. Y él entonces le dijo: «Muy bien, no vamos a apresurarnos. Vuelve a casa y lee tu Biblia una hora cada día durante otra semana. Luego regresas y me dices si sientes que debes integrarte». Aunque no se fue muy contenta, accedió. La semana siguiente estaba de vuelta, asegurándole al pastor que quería ser miembro de su iglesia. Él, exasperado, le dijo: «Tengo una última sugerencia. Orarás cada día esta semana y le preguntarás al Señor si él desea que vengas a nuestra congregación». El pastor no volvió a ver a la mujer en seis meses. Un día se la encontró en la calle y le preguntó qué había decidido. Ella dijo: «Hice lo que usted me pidió. Me fui a casa y oré. Un día, mientras oraba, el Señor me dijo: "No te preocupes por no poder entrar en esa iglesia. Yo mismo he estado tratando de entrar durante los últimos veinte años"».

No puedo garantizar la exactitud de esa historia, pero Tom Eisenman recuerda algo que realmente ocurrió un domingo en la Iglesia Presbiteriana de Bel Aire:

> Cuando el Gobernador Ronald Reagan y su esposa Nancy asistían al servicio, se sentaban en los mismos asientos, junto al corredor central, a unos dos tercios del pasillo que separaba el santuario. Aquella mañana el gobernador y su esposa llegaron tarde, y dos estudiantes universitarios habían ocupado sus asientos. Un ujier se dirigió a los jóvenes y les preguntó si podían mudarse a los asientos contiguos. Ellos accedieron, y entonces trajeron a Ron y Nancy Reagan para que se sentaran. El pastor se levantó entonces de su sitio en el presbiterio, se dirigió a los dos estudiantes y, meritoriamente, dijo: «Mientras yo sea pastor de esta iglesia eso no les volverá a suceder».

La discriminación social no considera aquello que Dios ha escogido

Santiago observa que con su rechazo de los pobres en favor de los ricos, los cristianos han deshonrado a las mismas personas que Dios escogió para dispensarles bendiciones especiales. A los ojos del Señor los pobres son preciosos; las Escrituras son claras al respecto:

> El Espíritu del Señor omnipotente está sobre mí, por cuanto me ha ungido para anunciar buenas nuevas *a los pobres* (Isaías 61:1, cursivas añadidas).

> Entonces les respondió a los enviados: —Vayan y cuéntenle a Juan lo que han visto y oído: Los ciegos ven, los cojos andan, los que tienen lepra son sanados, los sordos oyen, los muertos resucitan *y a los pobres se les anuncian las buenas nuevas* (Lucas 7:22, cursivas añadidas).

INTEGRIDAD: CUANDO LA JUSTICIA NO ES CIEGA

Él entonces dirigió la mirada a sus discípulos y dijo: «*Dichosos ustedes los pobres*, porque el reino de Dios les pertenece» (Lucas 6:20, cursivas añadidas).

Pero a los menesterosos los salva de la opresión de los poderosos y de su lengua viperina. Así es como *los pobres recobran la esperanza* (Job 5:15-16, cursivas añadidas).

Pero no se olvidará para siempre al necesitado, *ni para siempre se perderá la esperanza del pobre* (Salmo 9:18, cursivas añadidas).

Dice el Señor: «Voy ahora a levantarme, y pondré a salvo a los oprimidos, pues *al pobre se le oprime*, y el necesitado se queja» (Salmo 12:5, cursivas añadidas).

El que oprime al pobre ofende a su Creador, pero honra a Dios quien se apiada del necesitado (Proverbios 14:31, cursivas añadidas).

Servir al pobre es hacerle un préstamo al Señor; Dios pagará esas buenas acciones (Proverbios 19:17, cursivas añadidas).

Quien cierra sus oídos *al clamor del pobre*, llorará también sin que nadie le responda (Proverbios 21:13, cursivas añadidas).

No explotes al pobre porque es pobre, ni oprimas en los tribunales a los necesitados; porque el Señor defenderá su causa, y despojará a quienes los despojen (Proverbios 22:22-23, cursivas añadidas).

Más vale pobre pero honrado, que rico pero perverso (Proverbios 28:6, cursivas añadidas).

Ni Santiago ni los escritores del Antiguo Testamento dicen que Dios sólo salva a los pobres; ni tampoco que haya que entender que los pobres son automáticamente justos y los ricos injustos. Pero son coherentes con las palabras que Pablo escribió a los creyentes corintios:

Hermanos, consideren su propio llamamiento: No muchos de ustedes son sabios, según criterios meramente humanos; ni son muchos los poderosos ni muchos los de noble cuna. Pero Dios escogió lo insensato del mundo para avergonzar a los sabios, y escogió lo débil del mundo para avergonzar a los poderosos. También escogió Dios lo más bajo y despreciado, y lo que no es nada, para anular lo que es, a fin de que en su presencia nadie pueda jactarse ... como está escrito: «El que se quiera enorgullecer, que se enorgullezca en el Señor» (1 Corintios 1:26-31).

Dios no ama a los pobres más que a los ricos, pero muchos más de los pobres que de los ricos y poderosos han respondido al evangelio. Esto estaba tan ampliamente reconocido que, entre los judíos, «el pobre» era una forma común de decir «el piadoso».

> El Evangelio ha tenido siempre un fuerte atractivo para aquellos que son pobres en bienes terrenales ... Esto no debe interpretarse como que todos los pobres serán salvos, ni significa que haya algo meritorio en la pobreza; pero sí afirma que los pobres no están en desventaja para aceptar la salvación provista por el Señor. Demuestra vívidamente que aquellos tan a menudo rechazados por los hombres han sido escogidos por Dios.[7]

La discriminación social es incongruente, dada la conducta de los ricos

Santiago continúa su discusión recordando a sus amigos que están tributando un tratamiento especial a la misma clase de personas que abusan de ellos. Para argumentarlo, hace tres preguntas.

- *¿Quién les oprime?*

Santiago ruega a sus lectores que contemplen el sufrimiento que están experimentando e identifiquen su fuente principal. «¿No son los instigadores de su dolor la misma clase de personas que ustedes adulan en los servicios de su iglesia?», pregunta.

Según el Antiguo Testamento, la opresión de los pobres por los ricos era una actividad común en Israel:

> Oigan esto, los que pisotean a los necesitados y exterminan a los pobres de la tierra (Amós 8:4).

> Codician campos, y se apropian de ellos; casas, y de ellas se adueñan. Oprimen al varón y a su familia, al hombre y a su propiedad (Miqueas 2:2).

> No opriman a las viudas ni a los huérfanos, ni a los extranjeros ni a los pobres (Zacarías 7:10).

El escritor de Hebreos reconoce que esta clase de tratamiento la habían experimentado también muchos que habían vivido por Cristo en los tiempos del Nuevo Testamento:

> Recuerden aquellos días pasados cuando ustedes, después de haber sido iluminados, sostuvieron una dura lucha y soportaron mucho sufrimiento. Unas veces se vieron expuestos públicamente al insulto y a la persecución; otras veces se solidarizaron con los que eran tratados de igual manera. También se compadecieron de los encarcelados, y cuando a ustedes les confiscaron sus bienes, lo aceptaron con alegría, conscientes de que tenían un patrimonio mejor y más permanente (Hebreos 10:32-34).

- *¿Quién les obliga a ir a los tribunales?*

Los ricos no sólo oprimían a los creyentes, sino que entablaban litigios contra ellos y trataban de robarles recurriendo a medios judiciales. Los obligaban a ir a los tribunales para demandarles allí. En el juicio que llevó a Esteban al martirologio, se nos dice que sus acusadores «presentaron testigos falsos» (Hechos 6:13). Jesús advirtió a sus discípulos que podía esperarse tal trato del mundo: «Tengan cuidado con la gente; los entregarán a los tribunales y los azotarán en las sinagogas. Por mi causa los llevarán ante gobernadores y reyes para dar testimonio a ellos y a los gentiles» (Mateo 10:17-18).

Sin darse cuenta, estos primeros creyentes estaban realmente adulando a la misma gente que tanto daño les hacía. Más adelante en su epístola, Santiago fustiga a los ricos por el maltrato a los pobres:

> Ahora escuchen, ustedes los ricos: ¡lloren a gritos por las calamidades que se les vienen encima! Se ha podrido su riqueza, y sus ropas están comidas por la polilla. Se han oxidado su oro y su plata. Ese óxido dará tes-

timonio contra ustedes y consumirá como fuego sus cuerpos. Han amontonado riquezas, ¡y eso que estamos en los últimos tiempos! Oigan cómo clama contra ustedes el salario no pagado a los obreros que les trabajaron sus campos. El clamor de esos trabajadores ha llegado a oídos del Señor Todopoderoso. Ustedes han llevado en este mundo una vida de lujo y de placer desenfrenado. Lo que han hecho es engordar para el día de la matanza. Han condenado y matado al justo sin que él les ofreciera resistencia (Santiago 5:1-6).

Es probable que los destinatarios de la epístola de Santiago no fuesen ricos ni pobres, sino gente de clase media. Eran culpables de oprimir a los pobres al mismo tiempo que ellos eran oprimidos por los ricos. En otras palabras, experimentaban el mismo trato que dispensaban a otros.

- *¿Quién blasfema del nombre noble por el cual son ustedes llamados?*

Los ricos no sólo oprimían a los cristianos y les enviaban a los tribunales; también hablaban con desprecio contra aquel al que los cristianos amaban y servían. Mirando en retrospectiva las tres preguntas planteadas por Santiago, resulta muy útil el resumen de Homer Kent:

> Santiago no denunciaba la riqueza como un mal *per se*, ni estaba abogando por una discriminación al revés, según la cual los pobres serían favorecidos a expensas de los ricos. Él estaba impugnando el favoritismo de cualquier clase. En este punto mostraba cuán impropio, desde el punto de vista lógico y moral, era el particular tipo de discriminación practicado por sus lectores. Quizás ayude el entender que Santiago puede haber estado utilizando la expresión «los ricos» con la misma definición que Jesús en Marcos 10:24, «los que confían en las riquezas» (VRV 1960), y no solamente los que poseen dinero.[8]

La discriminación social es indiferente al carácter de la ley

En esta parte de su discusión, Santiago retira el problema de la discriminación social de la categoría de los simples descuidos y lo coloca directamente en el círculo de las transgresiones. Declara enfáticamente que el maltrato al pobre es una violación de la ley de Dios. Identifica esta ley con las Escrituras y define cualquier violación de la misma como pecado y transgresión (2:9). En otras palabras, aquellos que aplican prejuicios y discriminación no sólo son desconsiderados, son violadores de la ley y pecadores.

Santiago se refiere a la Ley Suprema de las Escrituras, y la define así: «Amarás a tu prójimo como a ti mismo». Esta ley de amor es la ley del Reino de Dios que fue subrayada por el Señor Jesucristo durante los primeros tiempos de su ministerio. En una ocasión, un fariseo que además era abogado le hizo a Jesús una penetrante pregunta concebida para hacerle tropezar: «Maestro, ¿cuál es el mandamiento más importante de la ley?» He aquí la respuesta del Maestro:

—Ama al Señor tu Dios con todo tu corazón, con toda tu alma y con toda tu mente» le respondió Jesús. Éste es el primero y el más importante de los mandamientos. El segundo se parece a éste: «Ama a tu prójimo como a ti mismo». De estos dos mandamientos dependen toda la ley y los profetas (Mateo 22:36-40).

La definición de Santiago sobre la Ley Suprema es una cita directa de las palabras de Jesucristo. Y nuestro Señor tomó sus palabras de dos grandes declaraciones sumarias sobre la ley que se encuentran en el Antiguo Testamento. La primera expone las responsabilidades verticales del hombre: "Escucha, Israel: El Señor nuestro Dios es el único Señor. Ama al Señor tu Dios con todo tu corazón y con toda tu alma y con todas tus fuerzas» (Deuteronomio 6:4-5).

Los primeros cuatro de los Diez Mandamientos están cubiertos por esa declaración sumaria. El hombre que ama a su Señor Dios con todo su corazón, su alma y sus fuerzas:

No pondrás a ningún otro dios delante de Jehová su Dios: Primer Mandamiento
No te harás ídolos: Segundo Mandamiento
No usarás el nombre de Dios a la ligera: Tercer Mandamiento
Observarás el día de reposo manteniéndolo sagrado: Cuarto Mandamiento

La segunda declaración establece las responsabilidades horizontales del hombre: «No seas vengativo con tu prójimo, ni le guardes rencor. Ama a tu prójimo como a ti mismo. Yo soy el Señor» (Levítico 19:18).

Esto se repite con marcado énfasis en el Nuevo Testamento:

Ama al Señor tu Dios con todo tu corazón, con toda tu alma, con todas tus fuerzas y con toda tu mente, y ama a tu prójimo como a ti mismo (Lucas 10:27).

En efecto, toda la ley se resume en un solo mandamiento: «Ama a tu prójimo como a ti mismo» (Gálatas 5:14).

Los últimos seis de los Diez Mandamientos están cubiertos por esta declaración sumaria. El hombre que ama a su prójimo como a sí mismo:

Honrará a padre y madre: Quinto Mandamiento
No matará: Sexto Mandamiento
No cometerá adulterio: Séptimo Mandamiento
No robará: Octavo Mandamiento
No levantará falso testimonio contra su prójimo: Noveno Mandamiento
No codiciará: Décimo Mandamiento

En la parábola del buen samaritano, Jesús explicó que por prójimo debemos entender todo ser humano necesitado a quien tengamos oportunidad de ayudar. Él también elevó la norma del amor por el prójimo de «que se amen los unos a los otros» a «como yo los he amado» (Juan 15:12).

Esta es sin duda la Ley Suprema de las relaciones humanas ofrecida por el propio Rey. Incluye todos los demás mandamientos que tienen que ver con las relaciones entre nosotros y nuestros semejantes.

La Biblia enseña que esta ley es una parte del cuerpo de la ley que se destaca como un todo unificado. La parcialidad, el asesinato y el adulterio son vistos como parte del cuerpo de la ley. No tratar al prójimo como a nosotros mismos es ser culpables de desobedecer la ley de Dios. Santiago no nos dice que todos los pecados sean iguales en magnitud y resultados, pero sostiene que quebrantar uno de los mandamientos coloca al ofensor en la clase de los transgresores.

D. L. Moody comparaba la ley de Dios a una cadena de diez eslabones de la cual pende un hombre sobre un precipicio. Si todos los eslabones se rompen, el hombre está condenado a despeñarse. Lo mismo pasa si se rompen cinco, y si sólo se rompe uno, está igualmente condenado.[9]

La unidad de la ley emana de la unidad de quien da la ley (2:11). El mismo Dios dio el séptimo mandamiento: «No cometerás adulterio» (Éxodo 20:14) y el sexto: «No matarás» (Éxodo 20:13). Quebrantar uno de ellos es quebrantar la ley del amor al prójimo. Es ilógico suponer que por guardar uno de los mandamientos una persona es libre de quebrantar algún otro con impunidad ... Puede que usted no haya matado a nadie ni le haya sido infiel a su esposa, pero albergar resentimiento contra un hermano o hermana le convierte aún en transgresor. Los prejuicios contra los pobres nos hacen asimismo culpables.[10]

La mayor verdad que nos enseña Santiago es que una persona puede parecer en muchos aspectos muy buena y sin embargo echar todo a perder delante de Dios con una falta, incluso si es una de las llamadas faltas respetables, por la que podría ser elogiado a menudo. Puede que parezca moral en sus actos, puro en su lenguaje y fiel adorando a Dios, pero que juzgue a otros o se crea perfecto; puede que sea rígido, carente de simpatía por el prójimo; y cuando este es el caso, su supuesta bondad es lastrada por sus faltas subyacentes.[11]

La discriminación social ignora el juicio futuro

El texto dice literalmente: «Hablen y pórtense como quienes han de ser juzgados por la ley que nos da libertad» (2:12). Santiago concentra una vez más nuestra atención en el tema principal de la integridad. Aquello que decimos debe ir acompañado por los correspondientes actos (Santiago 1:26-27).

Aquí se nos recuerda que nuestro juicio se basará en tres áreas distintas de nuestra vida.

¡Nuestras *palabras* serán juzgadas! Las palabras de los ujieres a los ricos y a los pobres desenmascararon sus corazones

¡Nuestros *actos* serán juzgados! También debemos comportarnos como quien va a ser algún día juzgado por la ley perfecta de libertad.

¡Nuestras *actitudes* serán juzgadas! O hemos mostrado compasión, o no la hemos mostrado. ¡Algún día la verdad sobre nuestras palabras, actos y actitudes será conocida! El escritor de Hebreos nos recuerda que «ninguna cosa creada escapa a la vista de Dios. Todo está al descubierto, expuesto a los ojos de aquel a quien hemos de rendir cuentas» (Hebreos 4:13).

La norma para nuestro futuro juicio es identificada como la «ley de libertad» o «la ley que da libertad». Santiago usó antes esta expresión como sinónimo de la Palabra de Dios (1:25). A primera vista, parece una contradicción ¿Cómo puede esta ley ser llamada «de libertad»? ¿No es la ley que restringe la libertad? No para el creyente sincero.

> En la libertad de la ley del amor florece el hijo de Dios. De ahí que el cristiano viva no en temor a la ley, sino en la alegría de los preceptos divinos. Con tal de que se mantenga dentro de los límites de la ley de Dios, disfruta de absoluta libertad. Pero en el momento en que cruza una de esas fronteras se convierte en esclavo del pecado y pierde su libertad.[12]

Santiago concluye con una nota triunfal en el versículo 13 su sermón sobre la discriminación: «Porque habrá un juicio sin compasión para el que actúe sin compasión. ¡La compasión triunfa en el juicio!». También Jesús enseñó esta verdad:

> Dichosos los compasivos, porque serán tratados con compasión (Mateo 5:7).

> Porque si perdonan a otros sus ofensas, también los perdonará a ustedes su Padre celestial. Pero si no perdonan a otros sus ofensas, tampoco su Padre les perdonará a ustedes las suyas (Mateo 6:14-15).

> No juzguen a nadie, para que nadie los juzgue a ustedes. Porque tal como juzguen se les juzgará, y con la medida que midan a otros, se les medirá (Mateo 7:1-2).

Es obvio que Santiago no está diciendo que los creyentes serán rechazados por Dios en algún juicio futuro. Cuando el cristiano comparezca ante Dios en el tribunal de Cristo, ¡su salvación no estará en duda! Pero aún deberá responder por los actos de la carne, sean buenos o sean malos (2 Corintios 5:10).

¡No estamos promoviendo la salvación por las obras! Simplemente, esto subyace en todo el argumento de este libro.

INTEGRIDAD: CUANDO LA JUSTICIA NO ES CIEGA

En casi todas sus páginas Santiago sostiene que demostramos la realidad de nuestra fe según la manera en que vivimos. Aquellos de nosotros que hemos sido verdaderamente transformados por la gracia de Dios hemos experimentado un cambio radical en nuestra actitud hacia los demás. Ya no vemos a las personas basándonos en distinciones de clase; el milagro del nuevo nacimiento ha cambiado drásticamente nuestra perspectiva.

¡Comenzamos este capítulo en un ocupado autobús de Los Angeles! Lo concluiremos en un tren del metro de Nueva York. En su libro *The 7 Habits of Highly Effective People* [Los 7 hábitos de las personas más eficientes], Stephen Covey cuenta una anécdota que le ocasionó un importante «cambio de paradigma», un ajuste significativo en su actitud.

> Recuerdo que aquel domingo por la mañana viajaba en un tren del metro de Nueva York. La gente iba sentada en silencio: unos leyendo el periódico, otros, extraviados en sus pensamientos, algunos, reposando con los ojos cerrados. Era una escena apacible.
>
> De pronto, un hombre y su prole irrumpieron en el vagón. Los niños eran tan escandalosos y alborotadores que el clima cambió instantáneamente.
>
> El hombre se sentó a mi lado y cerró los ojos, en apariencia indiferente a la situación. Los muchachos gritaban, lanzaban cosas, y hasta arrancaban los periódicos a los viajeros. Era muy molesto, pero el hombre a mi lado no hacía nada.
>
> Era difícil no irritarse. No podía creer que pudiera ser tan insensible como para dejar que sus hijos hicieran y deshicieran de aquella manera sin hacer nada, sin asumir responsabilidad alguna. Era fácil darse cuenta de que los demás pasajeros también estaban enfadados. Así que por último, con lo que creí era inusitada paciencia y moderación me volví hacia él y le dije: «Señor, sus hijos están molestando a muchas personas ¿No podrá controlarlos un poco más?»
>
> Como si por primera vez cobrara conciencia de la situación, el hombre alzó los ojos y susurró: «Ah, es cierto. Me imagino que debo hacer algo. Acabamos de salir del hospital donde su madre falleció hace una hora. No sé qué pensar, y creo que ellos tampoco saben cómo tomarlo».

¡Sentimos vergüenza por Stephen Covey y por todas las veces que hemos juzgado a otros insensiblemente!

Cinco

INTEGRIDAD: CUANDO LA FE NO OBRA

(Santiago 2:14-26)

«Así, pues, como el cuerpo sin el espíritu está muerto, así también la fe sin obras está muerta».

James Patterson y Peter Kim realizaron una monumental encuesta que resultó en la obra *The Day America Told the Truth* [El día que Estados Unidos dijo la verdad]. En ese libro ellos sondearon al pueblo estadounidense acerca de muchos temas, incluyendo la relevancia de sus creencias religiosas. En un capítulo titulado «¿Quién cree realmente en Dios hoy?», ellos escribieron:

> ¿Qué está pasando en congregaciones, parroquias y sinagogas a lo largo y ancho de Estados Unidos? Las noticias son buenas... y malas.
>
> Dios está vivo y saludable. Pero ahora mismo en este país, menos personas escuchan lo que Dios tiene que decir.
>
> Noventa por ciento de las personas que entrevistamos dijeron que creen realmente en Dios. La conclusión lógica sería entonces pensar que Dios es un factor significativo en la vida actual en Estados Unidos. Pero nosotros llegamos a una conclusión diferente al indagar más profundamente con nuestras preguntas.
>
> En todas las regiones del país, cuando preguntábamos cómo toma la gente sus decisiones en torno a lo que está bien y lo que está mal, hallamos que ellos simplemente no se vuelven a Dios o a la religión en busca de ayuda para decidir sobre los asuntos primordiales o morales de actualidad.

INTEGRIDAD: CUANDO LA FE NO OBRA

Para la mayoría de las personas, la religión no desempeña virtualmente papel alguno al conformar sus opiniones en torno a una larga lista de importantes asuntos públicos. Esto se cumple incluso con tópicos que parecen estrechamente vinculados a la religión: control de natalidad, aborto, incluso la enseñanza del creacionismo y el papel de las mujeres en el clero.

En ninguna de esas cuestiones una mayoría de las personas busca la guía de la religión para encontrar respuestas. Muchos ni siquiera conocen la posición de su iglesia en torno a estos importantes asuntos...

Sólo un estadounidense de cada cinco consulta a un ministro, sacerdote o rabino acerca de los temas cotidianos

La mitad de nosotros no hemos asistido a un servicio religioso durante un mínimo de tres meses. Uno de cada tres no lo ha hecho en más de un año.

Más de la mitad (cincuenta y ocho por ciento) concurrían regularmente a los servicios antes de llegar a adultos, pero de ese grupo hoy asiste menos de la mitad (veintisiete por ciento).

Sólo uno de cada diez de nosotros cree en los Diez Mandamientos. El cuarenta por ciento cree en cinco de ellos o menos.[1]

En tiempos de Santiago hubo también aparentemente algunos que hablaban el lenguaje del cristianismo sin reflejar en su vida la realidad de su verdad. Esta parte de su epístola aborda ese problema, y no es la primera vez que lo hace:

La epístola entera consiste en las pruebas de la verdadera fe, todas las cuales con frutos prácticos de la rectitud en la vida de un creyente: perseverancia en las pruebas (1:1-12); obediencia a la Palabra (vv. 13-25); religión pura y sin mancha (vv. 26-27); imparcialidad (2:1-13); obras justas (vv. 14-26); control de la lengua (3:1-12); verdadera sabiduría (vv.13-18); odio al orgullo y a lo mundano (4:1-6); humildad y sumisión a Dios (vv. 7-17); y conducta correcta en el cuerpo de creyentes (5:1-20).[2]

La fe y las obras se mencionan vinculadas diez veces en los trece versículos de este apartado. Santiago está a punto de exponer en tonos muy claros la premisa fundamental de su epístola. Toda se puede resumir en sus palabras: «La fe sin las obras está muerta». La fe que no es evidenciada por una vida de integridad, no es fe bíblica. Para Santiago, las obras no son un extra añadido a la fe, sino una expresión esencial de ella.[3]

La lección está clara: si decimos que tenemos fe, es menester que haya en nuestra vida alguna evidencia que respalde esta afirmación. El escritor nos pide que repasemos algunos tipos espurios de fe a fin de que podamos discernir mejor la verdadera… ¡la fe con integridad!

La fe verdadera es más que una afirmación verbal

Este es uno de los textos más polémicos del Nuevo Testamento. Si no es comprendido minuciosamente, puede conducir a graves errores en un área cardinal de la doctrina. En el versículo 14 y luego en el 15, Santiago se refiere a lo que la gente «dice» de su fe. Al tiempo que rechaza la falsa fe porque-yo-lo-digo, apunta varias razones del fracaso de esta fe vacía de otro contenido que la afirmación verbal.

- *Una fe verbal no nos salva.*

Santiago emplea aquí dos preguntas retóricas para argumentar su punto. Primero inquiere: «Hermanos míos, ¿de qué le sirve a uno alegar que tiene fe, si no tiene obras? ¿Acaso podrá salvarlo esa fe?» En ambos casos la respuesta esperada es negativa. A. T. Robertson lo explica: «La pregunta de Santiago 2:14, introducida por la partícula griega *me*, presupone gramaticalmente una respuesta negativa: ¿Podrá salvarlo esa fe? Claro que no».[4]

En otras palabras, una fe que no demuestre su legitimidad en las obras no es genuina. Unos versículos más tarde Santiago escribe: «Así, pues, como el cuerpo sin el espíritu está muerto, así también la fe sin obras está muerta» (Santiago 2-26). A este respecto John Mac Arthur es preciso cuando concluye:

> No toda fe redime. Santiago 2:14-26 dice que la fe sin obras está muerta y no puede salvar. Santiago describe la fe espuria como pura hipocresía, mera aserción cognitiva, vacía de cualquier obra comprobatoria, no diferente de la creencia en el demonio. Obviamente, una fe salvadora es más que la mera admisión de unos cuantos hechos.[5]

Santiago está diciendo sencillamente que si uno verdaderamente ha vuelto a nacer, su vida cambiará. «Santiago se estaba dirigiendo al sempiterno conflicto entre la mera aserción de un credo y una fe vital que se despliega en acción».[6]

> Lo único que Santiago y aquellos más próximos a Cristo no podían aceptar era la idea de que uno pudiera hacer una gran profesión con palabras pero sin producir acción constructiva alguna. El mundo que observa tampoco puede aceptar hoy tal hipocresía.[7]

Santiago no contradice a Pablo ni trata de crear un nuevo medio de justificación ante Dios. He aquí su pregunta:

> «Si un hombre dice que tiene fe y ésta no es demostrada por medio de sus obras, ¿Puede ese tipo de fe salvarle?» Respuesta esperada: «No». Él no estaba hablando acerca de la fe en general, sino acerca de «la fe» que la persona de su ejemplo decía poseer.[8]

Alexander Maclaren hace una observación válida cuando escribe: «La gente que menos vive sus credos son ... los que más gritan acerca de ellos. La parálisis que afecta a los brazos no interfiere en estos casos con la lengua».[9]

- *La fe verbal no es capaz de servir.*

Como la fe verbal no tiene poder de salvación, tampoco es capaz de servir. Una vez más, Santiago utiliza un provocador ejemplo para demostrar su punto. Cuenta una breve parábola que muchos creen representaba un suceso común en la iglesia primitiva. Santiago pide a sus lectores que imaginen una situación en la cual son confrontados por un hermano o hermana en Cristo carente de vestidos apropiados y del alimento diario. Esta persona toca a la puerta del creyente buscando ayuda.

Si, en lugar de ayudar al hermano necesitado, el cristiano le dice: «Qué les vaya bien; abríguense y coman hasta saciarse» y no le da lo que necesita, esta persona que profesa ser cristiana pone en entredicho la integridad de su propia fe. Es esta la idea que presenta el Apóstol Juan en su primera epístola: «Si alguien que posee bienes materiales ve que su hermano está pasando necesidad, y no tiene compasión de él, ¿cómo se puede decir que el amor de Dios habita en él? Queridos hijos, no amemos de palabra ni de labios para afuera, sino con hechos y de verdad» (1 Juan 3:17-18).

De manera que, si la fe no se expresa en nuestro estilo de vida, entonces, de acuerdo con Santiago, puede que no sea fe genuina. La siguiente sátira grabó en mi corazón la lección de Santiago. Quizás tendrá el mismo impacto en usted.

> Porque estuve hambriento, y ustedes formaron un club de humanidades y discutieron mi hambre.
>
> Estuve preso, y ustedes se escurrieron en silencio a la capilla del sótano para orar por mi liberación.
>
> Estuve desnudo, y debatieron en su mente la moralidad de mi apariencia.
>
> Estuve enfermo, y se prosternaron a dar gracias a Dios por su propia salud.
>
> Estuve desamparado, y predicaron sobre el refugio espiritual que hay en el amor de Dios.
>
> Estuve solitario, y me dejaron solo, para orar por mí.
>
> Parecen tan santos, tan cerca de Dios; pero yo sigo aquí, solitario, y con hambre, y con frío.[10]

El hambriento necesita pan, y el desamparado, techo; el desposeído necesita justicia, y el solitario, compañía; el indisciplinado necesita orden, y el esclavo, libertad. Dejar que el hambriento siga con hambre sería una blasfemia contra Dios y el prójimo, porque lo que más cerca está de Dios es precisamente la necesidad del prójimo. Es por el amor de Cristo, que nos pertenece por igual al hambriento y a mí, que comparto con él mi pan y mi casa con el desamparado. Si el hambriento no descubre la fe, la culpa entonces recae en aquellos que le han negado el pan. Proveer pan al hambriento es preparar el camino de la gracia.[11]

- *La fe verbal no es capaz de sobrevivir.*

En el versículo 17 Santiago hace una fuerte declaración de resumen cuando escribe que la fe que no es acompañada por las obras está muerta. En otras palabras, nunca estuvo viva, y la falta de fruto en la vida es la prueba de una fe «sólo profesada». Adamson dice: «Aunque tiene forma, esta fe carece de fuerza. Es inoperante hacia el exterior, porque está muerta en lo interno».[12]

Santiago dice que tenemos derecho a ver la evidencia de que una fe es genuina. Y Jesús dijo lo mismo:

> Por sus frutos los conocerán. ¿Acaso se recogen uvas de los espinos, o higos de los cardos? Del mismo modo, todo árbol bueno da fruto bueno, pero el árbol malo da fruto malo. Un árbol bueno no puede dar fruto malo, y un árbol malo no puede dar fruto bueno. Todo árbol que no da buen fruto se corta y se arroja al fuego. Así que por sus frutos los conocerán. No todo el que me dice: «Señor, Señor», entrará en el reino de los cielos, sino sólo el que hace la voluntad de mi Padre que está en el cielo (Mateo 7:16-21)

Incluso Martín Lutero, que a veces es citado como enemigo de las enseñanzas de Santiago, escribió lo siguiente:

> Ah, es una cosa viva, ágil y poderosa esta fe … No pregunta si deben hacerse buenas obras, sino que las hace antes de que la pregunta se exprese, y siempre está haciéndolas. Aquel que no hace estas buenas obras es un hombre sin fe … Sí, es imposible separar las obras y la fe, tan imposible como separar del fuego el calor y el resplandor.[13]

Antes de cambiar de dirección, Santiago propone una situación hipotética más. Imagina que alguien se adelanta con un enfoque liberal sobre todo el asunto y razona así: «Sé que tú estas comprometido con las obras, pero yo lo estoy más con la fe. Los dos tenemos razón… sólo que ponemos un énfasis diferente en nuestras vidas espirituales». Aunque esta es una paráfrasis muy libre, es una representación muy exacta de lo que esta persona está diciendo.

Tasker dice que quien así habla está sugiriendo que «un cristiano puede reclamar el don de la fe y otro el don de hacer buenas obras … que ambos aspectos pueden dividirse y que cada una de estas posiciones es legítima.[14]

Al reaccionar ante esa lógica, Santiago estalla y dice: «muéstrame tu fe sin las obras, y yo te mostraré mi fe por mis obras». Otra versión traduce así este versículo: «Tú alegas que tienes fe; yo tengo obras. Yo puedo demostrar mi fe por mis obras, pero te reto a que demuestres tu fe sin obras».

> En efecto, lo que Santiago dice aquí es: «Tú aseguras tener "fe" y yo aseguro tener "obras", acciones, conducta. Yo puedo demostrar la existencia y calidad de mi "fe" a través de mis obras (acciones, conducta), pero te desafío a probarme a mí o al resto de la humanidad la existencia y/o calidad de tu fe. Pues no creo que sin obras, acciones y conducta constructivas puedas tener una fe genuina».[15]

Santiago no está discutiendo la importancia de la fe en la experiencia cristiana, sino atacando la validez de una «fe profesada» que no produce ningún resultado externo en la conducta.

La fe verdadera es más que un asentimiento mental

El segundo punto de Santiago acerca de la fe es este: Una fe verdadera es más que un asentimiento mental a un sistema de hechos. En su ejemplo él utiliza los demonios: «¿Tú crees que hay un solo Dios? ¡Magnífico! También los demonios lo creen, y tiemblan».

Según él, entre los demonios no hay ateos. Tiemblan y se estremecen y se erizan cuando piensan en el único Dios verdadero. Jesús encontró durante su ministerio personas poseídas por demonios, y ellas siempre reconocieron su deidad y le hablaron con respeto (Mateo 8:29; Marcos 1:24; 5:7; Lucas 8:28; Hechos 16:17). Eran sinceros, ¡pero eso no era suficiente!

> En la historia del endemoniado gadareno (Marcos 5:1-10; Lucas 8:26-33), tenemos una clara ilustración de una tal fe por parte de los demonios. Estos maliciosos espíritus sobrenaturales, empeñados en poseer y atormentar a los seres humanos, confesaban de inmediato la existencia y omnipotencia de Dios; es más, sabían que como tal él era su absoluto y consistente enemigo. Pero su «fe» no transformaba su personalidad y conducta ni cambiaba su perspectiva del futuro. Ellos establecieron la triste verdad de que «la creencia puede ser ortodoxa y la personalidad, malévola».[16]

William Barclay nos recuerda:

INTEGRIDAD: CUANDO LA FE NO OBRA

Hay una creencia que es puramente intelectual. Por ejemplo, creo que el cuadrado de la hipotenusa de un triángulo rectángulo es igual a la suma de los cuadrados de los catetos; y si tuviera que probarlo, podría hacerlo. Pero eso no hace diferencia alguna en mi vida ni en mi manera de vivir. Lo acepto, pero no surte efecto alguno en mí... Hay otro tipo de creencia. Creo que cinco y cinco suman diez, y que, por tanto, me negaré resueltamente a pagar más de diez centavos por dos barras de chocolate de a cinco centavos cada una. Asumo ese hecho no sólo en mi mente, sino en mi vida y acciones. Lo que Santiago discute es el primer tipo de creencia, la aceptación de un hecho sin permitir que tenga alguna influencia en nuestra vida.[17]

Pero nadie ilustra mejor que John Wesley la futilidad de una fe de asentimiento mental:

Antes de que John Wesley fuera creyente, era un clérigo y un misionero que trabajaba con todo lo que tenía. Memorizaba gran parte del Nuevo Testamento en griego. Tenía una vida devocional disciplinada. Como misionero entre los aborígenes estadounidenses, dormía sobre la tierra para incrementar sus méritos y ser algún día aceptado por Dios. Pero llegó entonces aquel célebre día cuando sólo creyó en Cristo para su salvación. Fue entonces que comenzó una vida pletórica de obras ... Predicaba en la iglesia de Saint Mary's, en Oxford; predicaba en otras iglesias, en minas, en la calle, incluso a caballo. Hasta en la tumba de su padre predicó. John Wesley pronunció 42.000 sermones. Recorría cada año un promedio de 7.200 kilómetros. Viajaba a caballo entre 95 y 110 kilómetros al día y pronunciaba un promedio de tres sermones diarios. Cuando tenía 83 años escribió en su diario: «Yo mismo soy una maravilla. Jamás me canso, ni de predicar ni de viajar».[18]

La fe verdadera es más que una actitud positiva

Santiago continúa edificando su caso respecto a que la fe sin acción es inútil. Hoy muchos definen la fe como una «actitud mental positiva». Pero la fe es más que actitud; la fe es acción. Según el autor, la fe se perfecciona mediante las obras. Y esto no es una contradicción de la doctrina de Pablo acerca de la justificación por la fe. Manfred George Gutzke integra los dos conceptos, fe y obras, cuando escribe:

> La fe sólo significa algo cuando promueve la acción. La fe sin acción es inútil. Este es el principio básico para todo en todas partes, y se cumple en todos los casos. Se cumpliría en el tema de la agricultura. También en el de asegurar una casa, en el de dirigir un negocio. Si decimos que tenemos fe en algo, pero no hacemos nada, nuestra fe no significa nada. La fe sin acción no vale de nada.[19]

Ahora Santiago apela a dos bien conocidos personajes del Antiguo Testamento: el patriarca Abraham y Rajab, la ramera.

- *Abraham, el patriarca.*

¿No fue declarado justo nuestro padre Abraham por lo que hizo cuando ofreció sobre el altar a su hijo Isaac? Ya lo ves: Su fe y sus obras actuaban conjuntamente, y su fe llegó a la perfección por las obras que hizo. Así se cumplió la Escritura que dice: «Creyó Abraham a Dios, y ello se le tomó en cuenta como justicia», y fue llamado amigo de Dios. Como pueden ver, a una persona se le declara justa por las obras, y no sólo por la fe (Santiago 2:21-24).

Abraham era el ejemplo más poderoso que Santiago podía haber escogido. El padre Abraham era reverenciado como un hombre de fe que disfrutaba de una estrecha relación con Dios. Nada que la experiencia de Abraham contradijera sería considerado legítima verdad. En Génesis 15 leemos sobre la promesa de Dios al patriarca en relación con su futuro y ¡la concepción de un hijo! Mostrándoles las estrellas del cielo, Dios le anunció que su descendencia sería igual de numerosa. Y Génesis 15:6, citado por Santiago, dice: «Abram creyó al Señor, y el Señor lo reconoció a él como justo» ¡Esta fue la primera vez que el verbo «creer» se utilizó en la Biblia!

Abraham demuestra que se nos considera justos sólo por la fe. Pero nuestra fe nunca está sola, sino que siempre está acompañada por obras. Cuando Dios le dijo que tomara con él a su hijo Isaac, que fueran al Monte Moria, y que allí lo sacrificara en el altar, ¡Abraham hizo lo que Dios le dijo que hiciera! ¿Cómo lo hizo, y por qué se le honra por hacerlo?

INTEGRIDAD: CUANDO LA FE NO OBRA

Durante su vida, Abraham había demostrado en varias ocasiones que creía y confiaba en Dios: viajando a la tierra prometida, esperando durante décadas por el hijo prometido, Isaac, y demostrando por último su obediencia al estar dispuesto a sacrificarlo. La prueba suprema no radicó tanto en sus viajes o su espera como en los preparativos para sacrificar a Isaac. Matar a su propio hijo significaba que la promesa terminaría. Pero como lo resume el escritor de Hebreos, «consideraba Abraham que Dios tiene poder hasta para resucitar a los muertos, y así, en sentido figurado, recobró a Isaac de entre los muertos» (Hebreos 11:19).[20]

Abraham debió arribar a algunas conclusiones, y es en ellas que se encuentra la naturaleza de su fe. En el pasaje del Génesis se nos dice que él creyó que regresaría con Isaac de la montaña: «Al tercer día, Abraham alzó los ojos y a lo lejos vio el lugar. Entonces le dijo a sus criados: Quédense aquí con el asno. El muchacho y yo seguiremos adelante para adorar a Dios, y luego regresaremos junto a ustedes» (Génesis 22:4-5).

Si Abraham hubiera dicho: «creo en Dios», pero hubiera rehusado obedecer sus órdenes, habría tenido una fe de asentimiento mental, pero no una fe verdadera. Fue su viaje a la montaña, su obvia intención de consumar el sacrificio, lo que hizo la diferencia. Somos justificados sólo por la fe, pero no por una fe que está sola.

Lo manifestado por Santiago acerca de las obras se ha utilizado a menudo para ilustrar sus diferencias con Pablo. Aquí Santiago dice claramente que Abraham fue hallado justo por sus obras, y cita el Génesis para demostrarlo. Pablo también se refiere al Génesis y lo utiliza para concluir que Abraham no fue justificado por las obras.

> Entonces, ¿qué diremos en el caso de nuestro antepasado Abraham? En realidad, si Abraham hubiera sido justificado por las obras, habría tenido de qué jactarse, pero no delante de Dios. Pues ¿qué dice la Escritura? «Creyó Abraham a Dios, y esto se le tomó en cuenta como justicia». Ahora bien, cuando alguien trabaja, no se le toma en cuenta el salario como un favor sino como una deuda. Sin embargo, al que no trabaja, sino que cree en el que justifica al malvado, se le toma en cuenta la fe como justicia (Romanos 4:1-5).

Así fue con Abraham: «Creyó a Dios, y ello se le tomó en cuenta como justicia». Por lo tanto, sepan que los descendientes de Abraham son aquellos que viven por la fe (Gálatas 3:6-7).

Aunque pueda parecer una contradicción, no lo es, si comprendemos lo que ambos escritores están proponiendo:

Pablo y Santiago citan incidentes separados en la vida de Abraham que ilustran lo que cada cual quiere decir. Pablo se está refiriendo a la absoluta dependencia de Abraham en la promesa de Dios, por improbable que pareciera (Romanos 4:1-12). La fe de Abraham le fue tomada en cuenta como justificación (Génesis 15:6), lo cual resultó en una posición privilegiada ante Dios. Santiago (v. 21) se está refiriendo al momento en que Abraham se preparaba para sacrificar a Isaac, el milagroso hijo de la promesa, en el Monte Moria (Génesis 22). En el ejemplo de Pablo, Abraham era justo y su fe se le tenía en cuenta como justificación (Génesis 15:6) lo cual resultó en una posición privilegiada ante Dios. En el ejemplo que emplea Santiago, Abraham demostró la naturaleza transformadora de su anterior experiencia con su acción de prepararse para ofrendar a su hijo en obediencia a Dios.

Para decirlo de otro modo, Pablo ve el asunto desde la perspectiva divina, y expresa que somos justificados en un sentido legal y de posición, y que la fe es la razón de toda justificación. Santiago ve la situación desde la perspectiva terrenal o humana, y expresa que las obras son la evidencia ante los hombres de que la salvación ha ocurrido en realidad. Una fe que salva resulta en buenas obras. Efesios 2:8-10 revela claramente el acuerdo teológico que existe entre Pablo y Santiago. No somos salvados por la fe más las obras, sino que somos salvados por una fe que realiza obras.[21]

Debido a este pasaje, Martín Lutero rechazó por completo la epístola de Santiago y la llamó «epístola de paja» y sin carácter evangélico.[22] Pero pocos ven hoy algún conflicto entre la enseñanza de Pablo y la de Santiago. «No son antagonistas que se enfrentan cruzando espadas; se paran espalda con espalda, confrontando a diferentes enemigos del evangelio».[23]

Pablo atacaba la creencia de que las obras eran necesarias para la salvación. Santiago la emprendía contra una fe verbal que no producía una vida en armonía con Dios. Ambos coincidían en que las obras eran la prueba de la salvación, no el camino hacia ella.

Es incuestionable que no se pueden oponer, como imaginan algunos, las «obras» a la fe como causa de justificación. Ningún ser humano puede, mediante actividad general o buenas acciones específicas ... merecer la salvación. La actividad no puede nunca rivalizar con la fe. No podemos ganar el favor de Dios presentándole —como deseaba Caín— el trabajo de nuestras manos. Su único requisito es la fe: la exclusiva condición por la cual él considera justos a los impíos. Dicha fe va de la mano de la obediencia ... y siempre produce frutos. La relación con Dios jamás deja una vida sin cambios ... Los hombres y mujeres de Dios lo manifestarán con obras piadosas. La fe siempre encuentra expresión en las obras: obras de fe, no el mero hacer el bien. Lo que estas obras significan en cada vida individual, Dios lo revelará caso por caso.[24]

- *Rajab, la ramera.*

El segundo ejemplo de fe es Rajab. No podría haber mayor contraste entre dos personas que el que hay entre Abraham y Rajab:

Abraham es hebreo, llamado por Dios a convertirse en padre de todos los creyentes. Rajab es una gentil, habitante de la antigua Jericó, destinada a la destrucción por el ejército israelita. Como hombre, Abraham es la cabeza representativa del pueblo con el que Dios hizo su pacto (Génesis 15:17). Rajab es una mujer, sólo conocida como prostituta ... Abraham ... dio prueba de su obediencia a Dios durante al menos tres décadas ... Rajab conocía al Dios de Israel sólo de oídas, y sin embargo desplegó su fe identificándose con el pueblo de Dios.[25]

Juan Calvino creía que Santiago había juntado «dos personas de personalidades tan diferentes a fin de poder mostrar más claramente que nadie, cualquiera que sea su condición, nación o clase en la sociedad, ha sido contado entre los justos sin hacer buenas obras».[26]

El autor de la epístola vuelve a plantear una pregunta retórica al inquirir sobre Rajab. Su pregunta implica una respuesta positiva: «De igual manera, ¿no fue declarada justa por las obras aun la prostituta Rajab, cuando hospedó a los espías y les ayudó a huir por otro camino?» (Santiago 2:25).

Lo que Santiago no menciona en su presentación es el contenido de la fe de Rajab. Ella había llegado a creer verdaderamente en Dios. Por eso, dijo:

> Yo sé que el Señor les ha dado esta tierra, y por eso estamos aterrorizados; todos los habitantes del país están muertos de miedo ante ustedes. Tenemos noticias de cómo el Señor secó las aguas del Mar Rojo para que ustedes pasaran, después de haber salido de Egipto. También hemos oído cómo destruyeron completamente a los reyes amorreos, Sijón y Og, al este del Jordán. Por eso estamos todos tan amedrentados y descorazonados frente a ustedes. Yo sé que el Señor y Dios es Dios de dioses tanto en el cielo como en la tierra (Josué 2:9-11).

Por causa de su fe, Rajab pasó a la acción. Ocultó a los espías y les dijo adónde debían huir. Arriesgó su vida por ellos. Gracias a su fe activa, escapó de la muerte cuando se vinieron abajo las murallas de Jericó: «Por la fe la prostituta Rajab no murió junto con los desobedientes, pues había recibido en paz a los espías» (Hebreos 11:31).

Las obras de Rajab fueron muy diferentes de las de Abraham, pero tuvieron el mismo efecto: demostraron que ella tenía una fe viva, operativa, que era una mujer espiritualmente íntegra.

La conclusión de Santiago es otra vívida ilustración de la interrelación entre la fe y las obras. Él concluye diciendo: «Así, pues, como el cuerpo sin el espíritu está muerto, así también la fe sin obras está muerta» (2:26).

El cuerpo humano es un ejemplo perfecto para el argumento concluyente del autor. Tal como el cuerpo sin el espíritu está muerto, así también lo está la fe que no se demuestra con obras. «Una fe inactiva, sepultada en un credo intelectualmente aprobado, no vale mucho más que un cadáver. Una fe salvadora tiene que ser activa».[27]

Frank Gaebelein nos recuerda la relevancia que tiene para esta generación de creyentes esa prueba de fe, describiéndola como «un muy necesario correctivo al tipo de religión irreal, verbal, que afirma el acatamiento de una doctrina elevada, pero se concentra en vivir a un nivel bajo y egoísta».[28]

Gaebelain escribió su advertencia antes de que una encuesta de miembros de las principales denominaciones arrojara que sólo un treinta y dos por ciento creía que su fe tenía algo que ver con su vida fuera de la iglesia.[29]

Muchos han opinado que Santiago 2:14-26 es el pasaje más difícil de interpretar en el Nuevo Testamento. No discuto su valoración, pero no

INTEGRIDAD: CUANDO LA FE NO OBRA

puedo dejar de preguntarme si la dificultad radica en otra dirección. Ponderando este texto del medio hermano de nuestro Señor, he encontrado que la dificultad reside para mí en lo que entiendo con más claridad. ¡La vida cristiana debe caracterizarse por la integridad! Como seguidores de Jesucristo, debemos apartarnos del estilo de vida de nuestro mundo contemporáneo. Sobre todo, si comprendemos el ejemplo clave de Santiago, debemos ser mujeres y hombres compasivos. No podemos rechazar a nuestros hermanos y hermanas cuando tocan a nuestras puertas necesitados de algo que podemos darles.

Nuestro mensaje al mundo que nos observa no debe limitarse a lo que decimos. En las palabras de Francisco de Asís: «Prediquen todo el tiempo el evangelio; si fuera necesario, utilicen palabras».

En un sermón predicado el 7 de septiembre de 1867, Charles Haddon Spurgeon recordaba a su congregación que el cristiano:

> ...sirve a su Señor por simple gratitud; no tiene una salvación que ganar ni un cielo que perder ... ahora, por amor al Dios que le escogió, y que pagó tan alto precio por su redención, desea entregarse por completo al servicio de su Maestro ... Los hijos de Dios no trabajan *para recibir* la vida, sino *desde* ella; no trabajan *para ser* salvados, trabajan porque *se han* salvado.[30]

Despidiendo este capítulo con meridiana dirección, Os Guinness nos reclama un profundo compromiso con la integridad de nuestra fe:

> Enfaticen la obediencia al margen de la fe y sólo producirán legalismo. Enfaticen la fe al margen de la obediencia y producirán una gracia barata. Para quien se convierte en cristiano, el momento de comprensión conduce a una única conclusión: compromiso. Al llegar a ese punto, el costo ha sido calculado ... y se ha firmado un contrato de discipulado. La decisión es irreversible. No es la fe que recomienza; es la fe dando su primer paso firme, y de ahí ya no hay retorno.[31]

Seis

INTEGRIDAD: CUANDO LA LENGUA SE DESATA

(Santiago 3:1-12)

«Pero nadie puede domar la lengua. Es un mal irrefrenable, lleno de veneno mortal».

A un diácono se le informó con anticipación cuál sería su papel en un próximo banquete para misioneros. Se le advirtió que debía mostrarse sensible al hecho de que habría invitados extranjeros, poco familiarizados con la cultura estadounidense.

Durante el banquete, el diácono se sentó junto a un invitado africano, que devoraba con avidez su ración de pollo. Buscando algún modo de comunicarse con el hombre, se inclinó y le dijo: «Yum, yum, bueno, ¿no?». El comensal, mirándole, respondió simplemente: «Mmmmm, ¡bueno!».

Minutos más tarde, mientras el africano saboreaba una deliciosa taza de café, el diácono se inclinó y le dijo: «Glug, glug, bueno, ¿no?». El hombre, aunque un tanto picado, replicó: «Mmmmm ¡bueno!».

Para la desazón del diácono, cuando el orador de la noche fue anunciado, resultó ser el africano a cuyo lado se había sentado. El caballero se levantó y pronunció un discurso en un inglés impecable con acento de Oxford. Al concluir, el orador se acercó al diácono, cuyo rostro estaba rojo de la vergüenza, e inclinándose le dijo: «Bla, bla, bla, bueno, ¿no?».

¿Le recuerda esto lo más bochornoso que haya dicho en su vida? ¿No son increíbles los problemas que nos puede crear la lengua? Ese apéndice muscular puede iniciar guerras y ponerles fin, crear estrés y aliviarlo, expresar amor y renunciar a él, fomentar amistades y destruirlas. Con nuestras lenguas podemos alabar y adorar a Dios, y con el mismo instrumento podemos maldecir a Dios y negar su existencia. Es un proverbio muy cierto aquel que dice: «En la lengua hay poder de vida y muerte; quienes la aman comerán de su fruto» (Proverbios 18:21).

El Dr. Criswell describe gráficamente el potencial de maldad arraigado en la lengua cuando escribe:

> Hay muchas personas que nunca han prendido fuego a un hombre para quemarle en la hoguera; que nunca batieron palmas ante los gemidos de aquellos que agonizaban despedazados por un fiero león en un coliseo. Hay personas que nunca tocaron tambores para ahogar los gritos de agonía de los sacrificados al feroz dios Moloch; pero hay un sinnúmero de personas que asesinan a amigos, vecinos y conocidos con sus chismes mentirosos y sus palabras alevosas y perversas ... no creo que haya uno solo de nosotros que no haya sentido el aguijón de las palabras pérfidas.[1]

Curtis Vaughan añade acerca de la lengua estos reveladores criterios:

> Puede provocar a los hombres a la violencia, o puede impulsarlos a los actos más nobles. Puede instruir al ignorante, alentar al afligido, consolar al pesaroso, y aliviar al moribundo. O puede aplastar el espíritu humano, destruir reputaciones, diseminar la desconfianza y el odio, y llevar a las naciones al borde de la guerra.[2]

Claro que el problema no es la lengua en sí misma, sino la capacidad del hombre para controlarla adecuadamente. Joseph Butler considera la lengua *un miembro renegado* de nuestros cuerpos, y define la falta de control sobre ella como:

> ... la disposición a mantenerse hablando, al margen de la consideración de lo que se dice, con escasa contemplación de si se está haciendo bien o mal. Como estas personas no pueden hablar de nada eternamente, en lugar de quedarse calladas pasarán a la difamación, el escándalo y el chisme. Es como un torrente que necesita fluir y que lo hará, y la mínima cosa imaginable le dará esta o aquella dirección.[3]

Roxane S. Lulofs cataloga al hablador indisciplinado como:

...una persona que, por cualquier razón, se siente obligada a decirle lo que piensa de usted y de sus actos, sin reparar en cuánto le conoce. Su deseo es que le escuchen sin escuchar, que le conozcan sin conocer. Nada le importa si los hechos son ciertos o no; lo que desea es atención.[4]

Muchos de nuestros héroes bíblicos también tuvieron que esforzarse para controlar sus lenguas:

Moisés. Junto a las aguas de Meribá hicieron enojar al Señor, y a Moisés le fue mal por culpa de ellos, pues lo sacaron de quicio y él habló sin pensar lo que decía (Salmo 106:32-33).

Isaías. Entonces grité: «¡Ay de mí, que estoy perdido! Soy un hombre de labios impuros y vivo en medio de un pueblo de labios blasfemos, ¡y no obstante mis ojos han visto al Rey, al Señor Todopoderoso!». En ese momento voló hacia mí uno de los serafines. Traía en la mano una brasa que, con unas tenazas, había tomado del altar. Con ella me tocó los labios y me dijo: «Mira, esto ha tocado tus labios; tu maldad ha sido borrada, y tu pecado, perdonado» (Isaías 6:5-7).

Job. ¿Qué puedo responderte, si soy tan indigno? ¡Me tapo la boca con la mano! (Job 40:4).

Pedro. Un día este discípulo del Señor alardeó: «Aunque todos te abandonen, yo jamás lo haré» (Mateo 26:33). Pero esa misma noche Pedro pecó con su lengua cuando, profiriendo maldiciones, negó al Señor (Mateo 26:69-75).

En Romanos 3:13-15 Pablo relaciona los cinco órganos del cuerpo que son los vehículos más comunes del pecado (garganta, lengua, labios, boca y pies) ¡Ahora sabemos por qué cuatro de ellos tienen que ver con el habla!

En una colina batida por el viento, donde se extiende el camposanto de una iglesia rural inglesa, hay una lápida de pizarra gris cuya borrosa inscripción dice:

INTEGRIDAD: CUANDO LA LENGUA SE DESATA

Bajo esta lápida, este montón de barro
yace Arabella Young,
quien, un 24 de mayo,
empezó a aguantarse la lengua.

Si Santiago está en lo cierto, hay muchos que no lograrán controlar su lengua hasta que, como Arabella, yazgan inmóviles bajo la tierra ¡Pero hay esperanza! Es posible aprender a controlar la boca. En cada uno de los cinco capítulos de la epístola de Santiago, incluyendo esta sección extendida del capítulo 3, él tiene algo que decirnos acerca de la lengua:

Mis queridos hermanos, tengan presente esto: Todos deben estar listos para escuchar, y ser lentos para hablar y para enojarse (1:19).

Si alguien se cree religioso pero no le pone freno a su lengua, se engaña a sí mismo, y su religión no sirve para nada (1:26).

Hablen y pórtense como quienes han de ser juzgados por la ley que nos da libertad (2:12),

Hermanos, no hablen mal unos de otros. Si alguien habla mal de su hermano, o lo juzga, habla mal de la ley y la juzga. Y si juzgas la ley, ya no eres cumplidor de la ley, sino su juez (4:11).

Sobre todo, hermanos míos, no juren ni por el cielo ni por la tierra ni por ninguna otra cosa. Que su «sí» sea «sí», y su «no», «no», para que no sean condenados (5:12).

Como ya muchos se han referido a la epístola de Santiago como los Proverbios del Nuevo Testamento, no debe sorprendernos encontrar en ese libro del Antiguo Testamento una buena cantidad de material adicional acerca del empleo de la lengua:

El que mucho habla, mucho yerra; el que es sabio refrena su lengua (Proverbios 10:19).

El Señor aborrece a los de labios mentirosos, pero se complace en los que actúan con lealtad (Proverbios 12:22).

El que refrena su lengua protege su vida, pero el ligero de labios provoca su ruina (Proverbios 13:3).

La respuesta amable calma el enojo, pero la agresiva echa leña al fuego (Proverbios 15:1).

Estas son sólo algunas de las muchas referencias a la lengua en el libro de los Proverbios. Podríamos mejorar en gran medida la disciplina de nuestra lengua si hiciéramos un estudio exhaustivo de la sabiduría de Salomón en esa parte de la Biblia. Pero por ahora, necesitamos enfocarnos en las instrucciones de Santiago a sus dispersos amigos cristianos.

El poder de la lengua influye en muchos

El autor comienza por el pináculo de la jerarquía religiosa hebrea. Sus primeras palabras son para los maestros, que se destacan por un mayor uso de la lengua. Al hacer esta declaración al principio, Santiago nos enseña que este problema es una amenaza para todos, comenzando por los de arriba. Advierte que un juicio más estricto aguarda a los que se ocupan de enseñar, porque tienen poder para influir en muchos otros ¡Cuántas veces he leído esa declaración sintiendo en mi corazón un escalofrío! Considere las palabras de Jesús sobre la responsabilidad de quienes ejercen influencias: «Pero si alguien hace pecar a uno de estos pequeños que creen en mí, más le valdría que le colgaran al cuello una gran piedra de molino y lo hundieran en lo profundo del mar» (Mateo 18:6).

William Barclay opina que un maestro lucha toda su vida por evitar dos precipicios:

> Debe asegurarse de enseñar la verdad, y no sus propias opiniones, ni siquiera sus prejuicios. Es fatídicamente fácil que un maestro distorsione la verdad y enseñe no la versión de Dios, sino la suya propia. Debe asegurarse de no contradecir sus enseñanzas con su vida ... Nunca debe verse en la situación de que sus alumnos y estudiantes no puedan oír lo que él dice por estar escuchando lo que él es.[5]

Esta advertencia acerca del magisterio refleja el principio del Nuevo Testamento en torno a que un conocimiento mayor implica mayor responsabilidad: «A todo el que se le ha dado mucho, se le exigirá mucho; y al que se le ha confiado mucho, se le pedirá aun más» (Lucas 12:48).

El potencial de la lengua para indicar madurez

Santiago dice que todos fallamos en muchas cosas. ¡Todos podemos decir «Amén» a eso! Pero él nos señala que si no fallamos al usar la lengua somos personas *perfectas*, capaces de controlar todo nuestro cuerpo.

En otras palabras, si podemos controlar la lengua, no tendremos mayores problemas para controlar el resto del cuerpo. ¡El control de la lengua es la tarea más difícil de todas! La palabra *perfecto* significa aquí «maduro». ¡El control de la lengua es señal inequívoca de madurez cristiana! Como los educadores utilizan la lengua más que la mayoría de nosotros, son en ese sentido muy vulnerables:

> Mientras más hablamos, más probable es que fallemos. Mientras más hacemos por Cristo, más errores somos susceptibles de cometer, y más probable es que nos critiquen. La persona más criticada en la casa de Dios es la más activa, tanto en dichos como en hechos. A quien nada hace, rara vez se le critica.[6]

Ejemplos que ilustran lo que significa la lengua

En un capítulo anterior señalábamos la predilección de Santiago por los ejemplos. Cada sección de esta epístola está salpicada de sensatos ejemplos ilustrativos. A fin de argumentar sus criterios sobre la lengua, utiliza cuatro ejemplos.

- *El caballo y la brida.*

Sus primeros ejemplos los toma Santiago de las dos cosas más obvias guiadas por el hombre en aquellos tiempos… el caballo y el barco. Él nos dice: «Cuando ponemos freno en la boca de los caballos para que nos obedezcan, podemos controlar todo el animal» (v. 3).

Sin dirección, un caballo no cumplirá ningún propósito útil al hombre. Sólo cuando se le colocan las riendas en la boca el animal se disciplina y puede ser guiado. Y el caballo no puede embridarse a sí mismo; esto tiene que ser hecho por el hombre. Una vez que tiene el freno en la boca el caballo puede ser útil a los propósitos del hombre.

UN GIRO HACIA LA INTEGRIDAD

A.B. Simpson, fundador de la Iglesia de la Alianza Cristiana y Misionera, captó así el argumento de Santiago:

> Así como la boca del hombre pone a prueba su carácter, la boca del caballo es el punto para controlar a la cabalgadura. Le ponemos en la boca una brida y de esa manera podemos hacer voltear al animal entero: un pedacito de acero y unas tiras de cuero controlan a un fogoso corcel, y le obligan a obedecer hasta el toque de una mano femenina. De igual manera, la lengua es como un freno que podemos ceñirnos. Si el caballo está cerrero, se le adjunta al freno una barbada. La idea es que si tira del primero se lastime. Así nos mantiene Dios la lengua a raya, haciendo que nos lastimemos cuando hablamos sin pensar.[7]

Así también, un hombre en cuya lengua no hay freno no puede ser útil a los propósitos de Dios. Falla en muchas cosas, especialmente en el torpe empleo de su boca. Alguien ha notado que casi cualquier pecado se relaciona de algún modo con el abuso de la lengua. De modo que cuando la lengua es puesta bajo el control de Dios, el hombre también es controlado. La construcción griega de este párrafo va más allá de la idea de refrenar al caballo o al hombre. El concepto de embridar describe el proceso de ser conducido y dirigido hacia una meta positiva.

- *El barco y el timón.*

Santiago se vuelve ahora del caballo hacia el barco: «Fíjense también en los barcos. A pesar de ser tan grandes y de ser impulsados por fuertes vientos, se gobiernan por un pequeño timón a voluntad del piloto» (3:4).

La mayoría de sus lectores habían visto las grandes naves de carga de aquella época, pues una de las fronteras de Israel era el Mar Mediterráneo. Probablemente habrán sentido el mismo asombro que nosotros cuando desde el muelle contemplamos un gigantesco crucero allí atracado. Quizás como nosotros también habrán pensado: «¿Cómo puede flotar esta cosa tan pesada?».

Claro que los barcos de aquellos tiempos no eran tan inmensos como los nuestros, pero aun así eran grandes. El barco de cereales egipcio en el que naufragó Pablo llevaba a bordo 276 pasajeros además de su carga (Hechos 27:37). Como estos eran verdaderos barcos de velas, no sólo su tamaño, sino también la fuerza del viento hacía difícil controlarlos ¡Y sin embargo ese control se ejercía mediante un pequeño timón!

El 21 de mayo de 1941 el «insumergible» acorazado alemán *Bismarck* fue avistado en el Atlántico Norte. Inmediatamente partieron hacia el lugar aviones y barcos de la Armada Real Británica. Mientras el *Bismarck* se dirigía hacia la costa francesa controlada por los alemanes, donde estaría a salvo de un ataque, giró de pronto para sorpresa de todos y regresó al área donde se había concentrado una poderosa fuerza naval británica. Al mismo tiempo, el gran acorazado comenzó a describir un errático rumbo en forma de zigzag, lo cual le hacía un blanco más fácil para los británicos. Un torpedo dañó su timón y, ya sin control, el «insumergible» *Bismarck* fue hundido. Tal como el timón controla a un barco, la lengua controla a una persona.

- *El incendio forestal y la chispa.*

Así como el bravío caballo es controlado por un minúsculo bocado, y un pesado barco es gobernado por un pequeño timón, un incendio gigantesco comienza con una mínima chispa. En otras palabras, puede que la lengua no sea muy grande, ¡pero no debemos permitir que su tamaño nos lleve a subestimar su potencial!

He aquí algunas de las advertencias más directas de Santiago: «También la lengua es un fuego, un mundo de maldad. Siendo uno de nuestros órganos, contamina todo el cuerpo y, encendida por el infierno, prende a su vez fuego a todo el curso de la vida» (3:6).

El gran incendio de Chicago en 1871 redujo a cenizas cerca de la mitad de la ciudad, destruyendo 1.700 edificios, matando a más de 250 personas y dejando desamparadas a otras 125.000. En 1953 un caldero de arroz hervía sobre una hornilla de carbón en una pequeña casa coreana. Antes de que pasaran 24 horas cerca de 3.000 edificaciones habían sido completamente destruidas en un área de 2,5 kilómetros cuadrados. Quienes residimos en el sur de California hemos descubierto que miles de hectáreas pueden ser rápidamente destruidas por una mínima chispa de un campista descuidado. Simon Kistemaker escribe:

> Una chispa es suficiente para inflamar todo un bosque; augustos robles, majestuosos cedros y altos pinos son reducidos a tocones apenas visibles y madera ennegrecida. Y esa chispa puede generalmente atribuirse a ne-

gligencia y descuidos humanos. Cuando calculamos el daño anual hecho a nuestros bosques por incendios devastadores, las cifras rondan los millones, sin contar el sufrimiento y muerte indescriptibles infligidos a la vida silvestre de las áreas afectadas.[8]

Cuando Santiago escribe que la lengua «prende fuego a todo el curso de la vida», utiliza una expresión singular. Una versión en inglés de la Biblia traduce esa frase como «prende fuego a la rueda de nuestra existencia». Vernon Doerksen explica: «Todo nuestro ciclo vital, desde el nacimiento a la muerte, es incendiado por nuestra lengua; los ciclos o rutinas de la vida cotidiana son inflamados por la lengua pérfida e incontrolable».[9]

Según Santiago, este fuego de la lengua ¡es encendido por el infierno! La palabra traducida como «infierno» es *gehenna*, la cual Cristo describe en Mateo 5:22 como «el juicio del infierno». Fuera de los Evangelios la palabra *gehenna* sólo se utiliza en la epístola de Santiago. Zodhiates abunda gráficamente en su significado:

> Esta es una palabra caldea, que daba nombre a un valle en el sureste de Jerusalén donde Moloch, un ídolo con forma de toro, residía y recibía en sus brazos de fuego a bebés arrojados a él como parte de un rito de sacrificio pagano. La palabra significa realmente «el valle de los lamentos», y los judíos aborrecían tanto este lugar por causa de los horribles sacrificios que, después que fueron abolidos por el Rey Josías (2 Reyes 23:10), vertían allí no sólo todo tipo de desperdicios, sino también los cadáveres de animales y criminales ejecutados insepultos. Y como el fuego era necesario para consumir los cadáveres, el sitio empezó a ser conocido como «la gehenna de fuego». En los Evangelios la palabra se encuentra unas diez veces en los labios del Señor Jesucristo, describiendo el lugar del futuro castigo a los impíos, «donde su gusano no muere, y el fuego no se apaga» (Marcos 9:48).

Y como ha dicho alguien: «El infierno es el montón de basura del universo». Santiago es especialmente cuidadoso en la presentación de figuras simbólicas. Él nos dice que la lengua perversa corrompe todo el cuerpo. Y cuando todo el cuerpo está corrupto, ¿qué se puede hacer sino tirarlo al montón de desperdicios y quemarlo? Toda manifestación maligna de la lengua —dice Santiago— tiene su origen en el infierno y hará que arda en él el cuerpo completo, toda la personalidad. Estas son palabras serias, y haríamos bien en tomar nota de ellas. El incendio que hemos iniciado con nuestra lengua lo hemos sacado del infierno, y va a conducirnos allí a nosotros y a otros.[10]

- *El animal y su domador.*

Llegamos al último ejemplo. Santiago afirma que sabemos domar a todo tipo de bestia o animal, pero que no hemos aprendido a controlar la lengua. El telón de fondo de esta expresión es la creación. El hombre debía reinar sobre los peces, las aves, las bestias salvajes y todo animal que se arrastrara por el suelo (Génesis 1:26). Cuando Noé salió del arca, Dios reiteró su propósito: «Todos los animales de la tierra sentirán temor y respeto ante ustedes: las aves, las bestias salvajes, los animales que se arrastran por el suelo, y los peces del mar. Todos estarán bajo su dominio» (Génesis 9:2).

Hoy en día, la naturaleza de los animales ha sido domeñada por la naturaleza del hombre. Tenemos osos que bailan, focas amaestradas, delfines que hablan, pájaros acróbatas, serpientes encantadas, perros que saltan el aro, leones con la cabeza del domador dentro de la boca. Tenemos elefantes que marchan en fila uno detrás del otro con jinetes sobre ellos. Todas estas cosas existen, pero la lengua, sin la ayuda de Dios, es indómita e indomable. Cuando el hombre pecó, perdió la capacidad de controlarse.

El veneno de la lengua infecta la boca

La última acusación contra la lengua es pronunciada por Santiago en el versículo 8: «Es un mal irrefrenable, lleno de veneno mortal». «El cuadro que se nos presenta es el de una serpiente venenosa cuya lengua nunca descansa y cuyos colmillos están repletos de un tóxico letal. La lengua humana es inestable, evasiva, infatigable. Además, contiene un veneno que conduce a la muerte».[11]

La palabra griega que se traduce como «veneno» significa también «flecha». Con cuánta frecuencia se utiliza la lengua para disparar flechas contra otros, con mortales resultados. Alguien ha calculado que por cada palabra del *Mein Kampf* de Hitler se perdieron 125 vidas en la Segunda

Guerra Mundial. El salmista nos recuerda que nunca debemos subestimar el daño que la lengua es capaz de infligir:

> Tu lengua, como navaja afilada, trama destrucción y practica el engaño. Más que el bien, amas la maldad; más que la verdad, amas la mentira. Lengua embustera, te encanta ofender con tus palabras (Salmo 52:2-4).

> Su boca es blanda como la manteca, pero sus pensamientos son belicosos. Sus palabras son más suaves que el aceite, pero no son sino espadas desenvainadas (Salmo 55:21).

> Afilan su lengua como espada y lanzan como flechas palabras ponzoñosas. Emboscados, disparan contra el inocente; le tiran sin temor y sin aviso (Salmo 64:3-4).

> Afilan su lengua cual lengua de serpiente; ¡veneno de víbora hay en sus labios! (Salmo 140:3).

He aquí dos tipos de veneno que pueden infectar la boca.

- *El veneno del chisme.*

Los chismes y habladurías han sido catalogados como el deporte de salón favorito de muchos que se hacen llamar cristianos. Sólo que no los llamamos chismes, sino que decimos que estamos «compartiendo peticiones de oración». El cronista deportivo Morgan Blake escribió acerca de la chismografía estas inquietantes palabras:

> Soy más mortal que el proyectil aullante de un mortero. Sin matar, prevalezco. Destruyo hogares, rompo corazones y echo vidas a pique. Viajo en alas del viento. No hay inocencia lo bastante inocente para intimidarme, ni pureza tan pura que me arredre. La verdad no me importa; no me inspira respeto la justicia, ni piedad los indefensos. Mis víctimas son tan numerosas, y a menudo inocentes, como la arena del mar. No olvido nunca, y rara vez perdono. Mi nombre es Chisme.[12]

John Dryden, un dramaturgo y poeta inglés del Siglo XVII, comentó la propensión del hombre a los chismes:

INTEGRIDAD: CUANDO LA LENGUA SE DESATA

Hay una sed en el hombre, que ningún encanto doma,
de publicar en alta voz la vergüenza del prójimo.
Por eso vuelan en alas de águila inmortales escándalos,
en tanto la virtud, apenas nace, muere.[13]

Esta es sólo una muestra de las sentencias en Proverbios contra el feo pasatiempo:

El perverso hace planes malvados; en sus labios hay un fuego devorador. El perverso provoca contiendas, y el chismoso divide a los buenos amigos (Proverbios 16:27-28).

El que insiste en la ofensa divide a los amigos (Proverbios 17:9).

Los chismes son deliciosos manjares; penetran hasta lo más íntimo del ser (Proverbios 18:8).

Como loco que dispara mortíferas flechas encendidas, es quien engaña a su amigo y explica: «¡Tan sólo estaba bromeando!» Sin leña se apaga el fuego; sin chismes se acaba el pleito ... Los chismes son como ricos bocados: se deslizan hasta las entrañas (Proverbios 26:18-22).

Una mujer solía chismorrear sobre otra hasta tal punto que esta última estaba casi destruida. Más tarde la primera se dio cuenta de que lo que había estado diciendo no era cierto. Se fue donde su pastor para preguntarle qué podía hacer para enmendar el daño. El pastor le aconsejó que tomara una almohada de plumas y diseminara por las calles de la ciudad su contenido. Al día siguiente, debía pasar a verle.
Aunque le pareció un extraño consejo, la mujer siguió las instrucciones del pastor. Cuando reapareció, él le ordenó que volviera a las calles de la ciudad y recogiera todas las plumas que había dispersado la víspera. Entonces, la mujer protestó: «Nunca podría encontrar todas esas plumas, porque el viento las ha regado por todas partes». A lo que el pastor replicó: «Tampoco podrás nunca echar atrás todo lo que dijiste de esa pobre mujer».
Antes de dejar el tema de las habladurías y los chismes debemos recordar que la persona que los escucha también carga una responsabili-

dad. Los chismes durarían poco si todos rehusáramos darles cabida en nuestras conversaciones.

- *El veneno de la adulación.*

«Si el chisme es decir a espaldas de una persona lo que nunca se diría delante de ella, la adulación es decir delante de alguien lo que nunca se diría a sus espaldas».[14]

Y una vez más los Salmos cimientan la advertencia:

> En sus palabras no hay sinceridad; en su interior sólo hay corrupción. Su garganta es un sepulcro abierto; con su lengua profieren engaños (Salmo 5:9).

> No hacen sino mentirse unos a otros; sus labios lisonjeros hablan con doblez. El SEÑOR cortará todo labio lisonjero y toda lengua jactanciosa (Salmo 12:2-3).

Santiago remata su sermón sobre la lengua con una poderosa conclusión. No puede concebir que los hombres la utilicen para alabar al Señor un momento y que en el siguiente la usen para destruirse unos a otros. «Con la lengua bendecimos a nuestro Señor y Padre, y con ella maldecimos a las personas, creadas a imagen de Dios» (Santiago 3:9).

Robert Brow considera que la clave para entender estos versículos radica en el uso de la palabra *logos* en Santiago 3:2. «Si alguno no ofende en palabra (*logos*), éste es varón perfecto, capaz también de refrenar todo el cuerpo» (VRV 1960). Brow explica que en griego clásico *logos* era a la vez la palabra hablada y el pensamiento tras dicha palabra. Él opina que «si su *logos* está torcido uno no puede controlar su lengua».[15]

Se dice que el General George Patton era violentamente profano, y sin embargo profundamente religioso. Oraba antes de las batallas y se arrodillaba ante las camas de los heridos para interceder por ellos. Pero si estaba en presencia de un cobarde, o si el curso de la guerra no le favorecía, lanzaba una andanada de blasfemias y palabras obscenas que podía enroscar las orejas del mismísimo diablo. Independientemente del concepto de gallardía que usted pueda asociar con Patton, una cosa estaba clara: no era un hombre piadoso. Su *logos* estaba torcido.

INTEGRIDAD: CUANDO LA LENGUA SE DESATA

Algunas personas van por la vida maldiciendo su suerte, a sus jefes, su cónyuge, a judíos o árabes, la liberación de la mujer o el chauvinismo masculino, a las grandes empresas o a los sindicatos. Cuando el *logos* de las maldiciones contamina sus mentes, no hay modo de que sus lenguas hablen palabras amables. Las maldiciones se dejarán ver.

La alternativa es el *logos* de bendición. Usted alaba a Dios por lo que él hará en su país; le alaba porque incluso los políticos están, en última instancia, bajo su control; le alaba por cada miembro de su familia y por cada espina que clavan en su carne en su trabajo. Usted alaba a Dios hasta por esos hipócritas y obstinados de su iglesia.

Cuando usted está alabando por algo o por alguien, es muy poco probable que su lengua diga una palabra impía.[16]

Según Santiago, de una misma fuente no puede brotar agua dulce y agua salada, ni pueden nuestras lenguas ser capaces de maldecir y de bendecir a la vez. «Es incongruente que de la misma fuente emanen bendiciones y maldiciones ... ello indica que está ocurriendo algo completamente absurdo, algo que no debería estar ocurriendo».[17]

Bendiciones y maldiciones no son más compatibles que higueras y olivos, que la parra y los higos, que agua salada y agua dulce manando de la misma fuente. Jesús expresó ese pensamiento en una ocasión: «Por sus frutos los conocerán. ¿Acaso se recogen uvas de los espinos, o higos de los cardos?» (Mateo 7:16).

Dietrich Bonhoeffer era un pastor luterano y teólogo alemán que criticó abiertamente a Hitler y sus políticas anti-judías, razón por la cual Hitler le hizo ejecutar el 9 de abril de 1945. Aunque Bonhoeffer utilizaba su lengua como una poderosa arma contra la malevolencia del gobierno nazi, también la usó contra los cristianos que empleaban las suyas para herirse injustamente unos a otros. En su obra clásica *El costo del discipulado*, expuso ideas que pudieron haberse originado en el capítulo 3 de la epístola de Santiago:

Cada palabra ociosa que decimos delata nuestra falta de respeto por el prójimo, y demuestra que nos situamos en un pináculo por encima de él, y que valoramos más nuestra vida que la suya. La palabra colérica es un golpe lanzado contra nuestro hermano, una puñalada a su corazón; procura golpear, herir y destruir. Un insulto deliberado es todavía peor, porque entonces estamos sumiendo abiertamente en desgracia al hermano ante los ojos del mundo, y haciendo que le desprecien otros. Buscamos, con el corazón hirviendo de odio, aniquilar su existencia moral y material. Le juzgamos, y así, le asesinamos. Pero el asesino, a su tiempo, será juzgado.[18]

Siete

INTEGRIDAD: CUANDO LA SABIDURÍA ES NECEDAD

(Santiago 3:14-18)

«¿Quién es sabio y entendido entre ustedes? Que lo demuestre con su buena conducta, mediante obras hechas con la humildad que le da su sabiduría».

En un artículo titulado «Los últimos hombres de Estados Unidos y su magnífica cura parlanchina», Os Guinness nos cuenta un momento secreto de la historia que podría haber sido precursor de algunos de los más inflamados conflictos actuales del cristianismo:

> En 1909, en el apogeo de uno de los períodos más intensos de la inmigración en la historia de Estados Unidos, dos recién llegados de Europa se pararon junto a la barandilla de su barco que, entrando en el puerto de Nueva York, pasaba junto a la Estatua de la Libertad. El mayor, un judío de 53 años de Moravia, codeó las costillas de su más joven camarada, natural de Suiza, mientras le decía entusiasmado: «¿No es verdad que se van a sorprender cuando escuchen lo que tenemos que decirles?»
>
> ... Quien hablaba era Sigmund Freud. Y su compañero de viaje era su amigo y discípulo Carl Gustav Jung. «Lo que tenemos que decirles», bajo la forma del psicoanálisis y su legado, tendría tanto impacto en los Estados Unidos y en el Siglo XX como cualquier conjunto lógico de ideas y palabras humanas ... Seis años después de su llegada, las ideas de estos dos hombres habían provocado en la conducta y el pensamiento

humanos una reverberación cuyas consecuencias pocos se atreven aún a predecir.

... Las que fueran ideas esotéricas de una pequeña y controversial elite europea han florecido en Norteamérica como una disciplina académica dominante y una vasta y lucrativa industria. Más de quinientas terapias patentadas compiten ahora por millones de clientes en un mercado en expansión de franquicias McFreud e instituciones independientes que recaudan más de 4.000 millones de dólares al año ... El diván del psicoterapeuta es hoy tan estadounidense como el terreno de béisbol y los arcos dorados de McDonald's.

... En el proceso, Estados Unidos se convirtió en la capital mundial de la mente orientada a la psicología y la actividad terapéutica ... Aunque la nación sólo contaba con el seis por ciento de la población del mundo, acaparaba la tercera parte de todos sus psiquiatras y más de la mitad de todos sus psicólogos clínicos ... En la actualidad suman ochenta millones los estadounidenses que han buscado ayuda de psicoterapeutas. Se calcula que cada año diez millones recurren a ellos.[1]

Si bien este capítulo no es una reprobación de la psiquiatría y la psicología, sí busca echar una mirada honesta a la fuerte crítica de Santiago contra la sabiduría terrenal. Y muchas de las ideas planteadas por Freud y Jung se prestan como ejemplos. Con espíritu positivo, Santiago apunta que la sabiduría que necesitamos para dar a nuestra vida un fundamento sólido no es la del mundo, sino la que procede únicamente de Dios. El Apóstol Pablo escribió que Dios dispuso que el mundo no lo conociera mediante la sabiduría humana (1 Corintios 1:21). Es la sabiduría de Dios la que conduce al hombre a su Creador y le capacita para contemplar la vida desde una perspectiva eterna. Lloyd John Ogilvie nos ayuda a comprender la especial naturaleza de la sabiduría divina cuando escribe:

> La sabiduría es un don especial del Señor como recompensa a nuestro esfuerzo por conocer su voluntad. Trasciende el intelecto y el conocimiento. En una mente dispuesta, la sabiduría capacita a una persona para escuchar con los oídos de Dios y ver con sus ojos. Es una percepción inspirada y profunda de las personas y de las situaciones. Es el empuje vertical de la mente de Dios en nuestra mente, haciendo posible el discernimiento al nivel horizontal de los asuntos humanos. Con sabidu-

ría podemos penetrar los misterios de Dios: su naturaleza, plan y propósito ... Si anhelamos conocer lo máximo de Él para nuestra vida, sabiduría es el don que deseamos y necesitamos a fin de hacer Su voluntad.[2]

En el capítulo anterior examinamos las advertencias de Santiago acerca del uso de la lengua. Aprendimos que la lengua es un reflejo del corazón, que nuestra expresión oral demuestra la calidad interna de nuestra vida. Ahora Santiago aborda esa realidad interior mientras presenta el drástico contraste entre la sabiduría terrenal y la divina. He aquí su valoración sobre la primera:

> ¿Quién es sabio y entendido entre ustedes? Que lo demuestre con su buena conducta, mediante obras hechas con la humildad que le da su sabiduría. Pero si ustedes tienen envidias amargas y rivalidades en el corazón, dejen de presumir y de faltar a la verdad. Esa no es la sabiduría que desciende del cielo, sino que es terrenal, puramente humana y diabólica. Porque donde hay envidias y rivalidades, también hay confusión y toda clase de acciones malvadas (Santiago 3:13-16).

Al examinar la sabiduría mundana y la divina, lo haremos con especial atención a su origen, forma de operar y resultados.

El origen de la sabiduría terrenal

La sabiduría consiste en tener discernimiento y pericia suficientes para sacar conclusiones correctas. Un viejo proverbio la resume así: *Vale más clarividencia que retrospectiva, pero el discernimiento es todavía mejor*. El mejor discernimiento que puede ofrecernos el mundo es definido por Santiago como terrenal, sensual y diabólico

- *Sabiduría humana.*

> ¿Dónde está el sabio? ¿Dónde el erudito? ¿Dónde el filósofo de esta época? ¿No ha convertido Dios en locura la sabiduría de este mundo? Ya que Dios, en su sabio designio, dispuso que el mundo no lo conociera mediante la sabiduría humana, tuvo a bien salvar, mediante la locura de la predicación, a los que creen (1 Corintios 1:20-21).

UN GIRO HACIA LA INTEGRIDAD

En estas palabras del Apóstol Pablo resuena la valoración de la sabiduría que nos presenta Santiago. En los primeros dos capítulos de su primera epístola a la iglesia de Corinto, Pablo plantea el contraste entre la sabiduría humana y la de Dios. Observe las diferencias:

La sabiduría humana es sabiduría de palabras (1 Corintios 1:17-24). La sabiduría de Dios es sabiduría de poder (2:4-5).

La sabiduría humana opera mediante la palabra del hombre (2:4). La sabiduría de Dios opera mediante la palabra de su Espíritu (2:13).

La sabiduría humana es defendida por el espíritu del mundo (2:12). La sabiduría divina es guardada por el Espíritu de Dios (2:12).

La sabiduría humana es locura para Dios (1:20). La sabiduría de Dios es locura para el mundo (2:14).

La sabiduría humana es declarada por el filósofo (1:20). La sabiduría de Dios es declarada por el predicador (2:4; 1:21).

La sabiduría humana produce ignorancia (1:21). La sabiduría de Dios produce conocimiento (2:12).

La sabiduría humana conduce a la condenación (1:18). La sabiduría de Dios conduce a la salvación (1:18; 2:27).

Desde sus orígenes, el hombre ha estado tratando de develar a Dios por medio de su propia sabiduría, pero como explica Pablo en su carta a los romanos, eso siempre le ha traído problemas: «A pesar de haber conocido a Dios, no lo glorificaron como a Dios ni le dieron gracias, sino que se extraviaron en sus inútiles razonamientos, y se les oscureció su insensato corazón. Aunque afirmaban ser sabios, se volvieron necios» (Romanos 1:21-22).

Aun los cristianos deben luchar contra la tentación de edificar sus vidas sobre cimientos de sabiduría mundana. Pablo advirtió a los Colosenses: «Cuídense de que nadie los cautive con la vana y engañosa filosofía

INTEGRIDAD: CUANDO LA SABIDURÍA ES NECEDAD

que sigue tradiciones humanas, la que va de acuerdo con los principios de este mundo y no conforme a Cristo» (Colosenses 2:8).

Siempre que el hombre ha tratado de erigir su vida sobre el fundamento de la sabiduría humana, su esfuerzo ha concluido en la derrota, el desaliento y la desilusión. Remontémonos al principio de la historia bíblica y podremos descubrir un patrón de fracasos.

La Torre de Babel fue un intento del hombre por llegar a Dios a través de su propia sabiduría. El resultado fue una total confusión.

Abraham se guió por la sabiduría del mundo cuando abandonó el lugar que le había indicado Dios durante una época de hambruna. Humanamente tenía sentido irse a Egipto, pero el resultado para Abraham fue su relación pecaminosa con una mujer egipcia, Agar, y más tarde el nacimiento de Ismael.

Lot confió en la sabiduría terrenal y escogió todas las buenas tierras. En el papel, su elección parecía sensata, pero el desenlace fue su propia ruina espiritual y la pérdida de su esposa.

Podríamos continuar a través de las páginas del Antiguo y el Nuevo Testamento citando ejemplo tras ejemplo de la sabiduría terrenal y sus nefastos efectos. Pero en lugar de continuar hacia adelante, les invito a seguirme en sentido contrario, hasta el principio mismo de la Biblia, al hermoso Jardín del Edén, tierra natal de la sabiduría humana.

Este suceso recogido en Génesis 3 ofrece la primera mención de la sabiduría del mundo. He aquí las palabras de Satanás, el tentador, cuando promete a Eva esta nueva clase de sabiduría, y también la respuesta de ella luego de aceptar la promesa:

Pero la serpiente le dijo a la mujer: ¡No es cierto, no van a morir! Dios sabe muy bien que, cuando coman de ese árbol, se les abrirán los ojos y llegarán a ser como Dios, conocedores del bien y del mal. La mujer vio que el fruto del árbol era bueno para comer, y que tenía buen aspecto y era deseable para adquirir sabiduría, así que tomó de su fruto y comió. Luego le dio a su esposo, y también él comió (Génesis 3: 4-6).

La sabiduría que recibieron Adán y Eva cuando desobedecieron a Dios en favor de la promesa de Satanás, fue la sabiduría del mundo que Santiago describe como «terrenal, sensual y diabólica».

- *Sabiduría natural.*

La palabra «sensual» procede del vocablo griego *pseuke*. Significa «natural» o «sentimental», y se ha traducido en 1 Corintios 2:14 como «el hombre natural». Las palabras *psicología* y *psiquiatría* se derivan de ella. Cuando *pseuke* se utiliza para describir la sabiduría humana, tiene el sentido de «natural», en oposición a «espiritual». El Dr. James Boyer enumera cuatro características que siempre se encuentran en el hombre natural:

> 1. Tiene una naturaleza limitada. Su espíritu está muerto y no es por tanto capaz de responderle a Dios.
> 2. Tiene una disposición de prejuicio. En su vida las cosas de Dios no son bienvenidas.
> 3. Su juicio está distorsionado. Las cosas de Dios le parecen insensatas.
> 4. Sus capacidades son inadecuadas. Le falta el equipo necesario para examinar las cosas espirituales. Es como un ciego en una galería de arte … como un sordo en medio de una sinfonía.[3]

- *Sabiduría diabólica.*

Cuando la palabra «diabólica» se utiliza para describir la sabiduría del mundo, establece de una vez por todas la identidad del autor intelectual de este sistema terrenal. Es el propio Satanás.

La sabiduría de Satanás está viva y activa, y nos afecta a usted y a mí más de lo que imaginamos. Es bombeada a nuestros hogares un promedio de siete horas al día, y sin una vigilancia constante, sus principios conseguirían intimidarnos.

El Apóstol Juan explica cómo la sabiduría del mundo puede socavar la integridad del creyente:

> No amen al mundo ni nada de lo que hay en él. Si alguien ama al mundo, no tiene el amor del Padre. Porque nada de lo que hay en el mundo —los malos deseos del cuerpo, la codicia de los ojos y la arrogancia de la vida— proviene del Padre sino del mundo. El mundo se acaba con sus malos deseos, pero el que hace la voluntad de Dios permanece para siempre (1 Juan 2: 15-17).

La sabiduría del mundo opera a través de «los malos deseos del cuerpo, la codicia de los ojos y la arrogancia de la vida». Satanás utilizó este enfoque tripartito con Eva (Génesis 3:1-7), y fue la misma estrategia que trató de aplicar cuando tentó a Jesucristo (Mateo 4:1-11). Todavía hoy, sigue siendo su plan de batalla contra usted y contra mí.

Lo más importante que debe tener en cuenta un creyente es esto: la sabiduría del mundo pertenece a la vida antigua, a la vida a.C., antes de Cristo. No debe caracterizar al nuevo «yo» porque ahora está viviendo en un nuevo reino. Eso era lo que Pablo trataba de comunicar a los creyentes efesios cuando escribió:

> En otro tiempo ustedes estaban muertos en sus transgresiones y pecados, en los cuales andaban conforme a los poderes de este mundo. Se conducían según el que gobierna las tinieblas, según el espíritu que ahora ejerce su poder en los que viven en la desobediencia. En ese tiempo también todos nosotros vivíamos como ellos, impulsados por nuestros deseos pecaminosos, siguiendo nuestra propia voluntad y nuestros propósitos. Como los demás, éramos por naturaleza objeto de la ira de Dios. Pero Dios, que es rico en misericordia, por su gran amor por nosotros, nos dio vida con Cristo, aun cuando estábamos muertos en pecados. ¡Por gracia ustedes han sido salvados! (Efesios 2:1-5).

Cómo opera la sabiduría del mundo

Santiago nos presenta ahora cuatro características definidas de la sabiduría terrenal:

- *Ira celosa.*

La sabiduría terrenal exalta al hombre e intenta glorificarle. La persona que obra basándose en la sabiduría del mundo siempre busca promoverse a sí misma. Es una reminiscencia del altercado entre los apóstoles acerca del sitial de honor en el reino de los cielos. La táctica favorita de tales personas es el antiguo juego de auparse a sí mismos hundiendo a otros.

Los vendedores de libros seculares ni siquiera tratan de disimular ya esa filosofía egoísta. ¡La proclaman en público! Libros sobre cómo llegar a ser el número uno, cómo intimidar a su oponente, a sus empleados, a su esposa o su enamorada se convierten en éxitos de librería. Es la sabiduría del mundo empaquetada y lista para el mercado, y la gente está comprando no sólo los libros, sino también las ideas.

UN GIRO HACIA LA INTEGRIDAD

- *Ambición egoísta.*

La palabra «contienda» fue utilizada en el Nuevo Testamento para describir a un político que realiza labor de proselitismo para su puesto. Luego este vocablo adquirió el significado de «espíritu de partido». Hoy le llamaríamos a esto «manipulación». Manipulamos para hacer elegir a nuestro candidato y para ser electos nosotros. Tratamos de relacionarnos con personas influyentes a fin de manipular a otros a través de ellas. En oposición a la sabiduría de Dios, que es pura y pacífica, esta sabiduría del mundo tiene fines ocultos. No olvide que tales prácticas tienen su origen en Satanás. William Barclay nos lo recuerda:

> Uno puede deducir cuál es la relación de un hombre con Dios observando la que mantiene con otras personas. Si discute con su prójimo y es una criatura pendenciera, competitiva, contenciosa y conflictiva, puede que asista regularmente a la iglesia, incluso que tenga un cargo allí, pero no que sea un hombre de Dios. Si un hombre se mantiene distante de su prójimo, esa es una buena prueba de que también se mantiene alejado de Dios. Y si está separado de su prójimo, está separado de Dios.[4]

Pablo define el tema para los cristianos de todas partes cuando escribe: «No hagan nada por egoísmo o vanidad; más bien, con humildad consideren a los demás como superiores a ustedes mismos» (Filipenses 2:3).

- *Arrogancia jactanciosa.*

La frase «no se gloríen» es una advertencia contra la arrogancia y la jactancia. La sabiduría terrenal se conoce por la arrogancia de aquel que está bajo su ensalmo. Al orgullo le encanta alardear.

Pablo estaba lidiando con esto mientras redactaba su segunda epístola a los corintios. La escribió porque era constantemente atacado por el pueblo corintio. En este pasaje explica por qué alardean algunos, y señala entonces por qué es absurdo hacerlo: «No nos atrevemos a igualarnos ni a compararnos con algunos que tanto se recomiendan a sí mismos. Al medirse con su propia medida y compararse unos con otros, no saben lo que hacen» (2 Corintios 10:12).

De acuerdo con Pablo, semejante jactancia es necia porque se basa en el absurdo de la comparación consigo mismo. El concepto me lleva a pensar en una oración escrita en broma por Glenda Palmer, una de las damas de nuestra iglesia, después que me escuchó predicar acerca del orgullo. Su poema está lleno de sarcasmo, pero no está muy lejos de la actitud descrita por Santiago:

> Gracias mi Dios, por haberme dotado
> de apariencia magnífica y una mente brillante,
> y por añadidura tampoco escatimaste
> carácter deslumbrante al espíritu inclinado.
>
> Amo mucho a mis hijos y a mi hermano cristiano,
> la Escuela Dominical y mi iglesia adorable,
> mi hogar estilo rancho con un inmenso patio
> y alberca cristalina con sus celdas solares.
>
> Yo sé que mis talentos todos vienen de ti;
> y la gente me adula por mi angelical voz
> conque canto alabanzas y enseño a los más débiles
> cómo es que se hace una elección que agrade a Dios.
>
> Te agradezco un trabajo por demás prestigioso
> y que me concedieras un merecido don:
> que cualquier garabato que salga de mi pluma
> sea santa palabra plena de inspiración.
>
> A todos los cristianos recuerda bendecir;
> porque hay algunas vidas rotas y lastimeras,
> mas me llena de orgullo que a mí me bendijeras.
> «Es que ella es tan humilde», ya te escucho decir.

- *Actos engañosos.*

Ahora observe cuidadosamente cómo se integran todas estas características. La ambición egoísta conlleva a un espíritu de partido o a un intento por elevarse a sí mismo. Para poder elevarse, se necesita una arrogancia jactanciosa. Y esta conduce inevitablemente al engaño y la mentira.

Resultados de la sabiduría terrenal

Las dos consecuencias de la sabiduría mundana nos han sido claramente subrayadas: «...confusión y toda clase de acciones malvadas» (3:16).

- *Confusión.*

La palabra griega traducida *confusión* significa «molestar». A veces se la emplea para describir la anarquía. Veamos las otras dos oportunidades en que Santiago utiliza esta palabra.

«Es indeciso e inconstante en todo lo que hace» (1:8). En el texto que estamos estudiando la palabra «inconstante» es la misma que «confusión».

«Pero nadie puede domar la lengua. Es un mal irrefrenable, lleno de veneno mortal» (3:8). La palabra «irrefrenable» es en nuestro texto la misma que «confusión».

Dondequiera que actúa la sabiduría del mundo, el resultado es inestabilidad, caos y condiciones convulsas

- *Toda clase de acciones malvadas.*

La palabra que se ha traducido aquí como *malvada* realmente significa «inservible» o «buena para nada». La sabiduría del mundo acaba en eso: en la nada; no tiene valor alguno. El profeta Isaías declara: «perecerá la sabiduría de sus sabios, y se esfumará la inteligencia de sus inteligentes» (Isaías 29:14).

William Barclay resume este pasaje de Santiago cuando escribe:

> Santiago describe esta sabiduría arrogante y amarga por sus efectos. Lo más notable en ella es eso, que se complace en el desorden. Quiere decir, que en lugar de unir a las personas, las separa. En lugar de producir paz, produce beligerancia. En vez de camaradería, causa una dislocación de las relaciones personales. Hay cierto tipo de persona indudablemente lúcida. Tiene un cerebro agudo y una lengua hábil. Pero su efecto en cualquier comité, iglesia o grupo es causar problemas, dividir a las personas, fomentar la contienda, perturbar las relaciones personales. Es sensato recordar que lo que ese hombre posee es del diablo, no es divino. Y que está involucrado en la obra de Satanás, no en la de Dios.[5]

INTEGRIDAD: CUANDO LA SABIDURÍA ES NECEDAD

Pablo temía que este fuera el tipo de sabiduría que estaba operando en Corinto, y cuando escribió a su pueblo, se lo hizo saber:

> En realidad, me temo que cuando vaya a verlos no los encuentre como quisiera, ni ustedes me encuentren a mí como quisieran. Temo que haya peleas, celos, arrebatos de ira, rivalidades, calumnias, chismes, insultos y alborotos (2 Corintios 12:20).

El Apóstol Juan describió otra iglesia en la que también operaba tal sabiduría: la de Laodicea:

> Por tanto, como no eres ni frío ni caliente, sino tibio, estoy por vomitarte de mi boca. Dices: «Soy rico; me he enriquecido y no me hace falta nada»; pero no te das cuenta de que el infeliz y miserable, el pobre, ciego y desnudo eres tú (Apocalipsis 3:16-17).

La pseudo sabiduría que hemos estado examinando es envidiosamente divisionista, egoístamente ambiciosa, arrogantemente jactanciosa y exteriormente engañosa. El producto de esta imitación de la sabiduría de Dios es la confusión y toda clase de acciones malvadas. Un hombre que opta por la sabiduría del mundo sobre la de Dios pasará su vida en medio de la futilidad y la frustración.

En su comentario a este pasaje Guy King advierte:

> Cuando al señor Mundosabio se le ha permitido infiltrarse en la iglesia, la corriente de reavivamiento espiritual se ha interrumpido; la sagrada tarea de ganar almas se ha entorpecido; la voz autorizada del testimonio cristiano ha sido silenciada; y la experiencia de crecer en bendita intimidad con Dios ha quedado paralizada. Así ha sido, y muchos otros efectos deplorables han seguido cuando a la sabiduría del mundo se le ha permitido hacer su voluntad.[6]

Cuando Santiago pregunta: «¿Quién es sabio y entendido entre ustedes?» (3:13), está planteando una interrogante de suma importancia. Él la responde diciendo que tal persona muestra con sus obras que tiene una buena relación con Dios. En otras palabras, su vida reflejará que su sabiduría no es la del mundo, sino la de Dios.

UN GIRO HACIA LA INTEGRIDAD

Los orígenes de la sabiduría divina

«Esta sabiduría ... desciende del cielo» (3:17). Santiago utiliza un verbo en tiempo presente para argumentar su punto. Dice: «La sabiduría desciende del cielo». Pero la sabiduría del cielo no está disponible en cuotas concebidas para usarla una vez, ni se dispensa en un plan a plazos. Santiago la representa como una corriente continua de Dios hacia sus hijos que se mantiene fluyendo. Las existencias de la sabiduría de Dios nunca se agotan. Ella viene a nosotros continuamente de lo alto para cubrir las demandas de cada hora.

Santiago 1:5 nos enseña que la sabiduría viene de Dios en respuesta a nuestras oraciones: «Si a alguno de ustedes le falta sabiduría, pídasela a Dios, y él se la dará, pues Dios da a todos generosamente, sin menospreciar a nadie».

Santiago 1:17 amplía lo anterior al recordarnos: «Toda buena dádiva y todo don perfecto descienden de lo alto, donde está el Padre que creó las lumbreras celestes, y que no cambia como los astros ni se mueve como las sombras».

Esta sabiduría se manifiesta por mediación del Hijo de Dios; se hace disponible a través del Espíritu Santo de Dios; y está escrita en el Libro Santo de Dios, la Biblia.

Individuo sabio es aquel que se ha entregado a Jesucristo y que con la ayuda del Espíritu Santo mantiene su intelecto sometido a la voluntad de Dios.

Cómo opera la sabiduría divina

El inventario de características de la sabiduría divina que presenta Santiago es similar a otras listas del Nuevo Testamento que retratan el estilo de vida cristiano.

> ...la descripción del amor verdadero (1 Corintios 13:4-7), los frutos del espíritu (Gálatas 5:22-23), la mente divina (Filipenses 4:8), y el estilo de vida del hombre nuevo (Colosenses 3:12-15). Nuestro Señor, «a quien Dios ha hecho nuestra sabiduría» (1 Corintios 1:30), ejemplificó perfectamente estas características.[7]

- *La sabiduría de Dios es pura.*

La pureza encabeza la lista de Santiago, porque la sabiduría de Dios,

como su naturaleza, está basada en su santidad. En Santiago 4:8 se nos instruye purificar nuestro corazón y alejarnos de la duplicidad.
No hay motivos ocultos en la sabiduría de Dios. Ella es limpia y transparente. No hay nada bajo la superficie, todo está a la vista. La sabiduría divina que nuestra buena conducta deja ver es *primeramente* pura.

- *La sabiduría de Dios es pacífica.*

Esta característica es importante para la discusión de la epístola de Santiago debido a la disensión que se trata en los capítulos 3 y 4. La paz verdadera es siempre hija de la pureza. La paz es bendición conferida a nosotros por Dios, y sólo en él la encontramos. La pureza siempre conlleva a la paz. La ausencia de pureza siempre irá acompañada por una ausencia de paz. Fíjese en la advertencia de Isaías: «Pero los malvados son como el mar agitado, que no puede calmarse, cuyas olas arrojan fango y lodo. No hay paz para los malvados, dice mi Dios» (Isaías 57:20-21).

Cuando la paz de Dios sucede en nuestro corazón y en nuestra vida a la pureza de la sabiduría de Dios, afecta a quienes nos rodean. Seremos entonces capaces de «buscar la paz con todos» (Hebreos 12:14). Pues Cristo, que es nuestra paz, que vino a este mundo como Príncipe de Paz, estará en el trono de nuestro corazón. Esta paz dulce y razonable nos hará asequibles, dispuestos a la discusión, a ceder ante otros. Esa pasibilidad no nos permitirá atrincherarnos en razones de personalidad ni buscar excusas cuando estemos enfrentando problemas.

John White opina que quien exhiba esta clase de paz descollará en el mundo:

> La paz es como un faro en medio de la tormenta. A su alrededor el viento silba, las olas se estrellan y el rayo relampaguea, pero en su interior los niños están jugando mientras sus padres prosiguen con su rutina. Puede que miren por la ventana y se maravillen de las fuerzas que braman a su alrededor, pero en ellos hay paz: es la paz de saber que la fuerza en torno a ellos es superior a la de la tormenta.[8]

El profeta Isaías pensaba en esto cuando escribió: «Al de carácter firme lo guardarás en perfecta paz, porque en ti confía» (Isaías 26:3).
Y Pablo comunica la misma idea cuando describe a los filipenses su

tranquilidad como «la paz de Dios que sobrepasa todo entendimiento» (Filipenses 4:7).

El salmista nos remonta a la fuente de la paz cuando dice: «Mucha paz tienen los que aman tu ley, y no hay para ellos tropiezo» (Salmo 119:165, VRV 1960).

- *La sabiduría de Dios es mansa.*

La sabiduría de Dios es primeramente pura, luego pacífica y en tercer lugar mansa. Según Matthew Arnold, «mansedumbre es razonar con dulzura». Homer Kent describe así este rasgo de la mansedumbre:

> ...ser considerado con otros y abrir espacio para sus sentimientos, debilidades y necesidades. Cualidades como ser equitativo, justo, razonable y paciente ... no insistiendo en la letra de la ley, sino mostrando una disposición a ceder. Era comúnmente mostrada por Dios, los reyes, y dueños de esclavos que mostraban moderación o compasión hacia sus inferiores pese a que tenían poder para insistir en que se hicieran valer sus derechos.[9]

La mansedumbre es una característica de los siervos. Jesús se refería a sí mismo como «manso y humilde de corazón» (Mateo 11:29). Pablo escribió sobre «la mansedumbre y ternura de Cristo» (2 Corintios 10:1), e instruyó a Tito acerca de la mansedumbre cuando le dijo: «Que a nadie difamen, que no sean pendencieros, sino amables, mostrando toda mansedumbre para con todos los hombres» (Tito 3:2). Lo mismo le dijo a Timoteo: «Que el siervo del Señor no debe ser litigioso, sino manso para con todos, apto para enseñar, sufrido» (2 Timoteo 2:24).

La sabiduría del mundo es espíritu contencioso, pero la mansedumbre es una propiedad de la sabiduría que viene de lo alto. Aristóteles la describió así:

> La mansedumbre es la equidad para perdonar los errores humanos, para mirar al dador de la ley y no a la ley, al espíritu y no a la letra, la intención y no la acción, al todo y no a la parte, a la personalidad a largo plazo y no al momento presente; recordar lo bueno y no lo malo.[10]

INTEGRIDAD: CUANDO LA SABIDURÍA ES NECEDAD

El poeta Carl Sandburg describió una vez a Abraham Lincoln como un hombre de «acero aterciopelado». Así, una persona que opera en la sabiduría de Dios puede ser fuerte y tomar la iniciativa, pero al tratar con otros hará gala de una dulce mansedumbre.

- *La sabiduría divina está dispuesta a ceder.*

La sabiduría de Dios tiene espíritu conciliatorio y escucha razones. La expresión griega que se traduce como «dispuesto a ceder» se encuentra sólo en este versículo en todo el Nuevo Testamento. Es un término militar que significa «estar dispuesto a acatar instrucciones». Cuando el hombre espiritualmente sabio está a cargo, debe ser «manso». Cuando está bajo autoridad, debe estar dispuesto a ceder, dispuesto a acatar instrucciones.

- *La sabiduría de Dios está llena de piedad y buenos frutos.*

Esta característica de la sabiduría de Dios nos recuerda que nuestra sabiduría es demostrada por nuestra conducta (Santiago 3:13). Nuestra sabiduría divina debe ser como nuestro amor, demostrada en palabra y en verdad. Nuestra vida debe respaldar nuestro testimonio.

Cuando Santiago menciona las buenas obras, hace un énfasis muy necesario hoy para el pueblo de Dios. En nuestra determinación de mantenernos haciendo buenas obras según el mensaje evangélico, casi hemos eliminado esa expresión de nuestro vocabulario. Pero es necesario que el cristiano entienda y practique esta importante doctrina de las «buenas obras». En el Nuevo Testamento se reitera un énfasis acerca de esta verdad:

> Y Dios puede hacer que toda gracia abunde para ustedes, de manera que siempre, en toda circunstancia, tengan todo lo necesario, y toda buena obra abunde en ustedes (2 Corintios 9:8).

> Para que vivan de manera digna del Señor, agradándole en todo. Esto implica dar fruto en toda buena obra, crecer en el conocimiento de Dios (Colosenses 1:10).

> Que nuestro Señor Jesucristo mismo y Dios nuestro Padre, que nos amó

y por su gracia nos dio consuelo eterno y una buena esperanza, los anime y les fortalezca el corazón, para que tanto en palabra como en obra hagan todo lo que sea bueno (2 Tesalonicenses 2:16-17).

En cuanto a las mujeres ... que se adornen más bien con buenas obras, como corresponde a mujeres que profesan servir a Dios (1 Timoteo 2:9-10).

En la lista de las viudas debe figurar únicamente la que tenga más de sesenta años, que haya sido fiel a su esposo, y que sea reconocida por sus buenas obras (1 Timoteo 5:9-10) .

A los ricos de este mundo, ... mándales que hagan el bien, que sean ricos en buenas obras (1 Timoteo 6:17-18).

Toda la Escritura es inspirada por Dios ... a fin de que el siervo de Dios esté enteramente capacitado para toda buena obra (2 Timoteo 3:16-17).

Con tus buenas obras, dales tú mismo el ejemplo en todo (Tito 2:7).

Él se entregó por nosotros para rescatarnos de toda maldad y purificar para sí un pueblo elegido, dedicado a hacer el bien (Tito 2:14).

Recuérdales a todos que deben mostrarse obedientes y sumisos ante los gobernantes y las autoridades. Siempre deben estar dispuestos a hacer lo bueno (Tito 3:1).

Este mensaje es digno de confianza, y quiero que lo recalques, para que los que han creído en Dios se empeñen en hacer buenas obras. Esto es excelente y provechoso para todos (Tito 3:8).

Preocupémonos los unos por los otros, a fin de estimularnos al amor y a las buenas obras (Hebreos 10:24).

El mensaje recurrente de la epístola de Santiago es este: «la fe sin obras está muerta» (Santiago 2:20)

INTEGRIDAD: CUANDO LA SABIDURÍA ES NECEDAD

- *La sabiduría de Dios es imparcial.*

La expresión utilizada aquí describe a alguien que no discrimina a otros ni está inseguro de sí mismo; que no toma una posición en ciertas circunstancias y luego la cambia cuando las circunstancias se alteran. El Capítulo 4 de esta epístola está dedicado al tema de la parcialidad en relación con un tratamiento prejuiciado hacia los demás (Santiago 2:1-13). R. W. Dale describe a quien se guía por la sabiduría del mundo:

> Le hace tan veleidoso como un político. Despliega sus velas según el viento dominante. Habla bien hoy de la misma persona de quien habló mal ayer. Y no porque esa persona haya cambiado, sino porque ayer no ganaba nada con hablar bien de él y hoy tiene algo que ganar.[11]

- *La sabiduría de Dios no es hipócrita.*

La palabra *hipocresía* procede del mundo del teatro. En los días del Nuevo Testamento, cuando una persona interpretaba un papel en escena llevando una máscara, se le llamaba *hipócrita*. El término se asoció gradualmente con personas que desempeñaban también un papel fuera del escenario. Actualmente un hipócrita es alguien que no es sincero, que simula y no se representa a sí mismo.

Cuando Pablo escribió a los romanos les aconsejó amar sin hipocresía (Romanos 12:9).

Resultados de la sabiduría divina

El paralelo entre la sabiduría del mundo y la de Dios resulta instructivo. La sabiduría terrenal desemboca en «confusión» (Santiago 3:16), pero la sabiduría de Dios nos trae «paz» (3:18). El resultado de la sabiduría mundana es «todo tipo de acciones malvadas» (3:16). Señalamos anteriormente que esta frase significa «toda obra que no sirve para nada». Pero la sabiduría celestial produce frutos. En los frutos de la sabiduría de Dios están las semillas que darán más frutos. Como el fruto de la justicia se siembra en paz (3:18), la sabiduría divina se multiplica automáticamente.

En el Centro Rockefeller de Nueva York hay cuatro grandes murales. El primero representa a un hombre primitivo trabajando con sus manos, procurando sobrevivir en un ambiente hostil. Le sigue una representación del hombre como creador de las herramientas: las comodidades de la civilización se han multiplicado. El tercer mural muestra al hombre como el amo de las máquinas y su esclavo al mismo tiempo. Las vastas fuerzas del mundo material están ahora bajo su dirección y control. Entonces nuestros ojos se desplazan con sorpresa a la última pintura, que obviamente está fuera de contexto en relación con las otras tres. Jesucristo es su tema, y le vemos en el escenario del Sermón del Monte. Una multitud de hombres, mujeres y niños se afana por llegar hasta él. Bajo este cuarto mural, el mural de Cristo, se lee la siguiente inscripción:

> El destino final del hombre no depende de si podrá aprender nuevas lecciones o hacer nuevos descubrimientos o conquistas. Depende de que acepte la lección que le fue enseñada hace más de 2.000 años.[12]

Puedo escuchar a Jesús diciendo: «Amén».

Ocho

INTEGRIDAD: CUANDO LA ADORACIÓN LLEVA A LA GUERRA

(Santiago 4:1-12)

«*Dios resiste a los orgullosos, pero da gracia a los humildes*».

En la obra de Charles Colson, *The Body* [El Cuerpo], hay un capítulo titulado «Extendiendo el puño derecho de la hermandad». Fue escrito alrededor de un suceso que tuvo lugar en la Iglesia Bautista Emmanuel de Newton, Massachussetts, cuando un conflicto interno acabó en una pelea a puñetazos en el altar del templo. He aquí la descripción que hace Colson del incidente:

> Fue un gancho con la derecha lo que le derribó. El Pastor Waite podría haber continuado intercambiando puñetazos toda la mañana con el diácono principal, Ray Bryson, delante del altar de la Comunión, si no hubiera sido porque Ray le alcanzó primero en la mandíbula a los dos minutos y quince segundos de comenzar el combate. Waite se desplomó frente al altar, donde minutos antes la mayoría de los miembros de la Iglesia Bautista Emmanuel habían declarado su compromiso con Cristo.
>
> En un instante la mayor parte de la congregación se dio cita en el altar de la Comunión, repartiendo empellones o golpes con los puños ... la reyerta pronto se extendió a un área espaciosa junto al órgano ... Mary Dahl, la directora de la Sociedad Dorcas, lanzó un himnario ... tras describir una parábola el proyectil fue a zambullirse en el bautisterio, detrás del coro.

UN GIRO HACIA LA INTEGRIDAD

Cuando el gancho de derecha de Ray derribó finalmente al pastor, alguien tomó el arreglo floral del altar y lo lanzó al aire en dirección al primero. El agua roció a todos en las primeras dos filas de la derecha, y un visitante presbiteriano experimentó una inmersión total cuando el florero se destrozó contra la pared próxima a su asiento ... la batalla terminó con la llegada de la policía.[1]

Cuando leí esto, recordé una parábola que alguien me hizo llegar, donde se recuerda que el desastre en Newton, Massachussetts, ha sucedido demasiadas veces:

Los invitados a la boda se congregaron desde temprano; la ceremonia que tendrá lugar hoy ha sido muy esperada. La orquesta comienza a tocar un himno y el coro sube con la debida armonía. El novio y sus amigos se congregan frente al presbiterio. Una santa bajita con sombrero de flores se inclina hacia su acompañante y le susurra: «¿No es guapo?» La respuesta confirma la pregunta: «Dios mío, sí: es el más guapo de todos».

El sonido del órgano anuncia con júbilo que la novia se acerca. Todos se ponen en pie, esforzándose por poder apreciar su belleza. Entonces una expresión de sorpresa estalla en la congregación. Esta es una novia como ninguna.

Viene trastabillando. ¡Algo terrible ha pasado! Una pierna está torcida; cojea pronunciadamente. El vestido de novia es un andrajo enlodado; en los brazos desnudos resaltan moretones; hay sangre en la nariz de la novia. Un ojo está hinchado, y su color se ha trasmutado a tonos de amarillo y violeta. En partes de la cabeza parecen faltar mechones arrancados del cuero cabelludo.

El organista, errático sobre las teclas, vuelve a empezar *da capo* después de una pausa de estupefacción. Los invitados bajan la vista y la congregación se hunde en silencioso duelo. ¡El novio merecía algo mejor que esto! Ese hermoso príncipe que ha permanecido fiel a su amor debería consumarlo con la más bella de las mujeres, y no con esto. Su novia, la iglesia, ha estado peleándose otra vez.[2]

El que ahora estemos al tanto de muchas trifulcas contemporáneas en la casa de Dios no debe llevarnos a concluir que esto es exclusivo de nuestra generación. Cuando Pablo escribió su segunda epístola a los creyentes de Corinto, mencionó el tipo de problemas que pueden suscitarse con frecuencia en una iglesia:

> En realidad, me temo que cuando vaya a verlos no los encuentre como quisiera, ni ustedes me encuentren a mí como quisieran. Temo que haya peleas, celos, arrebatos de ira, rivalidades, calumnias, chismes, insultos y alborotos (2 Corintios 12:20).

Sí, siempre ha habido conflictos entre el pueblo de Dios, y Santiago obviamente conocía de primera mano tales divisiones en las iglesias para las cuales escribió su epístola.

Es importante establecer el vínculo entre el capítulo 3 y el 4. «En fin, el fruto de la justicia se siembra en paz para los que hacen la paz».

«¿De dónde surgen las guerras y los conflictos entre ustedes? ¿No es precisamente de las pasiones que luchan dentro de ustedes mismos?» (3:18–4:1).

Santiago ha documentado para nosotros los resultados de la sabiduría de Dios en acción en nuestras vidas.

Es paz, y justicia, y otras virtudes divinas. Pero la sabiduría del mundo también tiene un subproducto. Y cuando se libera en la iglesia de Jesucristo acarrea todos los malos resultados que estamos a punto de presentar.

La causa de los conflictos dentro de la Iglesia

En su presentación, Santiago recurre a dos preguntas para sondear a sus lectores, y la segunda responde a la primera. Primero les pide que identifiquen la fuente de sus disputas: «¿De dónde surgen las guerras y los conflictos entre ustedes?» Entonces, antes de darles tiempo a responder, les dice la respuesta: «¿No es precisamente de las pasiones que luchan dentro de ustedes mismos? (4:1).

Algunos eruditos han traducido la frase «entre ustedes» como «en ustedes»: Insisten en que esta no es una lucha *entre* personas, sino *dentro* de las personas. Ambas ideas no pueden sin embargo separarse por completo, porque las luchas externas son a menudo síntoma de luchas internas. «Una persona que no está en paz consigo misma de seguro que no podrá estar en paz con sus hermanos».[3]

Cuando nos sugiere que estas disputas provienen del interior del hombre, Santiago sigue los pasos de muchos psicólogos que han intentado atribuir la hostilidad humana a diversos factores, desde la herencia hasta el medio ambiente.

Cuando dice que el problema radica en los deseos de placer del hombre, utiliza la palabra griega *hedone*.

> *Hedonon* (deseos), el término del cual derivamos la palabra hedonismo, denota el disfrute que se deriva de la satisfacción de nuestros deseos o ... del solo anhelo de esos placeres. Este hedonismo, «filosofía de *playboy* que convierte al placer en fin último de la humanidad», todavía está dando la batalla en muchos corazones.[4]

Es imposible soslayar el poder de esta fuerza sobre las personas:

> La lujuria es la «energía atómica» de la personalidad humana. No es fácil encontrar de ella una definición precisa, pues la palabra «lujuria» incluye un amplio rango de deseos, anhelos, aspiraciones y pruritos, placeres y emociones ... conlleva una sugerencia de potencialidades volcánicas; las terribles capacidades inherentes a un león agazapado y presto a saltar sobre su presa.[5]

La Biblia dice algunas cosas fuertes acerca de la búsqueda del placer como bien último. Moisés aprendió que las aflicciones de Dios eran mejores que «los efímeros placeres del pecado» (Hebreos 11:24-25). Jesús dijo que «los placeres de la vida» son como espinos que ahogan la Palabra de Dios en el corazón del hombre (Lucas 8:14). El apóstol Pablo dijo que «todo género de pasiones y placeres» caracterizan la vida del que no cree (Tito 3:3). Pedro dijo que una de las maneras de identificar a un falso maestro era si consideraba que el placer consistía en «entregarse a pasiones desenfrenadas en pleno día» (2 Pedro 2:13).

Características de los conflictos dentro de la Iglesia

Vernon Doerksen reescribe los versículos 2 y 3 para mostrar el ciclo de causa y efecto:

> Desean algo
> y no lo consiguen.

INTEGRIDAD: CUANDO LA ADORACIÓN LLEVA A LA GUERRA

> Matan y sienten envidia,
> y no pueden obtener lo que quieren.
> Riñen y se hacen la guerra
> y no tienen, porque no piden.
> Piden y no reciben porque piden con malas intenciones,
> para satisfacer sus propias pasiones.[6]

Si nos atenemos a la organización que imprime Doerksen a este pasaje, podemos ver claramente cuatro características de conflicto entre el pueblo de Dios.

- *Placeres insatisfechos: «Desean algo y no lo consiguen».*

Tres veces en el versículo 2 se nos dice que aquellos que buscan placer quedan frustrados en el proceso. El placer nunca ofrece plena satisfacción:

> Si tenemos dos automóviles, queremos un tercero. Si tenemos uno, queremos un segundo. Si somos lo bastante solventes para tener una hermosa casa en la ciudad, queremos otra en el campo. Si tenemos un millón de dólares, queremos dos. Si tenemos quinientos millones de dólares, queremos mil. Aquellos que son los más avariciosos y sedientos de dinero se enriquecen. Se expanden y expanden, y mientras más tienen, más quieren.[7]

- *Pasión descontrolada: «Matan y sienten envidia, y no pueden obtener lo que quieren».*

A pesar de la reyerta en Newton, Massachussets, todavía nos resulta difícil imaginar que pueda tener lugar un asesinato en medio de la hermandad de una iglesia. Esa es la razón por la que muchos comentaristas han tratado de aminorar, volviéndolo a traducir, el impacto de este versículo. Vernon Doerksen explica dichos argumentos antes de rechazarlos:

> «Asesinan» no se ajusta al pasaje, por tanto es mejor cambiar el texto de «Matan» (foneuete) a «sienten envidia» (ftoneite). Mofat ofrece esta traducción: «Desean algo y no lo consiguen: sienten envidia y codician, pero no obtienen lo que quieren: riñen y se hacen la guerra». *No hay, sin embargo, en el texto respaldo alguno para tal conjetura.*[8]

UN GIRO HACIA LA INTEGRIDAD

Pero la historia demuestra que un deseo insaciable puede a menudo acabar en el asesinato. David ordenó dar muerte a Urías debido a su lujuria por Betsabé (2 Samuel 11:2-17) y Acab asesinó a Nabot porque codiciaba su viñedo (1 Reyes 21:1-13). ¡El asesinato es un extremo al cual puede conducir un deseo frustrado!

> Los pasos del proceso son sencillos y terribles. Un hombre se permite anhelar algo. Ese algo empieza a dominar sus pensamientos; se sorprende pensando involuntariamente en eso durante sus horas de vigilia y soñando con eso mientras duerme. Se inicia entonces lo que ha sido justamente llamado una pasión dominante. Nuestro hombre empieza a urdir planes imaginarios para obtener lo que quiere; y estos planes pueden muy bien contemplar las formas de eliminar a quienes se interponen, y habitar en su mente durante largo tiempo. Luego, un día, lo imaginado se transmuta en acción; y podrá encontrarse dando los terribles pasos necesarios para lograr el objeto de su deseo. Todos los crímenes de este mundo se han originado en deseos, que al principio eran sólo un sentimiento en el corazón, pero que acariciados durante largo tiempo se convirtieron al final en acción.[9]

- *Potencial no explotado: «Riñen y se hacen la guerra. No tienen, porque no piden».*

La condición espiritual de aquellos para quienes Santiago escribe se resume en esta sentencia: «No tienen porque no piden». En lugar de volverse a Dios como el dador de toda dádiva perfecta, trataban de obtener lo que querían recurriendo a sus propios planes. En el proceso de sus esfuerzos propios, erosionaron aun más su práctica de la oración.

> La Biblia es reiteradamente clara respecto a que un deseo dominante de placer arruina la vida de oración ... La manera en que esto funciona es que, primero, el cristiano sediento de placeres, que tiene alguna sensibilidad espiritual, comprende que sus oraciones son inadecuadas. De algún modo siente que su deseo de tener un Maserati puede no procurar un bien espiritual esencial. Así que pide de balde. En realidad no ora tanto, porque pocas de las cosas que desea están en el tope de la lista divina de prioridades.[10]

INTEGRIDAD: CUANDO LA ADORACIÓN LLEVA A LA GUERRA

- *Oraciones sin respuesta: «Piden y no reciben, porque piden con malas intenciones».*

En el primer caso no se recibe porque no se ha pedido. En este, no se recibe porque la petición se hace por motivos torcidos. Hay una cierta manera de orar si esperamos que Dios nos escuche y nos responda. El Dr Criswell nos la recuerda:

> En lo que respecta a la oración y a lograr que nuestras oraciones sean escuchadas debemos seguir las instrucciones que Dios ha fijado. Él ha organizado este mundo para que se guíe por ciertas normas y principios. Si obedecemos esos principios y leyes hallaremos una respuesta; de lo contrario no la hallaremos ... si tenemos un problema en aritmética, la respuesta a si lo hemos resuelto bien o no es la suma. ¿Correcto? Si tenemos una máquina, la respuesta con respecto a si fue bien ensamblada es si hace o no lo que queremos que haga. ¿Funciona y produce? Así mismo funciona en materia de oración, de conseguir dádivas de Dios. Si lo hacemos bien habremos usado el instrumento de manera correcta.[11]

> Dios rehúsa escuchar a los hombres que persiguen con ansiedad placeres egoístas. La codicia es idolatría y abominación a la vista de Dios. Él no escucha la oración que procede de un corazón lleno de motivaciones egoístas. La ambición y el egoísmo son insultos para Dios.[12]

Hay algunos principios en el Nuevo Testamento que ofrecen guías para lograr que nuestras oraciones sean escuchadas. He aquí cinco puntos fundamentales que nos enseñan acerca de cómo orar apropiadamente. Mientras repasamos esta lista, puede que nos sorprenda encontrar la causa de que nuestras peticiones no estén hallando respuesta.

Cuando oramos debemos hacerlo con fe. «Pero que pida con fe, sin dudar, porque quien duda es como las olas del mar, agitadas y llevadas de un lado a otro por el viento» (Santiago 1:6).

Debemos orar en el nombre de Jesús. «Hasta ahora no han pedido nada en mi nombre. Pidan y recibirán, para que su alegría sea completa» (Juan 16:24).

Debemos orar conforme a la voluntad de Dios. «Ésta es la confianza que tenemos al acercarnos a Dios: que si pedimos conforme a su voluntad, él nos oye» (1 Juan 5:14).

Cuando oramos debemos estar en una relación correcta con el prójimo. «Ustedes esposos, sean comprensivos en su vida conyugal, tratando cada uno a su esposa con respeto, ya que como mujer es más delicada, y ambos son herederos del grato don de la vida. Así nada estorbará las oraciones de ustedes» (1 Pedro 3:7).

Cuando oramos no debe haber pecado inconfeso en nuestra vida. «Si en mi corazón hubiese yo mirado a la iniquidad, el Señor no me habría escuchado» (Salmo 66:18, VRV 1960).

La condenación de los conflictos dentro de la Iglesia

Que Santiago llame a sus lectores «adúlteros y adúlteras» no debió haber sido tan chocante para ellos como lo es hoy para nosotros. En razón de sus ancestros judíos, ellos deben haber asociado sus palabras con los numerosos pasajes del Antiguo Testamento que utilizan la metáfora del matrimonio para describir la relación de Jehová-Dios con su pueblo, Israel.

Porque el que te hizo es tu esposo; su nombre es el Señor Todopoderoso. Tu Redentor es el Santo de Israel (Isaías 54:5).

«Pero tú, pueblo de Israel, me has sido infiel como una mujer infiel a su esposo», afirma el SEÑOR (Jeremías 3:20).

No te alegres, Israel; no hagas fiesta como las naciones. Porque te has prostituido: ¡le has sido infiel a tu Dios! Prefieres la paga de prostituta que recibes en todos los trigales (Oseas 9:1).

Jesús también utilizó en sus enseñanzas esta figura idiomática:

Jesús les contestó: —¡Esta generación malvada y adúltera pide una señal milagrosa! Pero no se le dará más señal que la del profeta Jonás (Mateo 12:39; ver también Mateo 16:4).

INTEGRIDAD: CUANDO LA ADORACIÓN LLEVA A LA GUERRA

> Si alguien se avergüenza de mí y de mis palabras en medio de esta generación adúltera y pecadora, también el Hijo del Hombre se avergonzará de él cuando venga en la gloria de su Padre con los santos ángeles (Marcos 8:38).

El Nuevo Testamento recurre a metáforas maritales para describir la relación entre el cristiano y Cristo. A los maridos se les instruye amar a sus esposas como Cristo amó a la iglesia (Efesios 5:25). Se describe a los creyentes como vírgenes castas, desposadas con Jesucristo (2 Corintios 11:2).

- *La amistad con el mundo destruye nuestra comunión con Dios.*

Las fuertes palabras de Santiago reprenden a sus amigos cristianos que han permitido que su amor por el mundo ocupe el lugar de su amor por Cristo. Se han convertido en «más amigos del placer que de Dios» (2 Timoteo 3:4).

¿Qué quiere decir Santiago cuando fustiga a sus lectores por amar al mundo? La palabra *mundo* tiene diferentes significados, y casi todos ellos son ilustrados en la Epístola de Santiago. En el Capítulo 1 él nos habla de conservarnos limpios de la corrupción del mundo (1:27). Aquí está hablando del «sistema del mundo», de sus principios negativos. En el Capítulo 2 escribe sobre la elección que hizo Dios de «los que son pobres según el mundo» (2:5). Esta es una referencia al «mundo de los hombres». En el Capítulo 3 dice «la lengua es un fuego, un mundo de maldad» (3:6). Este uso de la palabra es el más comúnmente empleado en la actualidad. Tiene el sentido universal o global con el que describimos a una concesionaria de automóviles como «un mundo de autos», o una mueblería como «un mundo de muebles». De esta manera Santiago describe el perjuicio que puede ocasionar el mal uso de la lengua.

Aquí en el Capítulo 4 utiliza dos veces más la palabra *mundo* para hablar de un sistema en oposición a Dios. Si no le ha quedado clara la naturaleza del sistema del mundo, he aquí una de las mejores descripciones que he leído:

> El mundo es la naturaleza humana sacrificando lo espiritual a lo material, el futuro al presente, lo invisible y eterno a lo que toca los sentidos y

perece con el tiempo. El mundo es un poderoso torrente de pensamientos, sensaciones, principios de acción, prejuicios convencionales, disgustos, ataduras, que se han estado aglutinando alrededor de la vida humana a través de las eras, impregnándola, impulsándola, modelándola, degradándola.[13]

El apóstol Juan advierte al creyente comprometido sobre el amor al mundo:

> No amen al mundo ni nada de lo que hay en él. Si alguien ama al mundo, no tiene el amor del Padre. Porque nada de lo que hay en el mundo —los malos deseos del cuerpo, la codicia de los ojos y la arrogancia de la vida— proviene del Padre, sino del mundo. El mundo se acaba con sus malos deseos, pero el que hace la voluntad de Dios permanece para siempre (1 Juan 2:15-17).

No es exagerado decir que la amistad con el mundo es enemistad con Dios. En otras partes del Nuevo Testamento el trazo de la línea es igual de recto: «Ningún sirviente puede servir a dos patrones. Menospreciará a uno y amará al otro, o querrá mucho a uno y despreciará al otro. Ustedes no pueden servir a la vez a Dios y a las riquezas» (Lucas 16:13).

Con tristeza, Pablo escribió de su amigo Demas: «pues Demas, por amor a este mundo, me ha abandonado» (2 Timoteo 4:10).

- *La amistad con el mundo niega nuestra fe en la Palabra de Dios.*

Uno de los problemas del versículo 5 es la referencia a una cita de las Escrituras: «¿O creen que la Escritura dice en vano que Dios ama celosamente al espíritu que hizo morar en nosotros?» En primer lugar, esta es supuestamente una referencia a algún pasaje del Antiguo Testamento que nadie ha podido localizar desde entonces.

La mejor manera de comprender esta referencia es verla de la misma manera que veríamos a un predicador que dijera «La Biblia dice» y luego se refiriera a algún concepto general desarrollado en la Palabra de Dios. Santiago está diciendo sencillamente que el tenor de las Escrituras nos enseña que el Espíritu Santo que mora dentro del creyente desea celosamente poseerle por entero y controlar su vida. He aquí algunos pasajes en los que esa verdad se hace evidente:

> No te hagas ningún ídolo, ni nada que guarde semejanza con lo que hay arriba en el cielo, ni con lo que hay abajo en la tierra, ni con lo que hay en las aguas debajo de la tierra. No te inclines delante de ellos ni los adores. Yo, el Señor tu Dios, soy un Dios celoso. Cuando los padres son malvados y me odian, yo castigo a sus hijos hasta la tercera y cuarta generación (Éxodo 20:4-5).

> No adores a otros dioses, porque el Señor es muy celoso. Su nombre es «Dios celoso» (Éxodo 34:14).

> Pues el Señor tu Dios está contigo y es un Dios celoso (Deuteronomio 6:15).

La cura para los conflictos dentro de la Iglesia

¿Cuál es la cura para los conflictos dentro de la Iglesia? ¿Cómo superamos las tensiones y disputas entre nosotros? Según Santiago, la cura puede encontrarse en la comprensión de la gracia de Dios. El creyente no se abandona al ciclo de los placeres insatisfechos, las pasiones descontroladas, el potencial no explotado y las oraciones sin respuesta. No tiene que ser un enemigo de Dios, un adúltero espiritual. La misma gracia que inicia a un creyente en la comunión con Dios es capaz de sostenerle en medio de las presiones del mundo. La buena noticia es que Dios «nos da mayor ayuda con su gracia» y «da gracia a los humildes». Un mensaje recurrente del Nuevo Testamento es que la gracia de Dios está disponible para nuestras necesidades más profundas.

> Pero él me dijo: «Te basta con mi gracia, pues mi poder se perfecciona en la debilidad». Por lo tanto, gustosamente haré más bien alarde de mis debilidades, para que permanezca sobre mí el poder de Cristo (2 Corintios 12:9).

> Así que acerquémonos confiadamente al trono de la gracia para recibir misericordia y hallar la gracia que nos ayude en el momento que más la necesitemos (Hebreos 4:16).

Pero allí donde abundó el pecado, sobreabundó la gracia (Romanos 5:20).

Joni Eareckson Tada expresó su agradecimiento por la suficiencia de la gracia de Dios cuando escribió:

Siento que él nunca nos dará una carga más pesada de la que podemos llevar. Veo a algunos de mis amigos más discapacitados que yo y me digo: «Yo no podría soportarlo». Tengo una amiga, Vicki, que a lo sumo puede mover la cabeza de un lado a otro. Yo al menos puedo agitar los brazos y encoger los hombros. Ella está mucho peor. Le he dicho: «Vicki, no sé cómo puedes», y ella responde: «Bueno, con la gracia de Dios, puedo». Cuando Vicki ve a algunos de sus amigos conectados a un pulmón artificial, tampoco se imagina cómo pueden. Todos estamos en algún punto de la escala del sufrimiento. Algunos de nosotros sufrimos más, pero dondequiera que Dios nos sitúe a usted y a mí en esa escala, *Él nos acompaña con su gracia para que podamos soportarlo*.[14]

Cuando la presión sube, cuando los problemas parecen insoportables, cuando los recursos son escasos, cuando la salud flaquea, cuando los sueños de la familia se deshacen, cuando la llama espiritual tiembla ... Dios nos da más de su gracia.

Annie Johnson Flint se inspiró en esa idea para legarnos estos hermosos versos que ahora son además un maravilloso himno:

Él da más de su gracia cuando la carga pesa;
    y si el trabajo aumenta, más gracia Él nos da;
a mayor aflicción misericordia agrega,
    y en pruebas incontables multiplica su paz.
Cuando hemos agotado toda la resistencia,
    cuando las fuerzas fallan y el día está a mitad;
cuando nuestros recursos a su límite llegan,
    las dádivas del Padre están por comenzar.
Su amor no tiene límites, ni medida su gracia,
    de su poder ignora el fin la humanidad,
pues de sus infinitas arcas en Jesucristo,
    Él da, y da, y da, y otra vez vuelve a dar.[15]

Cuando Santiago cita las palabras «Dios resiste a los orgullosos, pero da gracia a los humildes», está refiriéndose a un pasaje de Proverbios 3:34: «El Señor se burla de los burlones, pero muestra su favor a los humildes». Esto también es mencionado por Pedro: «Dios se opone a los orgullosos, pero da gracia a los humildes» (1Pedro 5:5).

Sin embargo, para que podamos recibir la gracia de Dios, nuestro orgullo tendrá que morir:

> Aquellos que en su vanidad se alejan de Dios y escogen ser amigos del mundo encontrarán la oposición de Dios. El mundo con sus recompensas más inmediatas ministra su orgullo, y su sabiduría puede promover sus egos humanos y adelantar sus ambiciones. Dios, por otra parte, ministra su gracia a los humildes. Aquellos que están dispuestos a reconocer sus necesidades, a repudiar las ambiciones egoístas y a dejar que la sabiduría de Dios les guíe, encontrarán que la provisión de gracia divina para cada día será su principal recurso.[16]

Principios de apropiación de la gracia

Ahora, en la estela de esta gran promesa de gracia, Santiago expone un programa que capacitará al creyente para hacer suya la gracia de Dios. Por medio de ella los creyentes del Siglo I serían capaces de soportar la atracción gravitatoria del sistema del mundo. En los versículos del 7 al 12, Santiago emplea una serie de imperativos griegos para comunicar nueve principios de la gracia de Dios que resultan claves para el creyente. Mientras lee estos principios, permita por favor que el Espíritu Santo valore su propia vida.

- *Primer principio de la gracia: Ceda el control de su vida.*

«Así que sométanse a Dios».

La palabra *someter* significa «asumir jerarquía bajo». La persona orgullosa enfrentará aquí el más difícil de los retos. Luchará contra su estilo de vida cuidadosamente ensayado de controlarlo todo por sí mismo. Deseará hacerlo a su manera. Pero si un creyente no tiene disposición para someter su vida al control de Dios, no estará nunca abierto a la prometida gracia divina. Si estoy tratando de abrirme paso a mi manera, ¿para qué necesito la gracia de Dios? Stephenson define la sumisión a Cristo como:

...una rendición del derecho a controlar nuestra vida, a pensar y decir y hacer como mejor me plazca; y una continua dependencia y obediencia. Es un reconocimiento de que sólo Dios puede vérselas con este tirano contumaz que es el ego, y es una disposición a que Él lo haga ... significa reconocerle a Él en todos nuestros caminos, que pueda encaminar nuestros rumbos.[17]

- *Segundo principio de la gracia: Resistir al diablo.*

«Resistan al diablo, y él huirá de ustedes».

Santiago instruye a sus amigos que resistan al diablo, y les promete que su resistencia pondrá al demonio en fuga. Pedro manifiesta algo muy similar en su primera epístola: «Practiquen el dominio propio y manténganse alerta. Su enemigo el diablo ronda como león rugiente, buscando a quién devorar. Resístanlo, manteniéndose firmes en la fe» (1 Pedro 5:8-9).

¡Debemos ponernos toda la armadura de Dios! (Efesios 6:10-18) ¡Debemos saturarnos de la Palabra de Dios! (Mateo 4:4) ¡Y debemos orar! (Juan 15:7; 1 Juan 5:14-15; Efesios 6:18).

- *Tercer principio de la gracia: Restaurar la adoración como prioridad.*

«Acérquense a Dios, y él se acercará a ustedes».

Ya se nos ha recomendado que nos sometamos a Dios como siervos. Ahora se nos advierte que nos acerquemos a Dios como adoradores. El verbo «acercarse» es utilizado en el Antiguo Testamento para describir la forma en que los sacerdotes levíticos se aproximaban al Creador con sus sacrificios:

> Hasta los sacerdotes que se acercan a mí deben consagrarse; de lo contrario, yo arremeteré contra ellos (Éxodo 19:22).

> Moisés le dijo a Aarón: «De esto hablaba el Señor cuando dijo: "Entre los que se acercan a mí manifestaré mi santidad, y ante todo el pueblo manifestaré mi gloria"» (Levítico 10:3).

En el libro de Hebreos, que exalta el sacerdocio de Jesucristo como superior al del Antiguo Testamento, se exhorta al creyente con estas palabras: «La ley anterior ... no perfeccionó nada. Y por otra parte, se introduce una esperanza mejor, mediante la cual nos acercamos a Dios» (Hebreos 7:19).

La promesa asociada con esta instrucción ha sido experimentada por cualquier adorador verdadero. Cuando nos acercamos en adoración, Dios siempre se acerca a nosotros. He sentido su cercanía en momentos de adoración personal o en medio de mi congregación. En esos momentos especiales nos apropiamos en forma inequívoca de la gracia divina.

Es importante también entender que en el acto mismo de llamarnos a que nos acerquemos a él, Dios desencadena nuestra respuesta. Mediante su gracia, nos atrae a él. Juan Calvino escribió: «Pero si alguno concluye a partir de este pasaje que la primera parte del trabajo nos corresponde a nosotros y que sólo después sigue la gracia de Dios, no es eso lo que quiso decir el apóstol, sino que el propio Espíritu de Dios nos llama a hacerlo, Él se realiza en nosotros».[18]

- *Cuarto principio de la gracia: Renunciar a actos pecaminosos*

«¡Pecadores, límpiense las manos!»

Esta instrucción guarda reminiscencias de la terminología del tabernáculo. El sacerdote tenía que lavarse las manos antes de poder acercarse al lugar santo del Dios Todopoderoso. El salmista incorpora esta idea a uno de sus himnos: «¿Quién puede subir al monte del Señor? ¿Quién puede estar en su lugar santo? Sólo el de manos limpias y corazón puro, el que no adora ídolos vanos ni jura por dioses falsos» (Salmo 24:3-4).

En la medida en que continuemos experimentando la gracia de Dios en nuestra vida, no podremos mantenernos apegados a aquellos actos que sabemos son una violación de sus santas normas y su justicia.

- *Quinto principio de la gracia: Rechazar las actitudes pecaminosas.*

«¡Ustedes los inconstantes, purifiquen su corazón!»

Santiago llama a sus lectores «inconstantes», palabra que expresa veleidad y vacilación. Se ajusta a la persona que ama a Dios y al mundo. Esta actitud impedirá que la gracia de Dios fluya en la vida del cristiano.

- *Sexto principio de la gracia: Reaccionar con aflicción al pecado.*

«Reconozcan sus miserias, lloren y laméntense».

Santiago es como un profeta del Antiguo Testamento que llama a su pueblo a arrepentirse haciéndoles lamentarse por sus pecados y, en cierto sentido, «vestidos de luto y sentados sobre cenizas». Cuando Pablo estaba lidiando con los pecados de su vida exclamó: «¡Soy un pobre miserable! ¿Quién me librará de este cuerpo mortal?» (Romanos 7:24).

- *Séptimo principio de la gracia: Refrenar una actitud frívola ante el mal.*

«Que su risa se convierta en llanto, y su alegría en tristeza».

Santiago no está diciendo que un cristiano deba vestir ropas negras y andar por ahí con semblante sombrío, predicando condenación y castigo. Un cristiano debe ser feliz en el Señor, agradecido por el don de la salvación, y obediente a la voluntad de Dios. Cuando ha caído en pecado y responde al llamado de Dios para que se arrepienta, un cambio debe ocurrir en su vida. La risa y la alegría quedan silenciadas. Cuando comprende lo que ha hecho, ¡sólo puede sentirse contristado![19]

- *Octavo principio de la gracia: Responder con humildad al éxito.*

«Humíllense delante del Señor, y él los exaltará».

Alguien ha calculado que este concepto se reitera más de cincuenta veces en la Palabra de Dios. He aquí algunos pasajes representativos:

Porque el SEÑOR ... a los humildes concede el honor de la victoria (Salmo 149:4).

El SEÑOR ... muestra su favor a los humildes (Proverbios 3:34).

Lo humilde será exaltado y lo excelso será humillado (Ezequiel 21:26).

Porque el que a sí mismo se enaltece será humillado, y el que se humilla será enaltecido (Mateo 23:12).

Humíllense, pues, bajo la poderosa mano de Dios, para que él los exalte a su debido tiempo (1 Pedro 5:6).

INTEGRIDAD: CUANDO LA ADORACIÓN LLEVA A LA GUERRA

- *Noveno principio de la gracia: Negarse a calumniar al hermano*

«Hermanos, no hablen mal unos de otros».

En uno de sus salmos, David relaciona la calumnia con la falta de humildad: «Al que en secreto calumnie a su prójimo, lo haré callar para siempre; al de ojos altivos y corazón soberbio no lo soportaré» (101:5).

En el versículo 7, Santiago dice que debemos resistir al diablo. En el original el sustantivo «diablo» es la palabra griega *diabolos*, que a veces se traduce como calumniador (1 Timoteo 3:11; 2 Timoteo 3:3; Tito 2:3). El trabajo fundamental del diablo es calumniar al pueblo de Dios. Pedro utiliza esa palabra dos veces en su primera epístola para describir la manera en que los que no creían hablaban de los creyentes (1 Pedro 2:12; 3:16). Si bien la mayoría de nosotros nunca nos disponemos conscientemente a hacer el trabajo del diablo, eso es lo que hacemos cuando hablamos mal contra nuestros hermanos. Mark Littleton apunta cómo puede suceder esto en la iglesia:

> Hablamos «contra» nuestros hermanos y hermanas cuando nos quejamos de ellos, llevamos y traemos historias que pueden hacerles lucir mal, juzgamos sus motivos y les condenamos. Cualquier cosa que digamos para derribarles en lugar de levantarles es hablar contra ellos. Y tales maledicencias son hoy uno de los problemas más comunes entre los cristianos.[20]

En la epístola de Pablo a los Efesios, él aconseja con firmeza a aquellos que pudieran verse tentados a calumniar a sus hermanos: «Eviten toda conversación obscena. Por el contrario, que sus palabras contribuyan a la necesaria edificación y sean de bendición para quienes escuchan» (Efesios 4:29).

Cuando los belicosos miembros de la Iglesia Bautista Emmanuel en Newton, Massachussets, fueron llevados ante el tribunal, el juez, que era miembro del templo local hebreo Beth Shalom, leyó el informe de la policía sobre el incidente y con estas mordaces palabras desestimó el caso en su corte:

> No se presentarán cargos por ahora, pero les apremio a ventilar esto en su iglesia. Puede que su Jesucristo permita tales cosas entre sus seguido-

res, pero la Mancomunidad de Massachussets no permitirá peleas a puñetazos como un orden regular de los servicios de la iglesia.[21]

Según hemos ido examinando las palabras de Santiago en estos once versículos, se nos ha recordado sostenidamente que las normas de Dios son mucho más elevadas que las del hombre. Nuestro Jesucristo no permite peleas dentro de la comunidad de creyentes, y si tomáramos en serio las instrucciones del hermano de nuestro Señor, podríamos restaurar la unidad de nuestras iglesias asoladas por conflictos.

Nueve

INTEGRIDAD: CUANDO SUS METAS NO SON LAS DE DIOS

(Santiago 4:13-17)

*«¡Ni siquiera saben qué sucederá mañana! ¿Qué es su vida?
Ustedes son como la niebla».*

Russell Chandler, ex cronista de temas religiosos de *Los Angeles Times*, recuerda un suceso que tuvo lugar a mediados de los años 70, mientras todavía escribía para ese diario:

> Un joven barbudo visitaba repetidamente el vestíbulo de *Los Angeles Times*, procurando ser entrevistado. Luego de recibir varias negativas educadas de parte de este cronista de asuntos religiosos, Mesías Ron se volvió más insistente. Una mañana volvió a aparecer en el vestíbulo y me dijo por teléfono que estaba entregando un importante documento impreso a mano que «debía ser publicado enseguida».
>
> Despaché abajo a una mensajera con estas instrucciones: «Intenta convencerlo de que no vuelva más».
>
> —Puede que esto la sorprenda —le dijo Mesías Ron a la mensajera extendiéndole un rollo de pergamino—. Yo soy el Mesías.
>
> —Bueno, puede que esto le sorprenda a usted —replicó ella—, pero usted es el tercer mesías que hemos tenido hoy por aquí.[1]

Muchas personas que no creen en Cristo todavía se ríen del libro de Edgar C. Whisenant *88 Reasons Why the Rapture Will be in 1988* [88 razones de por qué el Rapto será en 1988]. Distribuido prácticamente a cada pastor de Estados Unidos, vaticinaba que el Rapto tendría lugar el 11, 12 ó 13 de septiembre de 1988.

Durante esos tres días la Cadena de Transmisiones Trinity (TBN) modificó su programación regular y televisó vídeos escogidos que explicaban a los televidentes no creyentes qué hacer en caso de que sus familiares desaparecieran inesperadamente.

> Charles Taylor planeó su gira de 1988 por Israel para que coincidiera con las fechas de Whisenant, explotando como incentivo de ventas la posibilidad de ser raptado en Tierra Santa ... «sólo 1.975 dólares desde Los Angeles, o 1.805 dólares desde Nueva York (con pasaje de regreso si fuera necesario)», decía en *Bible Prophecy News* [Noticias sobre las profecías bíblicas]. En un intento de última hora por publicitar la gira se precisaba: «Nos hospedaremos en el Hotel Intercontinental, justo sobre el Monte de los Olivos, desde donde usted contemplará la hermosa vista de la Puerta Oriental y el Monte del Templo. Y si este fuera, como anticipamos, el año del regreso de nuestro Señor, usted podría incluso ascender a la gloria a pocos metros de donde ocurrió su ascensión».[2]

Los profetas autoproclamados como Whisenant y Taylor despiertan gran interés. Del libro del primero se distribuyeron más de tres millones de ejemplares. Mientras escribo este capítulo, aquí en California se ha publicado otro volumen que fija una nueva fecha para el regreso de Cristo. ¡Cuánto desea la gente saber lo que le depara el futuro! ¡Hasta qué grado de estulticia están dispuestos a llegar sólo para especular sobre el porvenir! Pero Dios no nos ha permitido gozar de clarividencia. Nos ha dotado de la capacidad de recordar el pasado, pero no la de escrutar el futuro.

Según Agustín, Dios fue sabio cuando decidió ocultar de nuestros ojos el futuro: «Dios no sufrirá que el hombre tenga conocimiento del porvenir, pues si tuviera la presciencia de su prosperidad, nada le importaría, y si comprendiera su adversidad, no tendría sentimientos».[3]

Más recientemente, W. A. Criswell ha observado:

> Debió haber algo de piadoso y de bueno en que Dios haya velado el futuro a nuestros ojos; pues si un hombre conociera lo que el mañana le

depara, viviría en constante temor y presagio. En cuanto a morir, moriría antes de la suya mil muertes. Y en cuanto a perder la conciencia, la perdería mil veces víctima de una trombosis inminente. Dios nos oculta el futuro para que podamos vivir con confianza y esperanza.[4]

En esta última sección del Capítulo 4 de la epístola de Santiago el autor recuerda a sus lectores que, ya que no pueden predecir el futuro, deben aprender a enfrentarlo con honestidad. No deben planearlo sin tomar en cuenta a Dios, ni presuponer nada sobre un porvenir que no pueden controlar. Tampoco deben dejar para más adelante lo que Dios les ha instruido que hagan hoy. Los tres errores básicos que cometían los primeros cristianos son repetidos con frecuencia por los cristianos modernos. La advertencia a aquella generación será sin duda provechosa para esta.

Primer error: Planear el futuro sin Dios.

Los lectores de Santiago han sido ya reprendidos por mostrar un espíritu de independencia de Dios. En lugar de amarle han procurado los placeres del mundo (4:1-10). Al juzgarse unos a otros, han intentado evadir al último Juez: al propio Dios (4:11-12). Ahora, se descubre la indiferencia final. Han planeado su futuro y han omitido a Dios de sus planes. Un estudio detenido de este pasaje deja claro que su indolencia por Dios es igual en sustancia a los primeros dos pecados. «Al ignorar a Dios muestran tanta arrogancia como la persona que calumnia a su prójimo. El pecado de no acercarse a Dios en oración es una de las ofensas más comunes que comete un cristiano».[5]

Aunque no siempre se reconoce como tal, esto también puede considerarse amor al mundo. «La forma de amor al mundo de que él habla aquí es una confianza presuntuosa en el futuro, calcular un tiempo por venir sin tomar en cuenta la providencia de Dios, como si el futuro y todo lo que él conlleva estuviese en nuestras manos».[6]

Para introducir estas ideas, Santiago utiliza una expresión que se encuentra sólo una vez más en el Nuevo Testamento (Santiago 5:1). Dicha expresión griega se traduce como: «Escuchen esto». Nosotros podríamos decir: «Miren para esto». Implica generalmente una desaprobación y conlleva un sentido de urgencia.

Aunque puede culparse a estos mercaderes por excluir a Dios de sus planes, no se les culpa por planear. Nada se menciona aquí que pudiera llevarnos a creer que hay algo de malo en ese proceso. En realidad este es en muchos aspectos un plan de negocios modelo:

1. Se traza el *plan*: «hoy o mañana». Un buen plan de negocios requiere flexibilidad. Este podría ser ejecutado hoy o mañana.

2. Se escoge el *lugar*: «iremos a tal o cual lugar».

> Esta era una época de fundación de ciudades; y era frecuente que cuando se había fundado una y sus fundadores andaban buscando quienes las habitaran, se ofreciera a los judíos ciudadanía gratuita, porque donde los judíos se establecían, detrás venían el dinero y el comercio. El cuadro es el de un hombre observando un mapa. Él señala un punto del plano y dice: «He aquí una ciudad nueva donde abundan las oportunidades de comercio. Iré allí; pondré mi establecimiento en la planta baja; mercaré durante un año; haré fortuna y regresaré rico».[7]

3. Se calcula el *período*: «pasaremos allí un año». Ellos determinaban que su negocio se habría consolidado en el plazo de un año, y suponían que serían capaces de mantenerlo. No tenían intenciones de mudarse allí para quedarse.

4. Se considera el *propósito*: «haremos negocios». La palabra griega utilizada aquí es *emporeuomai*, de la cual heredamos la nuestra «emporio». Hoy en día un emporio es un centro comercial. En este contexto bíblico la palabra significa «viajar a un lugar con el propósito de hacer negocios».

5. Se calculan las *ganancias*: «y ganaremos dinero».

> Obtener ganancias se había convertido en una pasión para estos mercaderes. Esa era la única razón por la que viajaban, por la que comerciaban, por la que vivían ... Sus aspiraciones eran grandes, pero no lo bastante elevadas. Acumulaban ganancias en la tierra, pero no tesoros del cielo.[8]

Como hombres de negocios cristianos, deberían haber tenido en cuenta la eternidad y haber consultado con el Dios Eterno.

No debe inferirse que Santiago estuviera condenando un planeamiento sensato. Jesús enseñó a sus seguidores la insensatez de no calcular los recursos propios antes de acometer una empresa (Lucas 14:28-32). Lo que se denuncia es un planeamiento que excluya a Dios, que concluya que todo lo que hace falta es el ingenio humano.[9]

Todos sabemos que no es bueno hacer las cosas sin Dios, pero ahora debemos entender que no es bueno hacer nuestros planes sin Dios. Algunos empresarios con quienes he hablado excluyen a Dios de sus planes porque temen que su margen de ganancias se afecte. Temen que Dios se interponga entre ellos y sus utilidades financieras. Si nos viéramos ante una tentación como esa haríamos bien en recordar la promesa que Dios nos ha hecho:

> Así que no se preocupen diciendo: «¿Qué comeremos?» o «¿Qué beberemos?» o «¿Con qué nos vestiremos?» Porque los paganos andan tras todas estas cosas y el Padre celestial sabe que ustedes las necesitan. Más bien, busquen primeramente el reino de Dios y su justicia, y todas estas cosas les serán añadidas (Mateo 6:31-33).

Robert Johnstone proyecta a este siglo la advertencia de Santiago cuando escribe:

> En una época como la nuestra, cuando las ciencias naturales incrementan cada día de tal manera los medios para hacer dinero, cuando el comercio tiene tantas ramificaciones y tantas aristas excitantes vinculadas con él, existe un gran peligro de que el hombre pierda la conciencia de Dios y de que entre el barullo de la maquinaria comercial deje de escuchar ese «suave murmullo» que nos recuerda que «vida, y aliento, y todas las cosas» están a su disposición. Por eso, las palabras del apóstol tienen para nuestro tiempo, si ello fuera posible, una fuerza aún mayor que la que tuvieron para el suyo.[10]

Vale la pena fijarse metas en los negocios, pero para el empresario cristiano la meta última debe ser la gloria de Dios y el servicio a la humanidad.

Segundo error: Suponer que conocemos el futuro

Al planear el crecimiento de su futuro negocio estos hombres cometían tres errores:

UN GIRO HACIA LA INTEGRIDAD

- *No contemplaron la complejidad de la vida.*

Cuántas cosas aspiraban a concretar... hoy, mañana, pasar un año, hacer negocios, ganar dinero. Cada una de ellas llevaba en sí las semillas de una gran decepción ¿Cuán seguro puede estar alguien de lo que pasará mañana, por no hablar de un año a partir de mañana? ¿Y si no encontraran compradores? Suponga que hay una guerra de precios y el margen de ganancias es nulo. ¿Cómo podría alguien pretender saber las complejidades de semejante empresa?

Hace poco leí algo que me recordó la incapacidad del hombre para conocer el futuro:

> Treinta años atrás los futurólogos, escudriñando sus bolas de cristal, predijeron que uno de los más grandes problemas de las generaciones venideras sería qué hacer con su abundante tiempo libre. Recuerdo haber escuchado a menudo esta predicción. En 1967, testimonios ante una subcomisión del Senado de EE.UU. pronosticaban que para 1985 la gente estaría trabajando sólo veintidós horas a la semana o veintisiete semanas al año, o que se podría jubilar a los 38 años...
>
> De acuerdo con una Encuesta Harris, desde 1973 el tiempo libre que disfruta un estadounidense medio se ha reducido treinta y siete por ciento. En el mismo período, la semana laboral promedio se extendió de menos de cuarenta y una horas a casi cuarenta y siete.[11]

Por más que trate, el hombre no puede aprehender las complejidades de la vida como para predecir con exactitud lo que sucederá en el futuro.

- *No contemplaron la inseguridad de la vida.*

No tenían manera de saber lo que necesitaban saber para hacer una predicción tan osada. Su proyecto era pura arrogancia.

> La hábil utilización de la oración repetitiva *iremos... y pasaremos... y haremos negocios... y ganaremos dinero* y la mención a un año de estancia sugieren deliberadamente una arrogancia calculada. Irían dónde quisieran y por el tiempo que quisieran. Su determinación, junto con su negativa a considerar el imprevisto de la muerte, tiene un tono moderno.[12]

Muchas conversaciones con personas que me han contado cómo la vida les ha dado sorpresas me demostraron la insensatez de tal planeamiento. Las cosas no siempre resultaron como ellos las planearon. «Cuando era joven, era pobre; ya mayor, me hice rico; pero en ambas épocas sufrí desilusiones. Cuando tenía las facultades para disfrutar, me faltaban los medios; cuando los medios llegaron, las facultades ya no estaban».[13]

- *No contemplaron la brevedad de la vida.*

Santiago hace una de las preguntas más profundas de la Biblia cuando inquiere: «¿Qué es su vida?» Esta no es una pregunta acerca del origen o la esencia de la vida. Es evidente por la respuesta del autor que está hablando del tiempo transcurrido entre el nacimiento y la muerte. En la Biblia, por lo menos dieciocho metáforas expresan la brevedad e incertidumbre de la vida. Entre ellas, las siguientes:

Nuestros días sobre la tierra son sólo una sombra (1 Crónicas 29:15).

Mis días se van más veloces que una lanzadera, y sin esperanza alguna llegan a su fin (Job 7:6).

Recuerda, oh Dios, que mi vida es un suspiro (Job 7:7).

Como nubes que se diluyen y se pierden, los que bajan al sepulcro ya no vuelven a subir (Job 7:9)

Nosotros nacimos ayer, y nada sabemos; nuestros días en este mundo son como una sombra (Job 8:9).

Transcurren mis días con más rapidez que un corredor; vuelan sin que hayan conocido la dicha. Se deslizan como barcas de papiro, como veloces águilas al caer sobre su presa (Job 9:25-26).

Pocos son los días, y muchos los problemas, que vive el hombre nacido de mujer. Es como las flores, que brotan y se marchitan; es como efímera sombra que se esfuma (Job 14:1-2).

Hazme saber, SEÑOR, el límite de mis días, y el tiempo que me queda por vivir; hazme saber lo efímero que soy. Muy breve es la vida que me has dado; ante ti, mis años no son nada. Un soplo nada más es el mortal (Salmo 39:4-5).

Pues mis días se desvanecen como el humo (Salmo 102:3).

Mis días son como sombras nocturnas; me voy marchitando como la hierba (Salmo 102:11).

El hombre es como la hierba, sus días florecen como la flor del campo: sacudida por el viento, desaparece sin dejar rastro alguno (Salmo 103:15-16).

Pero no olviden, queridos hermanos, que para el Señor un día es como mil años, y mil años como un día (2 Pedro 3:8).

Un escritor desconocido captó con estas palabras la manera en que la vida se nos escurre entre los dedos:

De niño, reía y lloraba: EL TIEMPO GATEABA
De joven, soñaba y hablaba: EL TIEMPO CAMINABA
Cuando llegué a adulto: EL TIEMPO CORRÍA
Cuando fui maduro: EL TIEMPO VOLABA
Ahora, muy pronto me iré: EL TIEMPO SE ACABÓ

Jesús cuenta la historia de un rico cosechero que, contemplando su futuro, decidió que iba a necesitar graneros más grandes para enriquecerse aún más. Su meta final era una placentera jubilación. «Y diré: Alma mía, ya tienes bastantes cosas buenas guardadas para muchos años. Descansa, come, bebe y goza de la vida» (Lucas 12:19).

En la parábola, Dios llama necio a este hombre, porque estaba haciendo planes para el futuro, pensando que tenía el control total del mismo. La misma noche del día en que trazó sus planes tan detalladamente, falleció, y se cumplió así el proverbio del Antiguo Testamento que dice: «No te jactes del día de mañana, porque no sabes lo que el día traerá» (Proverbios 27:1).

INTEGRIDAD: CUANDO SUS METAS NO SON LAS DE DIOS

Tercer error: Dejar para mañana lo que debe hacerse hoy
Hay una historia fascinante acerca de un hombre que estaba un día despejando su escritorio y encontró un comprobante de una zapatería con fecha de diez años atrás. Pensando que no tenía nada que perder, fue a la zapatería y le dio el comprobante al zapatero, que empezó a buscar en la trastienda el calzado reclamado. Unos minutos después, reapareció y le devolvió el papel al hombre.

—¿Qué pasó? —preguntó este—. ¿No pudo encontrar mis zapatos?

—¡Ah, sí, claro! Los encontré —respondió el zapatero—. Estarán listos para el viernes.

La exageración del relato puede hacernos sonreír, pero su moraleja no es cosa de risa. La postergación es raíz de muchos de nuestros problemas. He leído que un empresario hizo enmarcar en un marco dorado estas letras: LPEULDT. Son las iniciales de «La Postergación Es Una Ladrona De Tiempo».

Leyendo el Antiguo Testamento descubrimos que la destructiva práctica de la postergación ha existido entre nosotros durante largo tiempo:

> «¡Vengan, busquemos vino! ¡Emborrachémonos con licor!», gritan a una voz. «¡Y mañana haremos lo mismo que hoy, pero mucho mejor!» (Isaías 56:12).

> No niegues un favor a quien te lo pida, si en tu mano está el otorgarlo. Nunca digas a tu prójimo: «Vuelve más tarde; te ayudaré mañana», si hoy tienes con qué ayudarlo (Proverbios 3:27-28).

Pero en la Biblia la palabra AHORA está escrita con grandes caracteres en el mensaje del evangelio. «He aquí ahora el tiempo aceptable; he aquí ahora el día de salvación» (2 Corintios 6:2, VRV 1960). ¡El momento de obedecer es ahora! No podemos contar con el mañana, así que debemos aprovechar el hoy. Para decirlo en la jerga de los negocios, *ayer* es un cheque cancelado. *Mañana* es una carta de intención. *Hoy* es el único efectivo de que disponemos.

Si aislamos de este contexto las palabras de Santiago, veremos que la idea del pecado por omisión nunca fue formulada de manera más aguda:

«Así que comete pecado todo el que sabe hacer el bien y no lo hace» (Santiago 4:17).

Hay también otra verdad fundamental encerrada en el versículo 17. Santiago está dejando muy en claro que conocimiento y responsabilidad van de la mano. Pecar por ignorancia es una cosa. Pero pecar conociendo la verdad es otra muy diferente. He aquí dos ejemplos bíblicos al respecto, uno de Pedro y el otro de nuestro Señor:

> Más les hubiera valido no conocer el camino de la justicia, que abandonarlo después de haber conocido el santo mandamiento que se les dio (2 Pedro 2:21).

> El siervo que conoce la voluntad de su señor, y no se prepara para cumplirla, recibirá muchos golpes. En cambio, el que no la conoce y hace algo que merezca castigo, recibirá pocos golpes. A todo el que se le ha dado mucho, se le exigirá mucho; y al que se le ha confiado mucho, se le pedirá aun más (Lucas 12:47-48).

Anteriormente, Santiago había culpado a los mercaderes por excluir de sus planes a Dios. Ahora les recuerda un pecado que es igualmente grave:

> El pecado no debe nunca tomarse a la ligera. Esto es especialmente cierto respecto al pecado por omisión, al que con frecuencia se le otorga la inocua apariencia del descuido. Pero no es inocuo. Considere el discurso de despedida de Samuel, donde dice a los israelitas: «En cuanto a mí, que el Señor me libre de pecar contra él dejando de orar por ustedes» (1 Samuel 12:23). Samuel esquivó el pecado de negligencia. Negligencia equivale a ignorar a Dios y al prójimo, y es por tanto un pecado contra la ley de Dios.[14]

- *Enfrentar el orgullo.*

La clave para comprender por qué estos mercaderes estaban violentando el futuro se encuentra en el versículo 16. En pocas palabras, el problema era su orgullo. Hacían planes sin Dios porque creían ser amos de sus destinos. Presuponían el mañana porque creían que nada ocurriría fuera de su control. Posponían lo que debían hacer porque suponían que podrían

INTEGRIDAD: CUANDO SUS METAS NO SON LAS DE DIOS

hacer mañana lo que decidieran no hacer hoy. J. B. Phillips parafrasea así el versículo 16: «La verdad es que uno demuestra cierto orgullo personal cuando planea su futuro con tal confianza. Y ese tipo de orgullo no sirve para nada».

Alec Motyer explica las palabras griegas que se utilizan para definir aquel espíritu altanero:

> El verbo «jactar(se)» (*kaucaomai*) se utiliza en el buen sentido con frecuencia en el Nuevo Testamento para describir una alegría exultante y abundante acerca de algo, como por ejemplo, cuando se nos insta a regocijarnos en la esperanza de la gloria de Dios (Romanos 5:2). ¡Pero cuán inaceptable y desagradable a Dios se vuelve esa exultación cuando nace de la arrogancia! Aquí hay una palabra (*alazoneia*) que sólo aparece además en 1 Juan 2:16, y que se traduce como «la arrogancia de la vida». En otras palabras, cuando en formas inconspicuas, secretas, casi inconscientes, olvidamos cuán frágiles somos y no dependemos conscientemente de nuestro Dios, damos paso a un elemento del orgulloso, arrogante, vanidoso espíritu humano que alardea de su supuesta independencia y autosuficiencia.[15]

Como la palabra *jactan* está en plural, es una referencia a las muchas manifestaciones de orgullo y jactancia por parte de los mercaderes. Lewis Smedes dice que este tipo de orgullo existe en tres modelos básicos: de poder, de conocimiento y de virtud:

> Una persona que demuestra *orgullo de poder* cree que su poder le confiere por sí mismo el derecho a hacer cualquier cosa que se le meta en la cabeza. Quien demuestra *orgullo de conocimiento* cree que tiene en su cabeza toda la verdad y nada más que la verdad, y que cualquier idea que la contradiga es una falsedad. El que demuestra *orgullo de virtud* cree ser el modelo de virtud de Dios, y que cualquiera que no se ajuste a su estilo de vida está probablemente viviendo en pecado.[16]

Ninguno de los tres modelos de orgullo convienen a un cristiano, pero según el apóstol Pablo, puede haber una razón legítima para que un cristiano se jacte. Por ejemplo, puede jactarse de su debilidad, porque es en nuestras debilidades que el poder de Cristo se manifiesta:

Si me veo obligado a jactarme, me jactaré de mi debilidad (2 Corintios 11:30).

De tal hombre podría hacer alarde; pero de mí no haré alarde sino de mis debilidades ... Pero él me dijo: «Te basta con mi gracia, pues mi poder se perfecciona en la debilidad». Por lo tanto, gustosamente haré más bien alarde de mis debilidades, para que permanezca sobre mí el poder de Cristo (2 Corintios 12:5, 9).

Uno de mis pasajes favoritos del Antiguo Testamento sugiere otra posibilidad de gloriarse para el cristiano:

«Que no se gloríe el sabio de su sabiduría, ni el poderoso de su poder, ni el rico de su riqueza. Si alguien ha de gloriarse, que se gloríe de conocerme y de comprender que yo soy el Señor, que actúo en la tierra con amor, con derecho y justicia, pues es lo que a mí me agrada», afirma el Señor (Jeremías 9:23-24).

- *Deo Volente*

Si usted ha leído alguna pieza de correspondencia entre cristianos de hace un siglo, habrá notado probablemente la posdata D.V. Estas dos letras son las iniciales de la expresión latina *Deo Volente*, que significa «Si Dios quiere», o «Dios mediante». La alternativa propuesta por Santiago al presuntuoso estilo de vida de los mercaderes se encuentra en el versículo 15: «Más bien, debieran decir: "Si el Señor quiere, viviremos y haremos esto o aquello"». «Si el Señor quiere» debía ser el reconocimiento de que los planificadores deseaban la dirección y aprobación de Dios y de que no harían nada sin ellas.

Un ejemplo de deferencia a Dios se nos muestra en muchos de los pasajes narrativos del Nuevo Testamento en los que se mencionan planes humanos.

Pablo dijo a los judíos en Éfeso que regresaría para volver a ministrarles «si Dios quiere» (Hechos 18:21). A los corintios les escribió que estaba planeando hacerles otra visita «si Dios quiere» (1 Corintios 4:19) y que se quedaría con ellos un tiempo considerable «si el Señor así lo permite» (1 Corintios 16:7). Una idea similar se infiere inequívocamente de la de-

INTEGRIDAD: CUANDO SUS METAS NO SON LAS DE DIOS

claración de Pablo respecto a que confiaba «en el Señor» de ir a Filipos en un futuro cercano (Filipenses 2:24). El escritor de Hebreos expresó la meta de alcanzar madurez espiritual entre los lectores «si Dios lo permite» (Hebreos 6:3).[17]

Lo que Santiago pide a sus lectores que consideren es esto: la confianza en Dios y no un plan bien pensado para obtener ganancias materiales es la única forma de enfrentar el futuro. Les pide que vivan reconociendo que Dios está en control, y no el hombre.

En cuanto a conocer la voluntad de Dios, hay un consenso general entre los cristianos de que en ello toman parte tres puntos básicos. Primero, debe haber una disposición a hacer la voluntad de Dios cuando la encontramos. Segundo, debemos entender que la voluntad de Dios está siempre en armonía con su Palabra. Y tercero, debemos ir a él con la intención de orar en busca de guía. Si hacemos estas cosas podremos conocer la voluntad de Dios.

Cuando nuestras metas han sido definidas y una fecha determinada para su cumplimiento, podemos depender del Señor para que dirija nuestros pasos. Pero recordemos de nuevo que para gozar de la ayuda de Dios es necesario planear específicamente lo que creemos es su voluntad. Cuando Dios es parte del plan, él ayudará para lograr la meta que él mismo ha determinado. Al absorber la verdad de este pasaje una cosa debe quedarnos clara: si nuestras metas son las de Dios, es seguro que las alcanzaremos más rápidamente que si nos empeñamos por nuestra cuenta.

Un hombre de negocios cristiano, Howard Butt, escribió un artículo titulado «El arte de ser un gran empresario». Entre las muchas revelaciones que incluye está este texto acerca del orgullo. Parece que hubiera escrito estas palabras después de leer los versículos 13-17 del capítulo 4 de Santiago:

> Es mi orgullo lo que me lleva a actuar independientemente de Dios. Es fascinante sentir que soy el amo de mi destino, que controlo mi vida, dicto mis decisiones y no dependo de nadie. Pero ese sentimiento es en el fondo deshonestidad. Sé que no puedo hacerlo todo por mí mismo. Necesito ayuda de otras personas y, a fin de cuentas, no puedo depender de mí para todo. Dependo de Dios para continuar respirando. No es honrado de mi parte pretender que soy más que un simple mortal, pe-

queño, débil y limitado. Por tanto, proclamar que vivo independiente de Dios es un autoengaño. No se trata solamente de que el orgullo sea una pequeña característica desafortunada y la humildad una atractiva virtud; es mi integridad psicológica interior lo que está en juego. Cuando me dejo llevar por la vanidad, me estoy engañando acerca de lo que soy. Pretendo que soy Dios, y no un ser humano. Mi orgullo es una adoración idólatra de mí mismo. Y esa, es la religión nacional del Infierno.[18]

Diez

INTEGRIDAD: CUANDO LA RIQUEZA DE NADA VALE

(Santiago 5:1-6)

«Ahora escuchen, ustedes los ricos: ¡lloren a gritos por las calamidades que se les vienen encima!».

Mi esposa y yo visitamos hace poco Nueva York, y mientras recorríamos la ciudad en un taxi pasamos cerca del Palacio Helmsley. De inmediato recordé una de las historias más extravagantes de los años 80 ¿Quién de nosotros olvidaría a la baronesa de los hoteles, a quien el lujo le daba por las rodillas, pero que rehusaba pagar impuestos y trataba a sus empleados como basura? No sé cómo habrá reaccionado usted a esa historia, pero a nosotros nos fue muy difícil mantener la compostura mientras contemplábamos el derrumbe de la Sra. Helmsley. Hay algo en las personas ricas y perversas que nos eriza los pelos de la nuca. «Con todo ese dinero» —pensamos— «lo menos que podría hacer es tratar decentemente a las personas».

Pero el hecho es que, como aprenderemos en este capítulo, el amor al dinero por sí mismo hace aflorar lo peor del ser humano:

> La codicia de Acán por el dinero y las posesiones resultó en su muerte, la de su familia y la de decenas de hombres en la batalla (Josué 7). El profeta Balán habría maldecido al pueblo de Dios por la recompensa de Balac (Números 22:4-25). Por dinero, Dalila entregó a Sansón a los filisteos (Jueces 16). La ambición de riquezas de Salomón le llevó a desobedecer flagrantemente la prohibición, enunciada en la ley de Dios, de que un rey acumulara demasiados caballos, oro, plata y esposas (Deuteronomio

17:16-17). Buscando quedarse con riquezas, Guiezi les mintió a Namán y a Eliseo, por lo cual sufrió la aflicción de la lepra (2 Reyes 5:20-27). Ananías y Safira retuvieron dinero que dijeron haber dado al Señor, y por ello cayeron muertos (Hechos 5:1-11). En el peor acto de traición, el materialista Judas preguntó a los jefes de los sacerdotes: «¿Cuánto me dan y yo les entrego a Jesús?», y luego traicionó al Hijo del Hombre por treinta monedas de plata (Mateo 26:14-16,47-50, 27:3-10).[1]

El amor por el dinero no sólo tuvo un efecto maligno sobre algunos personajes que encontramos en la Biblia, sino que está en la raíz de gran parte de la miseria que observamos en la sociedad de hoy. En uno de los libros más provocativos que he leído en meses recientes, el doctor Richard A. Swenson relaciona, luego de mencionar los pasos de gigante que hemos dado hacia nuestra prosperidad, parte del costo que debemos pagar:

> Desafortunadamente ... estos beneficios no constituyen toda la historia; los avances luminosos proyectan a menudo sombras oscuras. En el caso de nuestra prosperidad económica, las sombras de la deuda, la vulnerabilidad y la incertidumbre se extienden a lo lejos en el futuro. Por cada indicador económico positivo, hay uno negativo correspondiente. En casi todos los frentes financieros nos encontramos en aguas turbulentas, y no hay nadie capaz de sugerir con confianza una salida. Expertos económicos serios hacen predicciones que luego resultan fantasías de beodo.[2]

Cuando Santiago empieza a enfocar su atención en los ricos perversos de su época, sus palabras son tan fuertes que muchos comentaristas prefieren presentar sólo un resumen de los primeros seis versículos del capítulo 5. Otros escritores admiten con honestidad que no saben qué hacer con comentarios tan vitriólicos:

> El novelista y reformador social, Upton Sinclair, leyó una vez una paráfrasis de esta sección a un grupo de ministros luego de atribuírsela a Emma Goldman, agitadora anarquista. Los ministros se enojaron tanto que declararon que debía ser deportada.[3]

Santiago ya ha mencionado a los ricos en otras tres ocasiones. En

INTEGRIDAD: CUANDO LA RIQUEZA DE NADA VALE

1:9-11, se trata obviamente de creyentes prósperos. En 2:2-3 y 2:6 son ricos no creyentes. Aquí en 5:1-6 se presume por lo general que Santiago se dirige a individuos acaudalados ajenos a la iglesia cristiana:

> Las palabras a los ricos no están dirigidas tanto a ellos, sino como un estímulo a los cristianos en una época de tratos injustos, así como para disuadirles de la insensatez de conferir demasiada estima a las riquezas, de envidiar a aquellos que las poseen, o de trabajar febrilmente por obtenerlas.[4]

Al hablar a aquellos que *no pertenecen* a la iglesia en una carta dirigida a los que *pertenecen* a ella, Santiago «emplea un recurso retórico conocido como *apóstrofe*, que consiste en apartarse de su público real para dirigirse a algún otro grupo».[5]

Algunos de estos mercaderes seculares eran sin duda miembros abusadores de la asamblea de creyentes, que reclamaban al mismo tiempo cierta relación con Dios en virtud de su amistad con estos seguidores consagrados de Cristo.

Anteriormente, cuando disertaba acerca del favoritismo, el autor había recordado a los mismos lectores que los ricos a quienes trataban con preferencia no eran sino los mismos que les oprimían y llevaban ante los tribunales (2:6). Ahora, ¡Santiago está harto! Sus palabras se cuentan entre las más ácidas de toda la Biblia.

Esto no es una reprobación de la riqueza en sí misma. No hay ninguna información en la Biblia que respalde la idea de que no es bueno ser rico. En realidad, hay evidencias de lo contrario. Leemos en Proverbios: «La bendición del Señor trae riquezas, y nada se gana con preocuparse» (10:22).

En la Biblia hay muchos ejemplos notables de personas adineradas y dedicadas a Dios: Job, Abraham, Nicodemo, María, Martha, Lázaro, José de Arimatea, Bernabé y Filemón.

Dios no desaprueba a quienes tienen dinero, pero sí habla claro acerca de quienes «confían en la riqueza». «El que confía en sus riquezas se marchita» (Proverbios 11:28). «Pero Jesús, respondiendo, volvió a decirles: "Hijos, ¡cuán difícil les es entrar en el reino de Dios, a los que confían en las riquezas!"» (Marcos 10:24 VRV 1960).

Este deseo descontrolado de riquezas es el blanco de la arremetida de

UN GIRO HACIA LA INTEGRIDAD

Santiago. Como Pablo, él ve el peligro no en las riquezas, sino en amarlas tanto que se llegue a eclipsar nuestro amor por Dios y por el prójimo (1 Timoteo 6:10).

Alguien ha dicho que Dios no condenará a un hombre por ser rico, pero le hará dos preguntas: Primero: «¿Cómo obtuviste tu riqueza?», y segundo: «¿Cómo la has empleado?»

La angustia desesperada de los ricos perversos

Por segunda vez en sólo unos cuantos versículos, Santiago recurre a la fuerte exhortación: «Ahora escuchen...», (5:1, ver 4:13). Estos pérfidos mercaderes son llamados a llorar y aullar. No con lágrimas de arrepentimiento, sino por el juicio que seguramente caerá sobre ellos. En su momento podían creer que vivían bien, pero si supieran lo que está por ocurrirles empezarían enseguida a llorar y lamentarse apesadumbrados.

Juan Calvino distingue este tipo de pesar del que acompaña al arrepentimiento cuando escribe: «El arrepentimiento también tiene su lloro, pero al estar mezclado con consuelo no se convierte en aullido».[6]

La palabra original traducida como *llorar* significa «sollozar con fuerza, lamentarse, sollozar amargamente». Se usaba en relación con el llanto por los muertos (Lucas 7:13; Juan 11:31-33;). Pedro «lloró amargamente» después de comprender lo que había hecho al negar a Cristo (Lucas 22:62).

Aullar es una expresión de pena profunda. La expresión griega es un verbo onomatopoético, lo cual quiere decir que suena como lo que significa. En todo el Nuevo Testamento la palabra griega *ololuzontes* sólo se encuentra aquí. El cuadro que nos pinta es el de un llanto desgarrador y sonoro, con aullidos de agonía, cuando Cristo regrese a juzgarnos.

El espantoso juicio a los ricos perversos

Santiago utiliza tres expresiones para ilustrar el carácter temporal de sus riquezas. En cada caso, la construcción griega anticipa su futura caída como algo que ya está sucediendo: Se *ha podrido* su riqueza, sus ropas *están* comidas por la polilla y se *han oxidado* su oro y su plata. ¡Ya están siendo juzgados!

- *Se ha podrido su riqueza.*

Cuando pensamos en las riquezas, generalmente las asociamos con acciones y bonos, grandes cuentas bancarias e importantes propiedades inmobiliarias. Pero la riqueza siempre ha sido expresión de la cultura. Por ejemplo, la riqueza de Job se calculaba en ovejas, camellos, bueyes y asnas (Job 1:3). La riqueza de la iglesia del Nuevo Testamento consistía aparentemente en casas y terrenos (Hechos 4:34-35). Sin embargo, en la época de la epístola de Santiago los bienes eran otros.

La mayoría de los comentaristas cree que cuando Santiago menciona «riqueza» se refiere a alimentos cosechados. En otras palabras, la riqueza de los mercaderes se medía por la cantidad de granos, frutas y vegetales que hubieran almacenado para el futuro.

Pero todos estos productos están sujetos a corrupción, y el autor sugiere a los ricos que están almacenando una riqueza que no durará, sino que ¡se pudrirá!

- *Sus ropas están comidas por la polilla.*

Otra evidencia de riqueza era el vestuario de los adinerados. Compraban bonitas prendas de ropa dondequiera que iban y sin duda las exhibían. Fue la fascinación por los «trapos» lo que hizo pecar a Acán, según su confesión:

> Vi en el botín un hermoso manto de Babilonia, doscientas monedas de plata y una barra de oro de medio kilo. Me deslumbraron y me apropié de ellos. Entonces los escondí en un hoyo que cavé en medio de mi carpa. La plata está también allí, debajo de todo (Josué 7:21).

Jacob dio a José una túnica especial de muchos colores (Génesis 37:3). José dio a Benjamín cinco mudas de ropa (Génesis 45:22). Pablo dijo: «No he codiciado ni la plata ni el oro ni la ropa de nadie» (Hechos 20:33).

Por valiosas que fueran estas prendas, cuando se guardaban bajo las altas temperaturas del Cercano Oriente, las polillas las destruían. No había entonces bolitas de naftalina, y a las polillas les encantaban los tejidos caros.

- *Se han oxidado su oro y su plata*

Es obvio que el oro y la plata puros no se oxidan. Se usa el lenguaje figurado para expresar el valor nulo del oro y de la plata que se han guardado para el futuro. Bien podrían ser pedazos de metal oxidado.

Estas tres oraciones expresan la futilidad de mantener almacenadas estas cosas que deberían ser puestas en circulación para la gloria de Dios y el bienestar de la humanidad. La ropa se podría haber dado a los pobres; en lugar de ello, se daba a las polillas. Con el oro y la plata se podría haber pagado asistencia y cuidados de salud para los más infortunados; en lugar de ello, se les dejó corroer. Esta advertencia corresponde a las palabras de nuestro Señor:

> No acumulen para sí tesoros en la tierra, donde la polilla y el óxido destruyen, y donde los ladrones se meten a robar. Más bien, acumulen para sí tesoros en el cielo, donde ni la polilla ni el óxido carcomen, ni los ladrones se meten a robar. Porque donde esté tu tesoro, allí estará también tu corazón (Mateo 6:19-21).

En 70 d.C., 25 años después de que Santiago escribiera su epístola, Tito invadió Jerusalén y la destruyó. Ricos y pobres por igual fueron oprimidos y despojados de cuanto poseían. Las riquezas que se habían acumulado fueron capturadas por extranjeros y jamás devueltas.

Antes de dejar esta discusión, quizás deba anticiparme a su pregunta: ¿Es malo ahorrar dinero para el futuro? ¿Se equivocan los consejeros financieros cristianos cuando instruyen a los creyentes que separen algún dinero? He aquí la respuesta:

> A fin de cuentas el problema no es el ahorro, sino la acumulación. La noción moderna del ahorro probablemente es aceptable a Dios ... atesorar, sin embargo, no es nunca aceptable. Él nos confía algunos recursos; él como propietario, y nosotros como administradores. Nunca debemos pretender que tenemos derechos sobre lo que no nos pertenece.
>
> A Dios le honra el embudo y le deshonra la esponja. Sea un conducto de su bendición, no una vía ciega. Algunos ahorros extra para gastos futuros conocidos y contingencias desconocidas parecen aceptables. Pero no lo son el atesoramiento que no fluye ni la fundación de imperios.[7]

El devastador futuro de los ricos perversos

El predicador de Eclesiastés en el Antiguo Testamento hizo una advertencia similar a la de Santiago: «He visto un mal terrible en esta vida: riquezas acumuladas que redundan en perjuicio de su dueño» (Eclesiastés 5:13).

El hecho de que los ricos posean bienes atesorados será presentado en el día del Juicio Final como evidencia de que no han cumplido las instrucciones de Dios respecto a compartir con los pobres. ¡Lo que están haciendo es proveer evidencias que se usarán en su contra! En su profecía, Ezequiel hace una advertencia paralela:

> La plata la arrojarán a las calles, y el oro lo verán como basura. En el día de la ira del Señor, ni su oro ni su plata podrán salvarlos, ni les servirán para saciar su hambre y llenarse el estómago, porque el oro fue el causante de su caída (7:19).

Esta gráfica descripción del juicio que les aguarda resulta devastadora. Será como si su riqueza atesorada les quemara con fuego. Y en la pérdida de sus posesiones está incluida también su propia perdición personal:

> La acción corrosiva del óxido sobre su oro y su plata atesorados es ahora simbólicamente presentada carcomiendo en aquel día la carne de los ricos opresores ... En el Día del Juicio su riqueza corroída, como una cadena oxidada, carcomerá sus carnes acariciadas como una úlcera pútrida. Su efecto será como el del fuego, que tortura mientras devora.[8]

A esta promesa de juicio el autor le agrega una nota final: «Han amontonado riquezas, ¡y eso que estamos en los últimos tiempos!» Peter Davids lo expresa de esta manera: «Esta gente ha atesorado bienes como si ellos fueran a vivir y el mundo fuera a existir eternamente; pero los últimos tiempos, en los cuales tendrán una última oportunidad de arrepentirse y ofrecer sus bienes para un uso justo, ya están encima de ellos».[9]

Los cristianos del tiempo de Santiago creían firmemente que Cristo regresaría pronto para juzgar a todos. Fíjese en las tres menciones que se hace de esto en la siguiente sección del capítulo 5:

> Por tanto, hermanos, tengan paciencia hasta *la venida del Señor*. Miren cómo espera el agricultor a que la tierra dé su precioso fruto y con qué paciencia aguarda las temporadas de lluvia. Así también ustedes, man-

ténganse firmes y aguarden con paciencia *la venida del Señor*, que ya se acerca. No se quejen unos de otros, hermanos, para que no sean juzgados. *¡El juez ya está a la puerta!* (Santiago 5:7-9, cursivas añadidas).

Homer Kent explica la mentalidad de las personas que habrían leído la epístola de Santiago:

> Los «últimos tiempos» era una denominación de los tiempos mesiánicos, que comenzaron con la primera venida de Cristo (Hechos 2:16-17; 1 Timoteo 4:1-2; 2 Pedro 3:3; 1 Juan 2:18). Estos ricos eran ajenos a los días históricos en que vivían. No comprendían que los «últimos tiempos» ya habían comenzado y que la segunda venida de Cristo podía ocurrir en cualquier momento. Eran como los babilonios, hartándose y complaciéndose en una voluntaria ignorancia de que el desastre estaba a punto de golpear a su ciudad (Daniel 5:1-31).[10]

Las prácticas fraudulentas de los ricos perversos

El erudito alemán Adolf Deissman escribió: «La Epístola de Santiago será mejor comprendida al aire libre, junto a las gavillas apiladas en el campo de siega».[11] Es obvio que este pasaje es una de las razones de su comentario. Aquí se nos presenta a un rico terrateniente que toma jornaleros para que atiendan la propiedad en su ausencia. Esto era común en el antiguo Israel. La práctica de pagar los salarios tarde o de despojar a los trabajadores de ellos era natural en aquellos tiempos. James Adamson abunda: «Esta escena es deliberadamente presentada después de la cosecha: los propietarios de estas "haciendas" galileas podían perfectamente pagar los salarios, La expresión *no pagado* indica no sólo una tardanza, sino total apropiación de los honorarios debidos».[12]

Muchos pasajes del Antiguo Testamento abordan esta práctica perversa:

> No explotes a tu prójimo, ni lo despojes de nada. No retengas el salario de tu jornalero hasta el día siguiente (Levítico 19:13).

> No te aproveches del empleado pobre y necesitado, sea éste un compatriota israelita o un extranjero. Le pagarás su jornal cada día, antes de la

puesta del sol, porque es pobre y cuenta sólo con ese dinero. De lo contrario, él clamará al Señor contra ti y tú resultarás convicto de pecado (Deuteronomio 24:14-15).

¡Ay del que edifica su casa y sus habitaciones superiores violentando la justicia y el derecho! ¡Ay del que obliga a su prójimo a trabajar de balde, y no le paga por su trabajo! (Jeremías 22:13)

Si Santiago se está refiriendo a algunos de sus lectores cristianos, ya les ha comunicado antes que semejante indiferencia a las necesidades de los pobres es prueba de una religión insincera:

Hermanos míos, ¿de qué le sirve a uno alegar que tiene fe, si no tiene obras? ¿Acaso podrá salvarlo esa fe? Supongamos que un hermano o una hermana no tienen con qué vestirse y carecen del alimento diario, y uno de ustedes les dice: «Que les vaya bien; abríguense y coman hasta saciarse», pero no les da lo necesario para el cuerpo. ¿De qué servirá eso? (Santiago 2:14-16).

Ahora Santiago recuerda a sus amigos que el Señor escucha el clamor de aquellos que han sido engañados. De hecho, utiliza un nombre especial para designar al Señor que escucha. Le llama *Señor de los Sabaoth*. *Sabaoth* es una palabra hebrea que significa «ejércitos» (ver Santiago 5:4, VRV 1960). Se utiliza para nombrar ejércitos humanos (Números 1:3), angélicos (1 Reyes 22:19) y el número de las estrellas del cielo (Deuteronomio 17:3). «Señor de los Ejércitos» es uno de los nombres majestuosos de Dios, y le presenta como jefe supremo del ejército celestial (Josué 5:15). Esta frase comunica la idea de que los abusos contra los pobres captan la atención del supremo Soberano del universo. Leslie Milton nos recuerda: «El mismo Dios que creó el sol, la luna y las estrellas, y que ordena sus cursos, está profundamente preocupado por que se brinde un trato justo a los pobres e insignificantes».[13]

Alec Motyer añade que este nombre, Señor de los Sabaoth, señala al Señor «que tiene en sí mismo y bajo su soberano mando todas las potencias y recursos ... Ningún poder, por grande o sólido que parezca al ojo humano, supera su capacidad; ninguna necesidad, por apremiante que sea, supera sus medios o escapa a su atención».[14]

Martín Lutero incorporó este nombre de Dios a su gran himno «Castillo fuerte es nuestro Dios»:

¿Sabéis quién es? Jesús,
el que venció en la cruz,
Señor de Sabaoth.
Y pues él sólo es Dios,
él triunfa en la batalla.

Cuando Santiago emplea este título está creando una imagen clara de que la condenación de estos opresores está muy cerca. El Señor de los Sabaoth viene a juzgarlos ¡Han amasado sus fortunas a expensas de otros y no escaparán del juicio de Dios!

El estilo de vida suntuario de los ricos perversos

Los estilos de vida de los ricos y famosos no comenzaron como una moderna serie de televisión. Son tan antiguos como el hijo pródigo que «vivió desenfrenadamente y derrochó su herencia» (Lucas 15:13). Jesús los caracterizó en la descripción del rico «que se vestía lujosamente y daba espléndidos banquetes todos los días» (Lucas 16:19).

¡Estos estilos de vida crean adicción! Randy Alcorn describe la versión moderna de la antigua depravación:

> Prometiendo dinero, y objetos, y tierras, y casas, y automóviles, y ropa, y yates, y carpas, y baños tibios, y viajes por el mundo, el materialismo nos ha dejado atados y amordazados, pensando patéticamente lo mismo que piensa el drogadicto: que nuestra única esperanza es conseguir más de lo mismo. Constantemente la voz de Dios, tan difícil de oír en medio del fragor de nuestros objetos, nos está diciendo que aun si el materialismo nos hubiera traído felicidad en esta vida —lo cual está claro que no ha hecho— nos deja con una lamentable preparación para la próxima.[15]

Y el escritor británico Richard Holloway agrega:

> Se ha podido observar que si salimos a buscar el placer no lo encontraremos. El placer es un subproducto de muchas actividades ... El problema surge debido a la misteriosa tendencia de nuestra naturaleza: tratamos de

separar el placer del acto que lo produce, y a ir en pos de él por sí mismo. Desafortunadamente, eso no funciona por mucho tiempo ... porque la búsqueda del placer por sí mismo es a la larga siempre insatisfactoria ... y se vuelve adictiva.[16]

Por último, escuchemos las palabras de A. W. Tozer:

Antes de que el Señor Dios creara al hombre sobre la tierra, le preparó un mundo de cosas útiles y agradables para su disfrute y manutención. En el relato sobre la creación según el Génesis se las llama simplemente «cosas». Fueron hechas para ser usadas por el hombre, pero debían ser siempre externas respecto de él y estar sometidas a él. En lo profundo del corazón del hombre había un santuario, en el cual nada ni nadie, sólo Dios, era digno de entrar. Dios estaba en el interior del hombre; afuera, las mil gratificaciones que Dios había hecho llover sobre él.

Pero el pecado introdujo complicaciones y convirtió esos presentes de Dios en fuente potencial de perdición para el alma. Nuestros problemas comenzaron cuando Dios fue expulsado de su santuario central y se permitió que entraran las cosas. Ellas han tomado el control del corazón humano. Los hombres no tienen ahora por naturaleza paz en sus corazones, pues Dios ya no es el monarca reinante en ellos; sino que en el crepúsculo moral, tercos y agresivos usurpadores luchan entre sí por el trono. Esta no es una simple metáfora, sino un análisis exacto de nuestra verdadera problemática espiritual. Existe dentro del corazón humano una dura y fibrosa raíz de vida perdida cuya naturaleza es poseer, siempre poseer. Codicia las cosas con pasión fiera y profunda. Los pronombres *mi* y *mío* parecen bastante inocentes en la letra impresa, pero su uso constante y universal es significativo. Ellos expresan la naturaleza real del antiguo hombre adánico mejor que mil tomos de teología. Son síntomas verbales de nuestra enfermedad crónica. Las raíces de nuestros corazones han crecido hacia abajo y se han aferrado a las cosas, y ahora no nos atrevemos a arrancar la más mínima raicilla por temor a morir. Las cosas se nos han hecho necesarias, una evolución que nunca se planeó. Las gratificaciones de Dios ahora ocupan su lugar y todo el curso de la naturaleza es subvertido por la monstruosa sustitución.[17]

Cuando Santiago menciona el «día de la matanza» está usando un término profético que compara el día del Juicio de Dios con el día de la matanza de sus enemigos (Isaías 34:5-8; Jeremías 50:25-27). He aquí las ramificaciones de sus palabras:

> A menos que sepamos cómo se prepara a los animales para luego comernos su carne, podríamos tener dificultad para comprender a Santiago en este punto. Es necesario entender que a las reses se les proporciona alimento especial para que luego den buenos filetes. Lo mismo se hace con los cerdos, y los pollos y pavos también reciben una alimentación especial cuya finalidad es cebarlos para la mesa. Santiago está diciendo: «Ustedes se han complacido en todo lo que han hecho. Han cebado sus corazones, como en un día de matanza».[18]

Alec Motyer añade lo siguiente:

> Son como muchas bestias que no piensan, regalándose el lujo de sus ricos pastos día tras día, engordando por hora y ajenos al hecho de que cada día, cada hora, les acerca al carnicero. Sólo la bestia flaca estará a salvo ese día; la bien cebada se ha preparado ella misma para el cuchillo. Así veía Santiago a los ricos, ciegos para el cielo como para el infierno, viviendo para esta vida, de espaldas al día de la matanza.[19]

Los crímenes mortales de los ricos perversos

No se sabe si los ricos cometían realmente asesinatos. Quizás al arrastrar a los pobres a los tribunales y privarlos de lo básico que necesitaban para vivir causaban indirectamente su muerte. En el Siglo II antes de Cristo, Josué Ben Sirá dijo: «El pan del necesitado es la vida de los pobres; quienquiera que les prive de él es un asesino. Arrebatar al prójimo sus medios de vida es asesinarle; privar a un jornalero de su salario es derramar su sangre».[20]

La acusación final contra los ricos indiferentes es lanzada en la conclusión de esta sección con la frase «sin que él les ofreciera resistencia»:

> El punto eficaz de este clímax es simplemente que la indefensión de sus víctimas ensancha la condenación de los ricos ... ellos son representados no como paladines audaces y arrojados que defienden una causa contra enemigos peligrosos, sino como matones brutales, que escogen como

víctimas de sus atropellos a aquellos que no pueden resistir o no están dispuestos a hacerlo.[21]

Contemplando de nuevo el paisaje del materialismo y los abusos, debemos preguntarnos de nuevo: «¿Cuál debe ser nuestra actitud hacia el dinero?»

Las posesiones terrenales son como las mareas: vienen y van. Por tanto, no debemos basar nuestro destino en la inestabilidad de las riquezas mundanas. En su lugar, debemos recibir toda buena dádiva y don perfecto de la mano de Dios (Santiago 1:17), y luego distribuir sabiamente el dinero que Dios nos da. Cuando recordamos las necesidades de nuestros hermanos y damos generosamente, estamos reflejando la generosidad de Dios para con nosotros.[22]

Si le damos al dinero más importancia de lo que la Biblia permite, estaremos condenados a una desilusión:

Imagínese a 269 personas entrando en la eternidad luego de la caída de un avión en el Mar del Japón. Antes del accidente hay un político notorio, un ejecutivo de negocios millonario, un mujeriego y su pareja, y un chico misionero que regresa de visitar a sus abuelos. Después del accidente, comparecen delante de Dios despojados de sus tarjetas de crédito, chequeras, líneas de crédito, ropas costosas, manuales sobre cómo lograr el éxito y reservas en el Hilton. Aquí están el político, el ejecutivo, el mujeriego y el muchacho misionero, todos al mismo nivel raso, sin nada, absolutamente nada, en sus manos, propietarios sólo de lo que llevaban en sus corazones. Cuán absurdo y trágico lucirá en ese día el amante del dinero, como un hombre que desperdicia su vida en coleccionar boletos para el tren y que al final está tan sobrecargado con su colección que pierde el último tren.[23]

Sin proponérselo, Henry Kissinger respalda la advertencia de Santiago 5:1-6 cuando escribe:

Para los estadounidenses, una tragedia suele ser anhelar algo y no conseguirlo. Muchos han tenido que aprender en su vida privada, y las naciones han debido aprenderlo en su experiencia histórica, que quizás la peor forma de tragedia es anhelar algo, conseguirlo y luego encontrar que está vacío.[24]

Once

INTEGRIDAD: CUANDO USTED ANDA APURADO Y DIOS NO

(Santiago 5:7–12)

«Manténganse firmes y aguarden con paciencia la venida del Señor, que ya se acerca».

Hace ya un tiempo, la revista *Time* publicó un artículo de Nancy Gibbs titulado: «De cómo Estados Unidos se quedó sin tiempo». Lo que ella escribió acerca del valor creciente del tiempo coincide con mi observación personal:

> Hubo una época cuando el tiempo era dinero. Ambos podían ser desperdiciados o bien empleados, pero al final el oro era más apreciado. Como con cualquier renglón comercial, su valor depende de su escasez. Y estos son días de hambruna de tiempo. El tiempo que antes parecía libre y elástico, se ha vuelto escaso y evasivo, y así, nuestra apreciación de su valor también ha cambiado drásticamente. En la Florida, un hombre pasa a su oftalmólogo una cuenta de 90 dólares por mantenerle esperando una hora. En California, una mujer contrata a alguien para que haga sus compras por catálogo. Veinte dólares alcanzan para pagar al que recogerá la ropa de la tintorería; $250 para servir comida a domicilio para cuatro; $1.500 le comprarán una máquina de fax para el auto. «El tiempo" —concluye el encuestador Louis Harris, quien ha computado cómo lo han perdido los estadounidenses— «podría haberse convertido en la posesión más preciosa de este país».[1]

UN GIRO HACIA LA INTEGRIDAD

Siendo el tiempo tan precioso ¿le sorprende que esperar se haya convertido en la experiencia más odiosa y frustrante de la vida? Esperamos en la fila del banco, en la del supermercado, en la consulta del médico y en la autopista. Y mientras esperamos, nos lamentamos por la pérdida de tiempo.

¿Ha notado cuánto esperamos cuando salimos a comer fuera? Esperamos por el menú, esperamos para pedir, esperamos por la comida, esperamos por la cuenta. Y finalmente, ¡esperamos por la oportunidad de pagar la cuenta!

Un automóvil se rompió en la autopista y por más que luchó el conductor no pudo lograr que arrancara. El tráfico se estaba acumulando y la mayoría lo tomaba como cosa natural, excepto el chofer de una camioneta que parecía estar acostado sobre el claxon. El conductor del vehículo roto caminó hacia el de la camioneta y le dijo: «Lo siento, pero no puedo arrancarlo. Si me das una mano, me quedaré en tu camioneta y tocaré el claxon por ti».

Me han contado que el gran predicador de Nueva Inglaterra, Phillips Brooks, era conocido por su aplomo y serenidad. Sus amigos íntimos sabían, sin embargo, que también él sufría momentos de frustración e irritabilidad. Un día un amigo le vio caminando en círculos como un león enjaulado. «¿Cuál es el problema, Dr. Brooks?», le preguntó. «El problema es», replicó Brooks, «que yo estoy apurado, pero Dios no».

Si alguna vez se ha sentido como Phillips Brooks, ¡esta sección de Santiago es para usted! Las palabras *paciencia* y *perseverancia* se mencionan no menos de cinco veces:

Tengan paciencia hasta la venida del Señor (5:7).

Miren cómo espera el agricultor a que la tierra dé su precioso fruto y con qué paciencia aguarda las temporadas de lluvia (5:7).

Así también ustedes, manténganse firmes y aguarden con paciencia la venida del Señor, que ya se acerca (5:8).

Hermanos, tomen como ejemplo de sufrimiento y de paciencia a los profetas que hablaron en el nombre del Señor (5:10).

En verdad, consideramos dichosos a los que perseveraron. Ustedes han oído hablar de la perseverancia de Job... (5:11).

La paciencia es la cualidad que el apóstol Pablo enfatizaba continuamente como requisito para una vida en Dios:

Él la menciona en su primera epístola a los corintios, en su relación de cualidades que caracterizan al amor. La incluye cuando escribe a los gálatas como una de las nueve características que llama fruto del Espíritu. Cuando describe a los efesios una vida digna del llamado de Dios, incluye la cualidad de la tolerancia. También cuando da a los colosenses una lista de cualidades dignas de Dios con las cuales se debe vestir el cristiano. La enfatiza a los tesalonicenses, y pone por ejemplo su propia vida a los corintios y a Timoteo, en parte porque la paciencia era uno de los rasgos de su carácter.[2]

Alguien dijo: «Con paciencia uno puede hacer cualquier cosa. Hasta llevar agua en un colador, si espera a que se congele».

Necesitamos paciencia cuando enfrentamos dificultades

Aquellos para quienes Santiago escribía estaban experimentando grandes dificultades y persecución. Como aprendimos en los primeros seis versículos del capítulo 5, los ricos perversos habían cometido toda clase de injusticias contra los creyentes.

Ahora Santiago recordará a sus lectores cristianos que sin importar el mal que les hayan hecho, no deben tomar desquite contra las personas ni contra Dios. En cierto sentido, está regresando al tema con el que comenzó su epístola: «Considérense muy dichosos cuando tengan que enfrentarse con diversas pruebas» (1:2).

La palabra griega que se traduce paciencia, *makrothumia*, enfatiza el no responder. Significa mantener el control de nuestro espíritu. En su obra *Diccionario Expositivo de Palabras del Antiguo y del Nuevo Testamento*, W. E. Vine ofrece esta cuidadosa definición:

MAKROTHUMIA (makros = largo, thumos = temperamento) se traduce generalmente como «longanimidad». La longanimidad es aquella cualidad de auto-refrenamiento ante la provocación que no toma represalias apresuradas ni castiga con celeridad; es lo opuesto de la ira y se asocia con la misericordia, utilizándose de Dios (Éxodo 34:6; Romanos 2:4; 1 Pedro 3:20).[3]

William Barclay añade:

Chrysostom definió la *makrothumia* como el espíritu que podría tomar desquite si quisiera, pero que rechaza de plano hacerlo. Lightfoot la explicó como el espíritu que nunca se venga. Ahora bien, esto es lo contrario de la virtud griega, *megalopsuquía*, que Aristóteles definiera como negarse a tolerar cualquier insulto u ofensa. Para los griegos el hombre grande era el que hacía todo lo posible por vengarse. Para el cristiano, es el que, aun pudiendo, rehúsa hacerlo.[4]

Jerry Bridges explica como funciona este concepto en la vida cotidiana:

Este aspecto de la paciencia es la capacidad de sufrir largo tiempo el maltrato de otros sin resentirse ni guardar rencor. Las ocasiones para ejercitar esta cualidad son numerosas; oscilan desde ofensas maliciosas hasta bromas prácticas aparentemente inocentes. Incluyen el ridículo, burlas, insultos y amonestaciones inmerecidas, así como la franca persecución. El cristiano que es víctima de la política interna de las oficinas o del poder de las instituciones, debe reaccionar con resignación. El esposo o esposa creyente que es rechazado o maltratado por un cónyuge que no lo es necesita esta clase de paciencia.[5]

Jesucristo es ejemplo perfecto de resignación. Él sufrió abusos verbales y físicos. Fue escupido, acusado injustamente, golpeado y clavado a la cruz. Sufrió mucho, pero no buscó el desagravio. El apóstol Pedro capta la esencia de la perseverancia de nuestro Señor:

Para esto fueron llamados, porque Cristo sufrió por ustedes, dándoles ejemplo para que sigan sus pasos. Él no cometió ningún pecado ni hubo engaño alguno en sus labios. Cuando proferían insultos contra él, no replicaba con insultos; cuando padecía, no amenazaba, sino que se entregaba a aquel que juzga con justicia (1 Pedro 2:21-23).

INTEGRIDAD: CUANDO USTED ANDA APURADO Y DIOS NO

Según Santiago, esta actitud de resignación procura controlar al creyente hasta el regreso de Jesús. En otras palabras, hasta que él venga y enmiende todos los males, debemos dejar en sus manos el desquite.

Para los cristianos primitivos la espera no debe haber parecido muy larga, pues ellos esperaban ver la Segunda Venida del Señor durante el tiempo de sus vidas:

...mientras aguardamos la bendita esperanza, es decir, la gloriosa venida de nuestro gran Dios y Salvador Jesucristo (Tito 2:13).

...mientras esperan con ansias que se manifieste nuestro Señor Jesucristo (1 Corintios 1:7).

Nosotros somos ciudadanos del cielo, de donde anhelamos recibir al Salvador, el Señor Jesucristo (Filipenses 3:20).

Cuando Cristo, que es la vida de ustedes, se manifieste, entonces también ustedes serán manifestados con él en gloria (Colosenses 3:4).

Ellos mismos cuentan de lo bien que ustedes nos recibieron, y de cómo se convirtieron a Dios dejando los ídolos para servir al Dios vivo y verdadero, y esperar del cielo a Jesús, su Hijo a quien resucitó, que nos libra del castigo venidero (1 Tesalonicenses 1:9-10).

Queridos hermanos, ahora somos hijos de Dios, pero todavía no se ha manifestado lo que habremos de ser. Sabemos, sin embargo, que cuando Cristo venga seremos semejantes a él, porque lo veremos tal como él es. Todo el que tiene esta esperanza en Cristo, se purifica a sí mismo, así como él es puro (1 Juan 3:2-3).

Que su amabilidad sea evidente a todos. El Señor está cerca (Filipenses 4:5).

Clemente, el Padre de la Iglesia Griega (150 d.C.), nos informa que Santiago y su hermano Judas eran agricultores. Esto explica por qué Santiago recurre con tanta frecuencia a vívidas ilustraciones tomadas de la vida rural. Él vivió un día tras otro apegado a la tierra. Ahora dice a sus lectores: «Miren cómo espera el agricultor a que la tierra dé su precioso fruto y con qué paciencia aguarda las temporadas de lluvia» (Santiago 5:7).

Esta ilustración está tomada de la agricultura en Palestina. El sembrador plantaba sus semillas en un terreno que no recibía agua durante gran parte del año. Los campos estaban agostados y el suelo seco. Las modernas técnicas de irrigación eran desconocidas y la dependencia de las lluvias era crucial. Por tanto, el agricultor tenía que aceptar el hecho y hacer en consecuencia sus planes. Para el éxito de sus cultivos tenía en cuenta dos temporadas de lluvia. Las lluvias «tempranas» eran las de la estación otoñal en octubre y noviembre, que ablandaban la tierra después del calor sofocante del verano. Las «tardías» eran las lluvias primaverales de abril y mayo, que ayudaban a madurar el grano. En la Biblia hay frecuentes referencias a estas dos temporadas:

> Entonces él enviará la lluvia oportuna sobre su tierra, en otoño y en primavera, para que obtengan el trigo, el vino y el aceite (Deuteronomio 11:14).

> No reflexionan ni dicen: Temamos al SEÑOR, nuestro Dios, quien a su debido tiempo nos da lluvia, las lluvias de otoño y primavera, y nos asegura las semanas señaladas para la cosecha (Jeremías 5:24).

> Alégrense, hijos de Sion, regocíjense en el SEÑOR su Dios, que a su tiempo les dará las lluvias de otoño. Les enviará la lluvia, la de otoño y la de primavera, como en tiempos pasados (Joel 2:23).

El propósito del ejemplo es que el creyente que enfrenta hostilidad comprenda que debe mostrar una disposición a esperar por el desquite. Como los agricultores esperan por la lluvia para sus cultivos, el creyente debe también aprender a vivir en anticipación del regreso del Señor, y no irritarse cuando confronta circunstancias difíciles.

Mientras esperaban el retorno del Señor, los creyentes de la época de Santiago no tenían razón para preocuparse: sólo treinta años habían transcurrido desde que Cristo prometió volver. Para nosotros hoy, sin embargo, ¡han pasado más de 1.900 años! ¿Tenemos derecho a quejarnos?

INTEGRIDAD: CUANDO USTED ANDA APURADO Y DIOS NO

Piense en cuánto tardó la primera venida de Cristo. En Génesis 3:15 tenemos lo que muchos consideran el primer mensaje del evangelio. Es una profecía sobre la primera venida de Cristo a la tierra. Nadie sabe exactamente qué tiempo transcurrió entre esta promesa y su cumplimiento, pero fueron mucho más de 1.900 años. Según estiman los eruditos más conservadores, fue mucho más del doble de ese tiempo. El gran predicador G. Campbell Morgan declaró:

> Para mí, la Segunda Venida es la luz perpetua en el sendero que hace el presente soportable. Nunca descanso mi cabeza en mi almohada sin pensar que, quizás antes de la mañana siguiente, habrá amanecido la última mañana. Nunca empiezo a trabajar sin pensar que quizás él interrumpirá mi trabajo y empezará el suyo.[6]

La paciencia que debemos mostrar a la luz del regreso del Señor no tiene que ser pasiva. De hecho, Santiago exhorta a sus lectores: «Afirmad vuestros corazones» (5:8, VRV 1960).

> Como un acto decisivo [Santiago], les urge a reforzar y afirmar su vida interior. El verbo conlleva la idea de fortalecer y apoyar algo para que se mantenga firme e inamovible. En lugar de sentirse angustiados y abatidos por sus experiencias opresivas, deben desarrollar un sentido interior de estabilidad. Williams lo parafrasea: «Deben poner hierro en sus corazones», en tanto que la *New English Bible* [Nueva Biblia en Inglés] les llama a tener «corazones bravíos». ... Aquí Santiago insta a los lectores a tomar el asunto en sus manos. Es su deber personal desarrollar una actitud valerosa y firme ante las circunstancias.[7]

Necesitamos paciencia cuando nos decepcionamos

La siguiente instrucción parece casi fuera de lugar en este contexto hasta que nos detenemos y revisamos nuestra reacción normal a la persecución y las dificultades ¿Qué hacemos generalmente cuando empezamos a sentir la presión? ¡Nos quejamos a cualquiera que quiera escucharnos! La emprendemos unos contra otros debido a la presión que estamos sintiendo. Ahora podemos comprender estas palabras de Santiago: «No se quejen unos de otros, hermanos, para que no sean juzgados. ¡El juez ya está a la puerta!» (5:9).

He aquí otras traducciones de este versículo que profundizarán nuestra comprensión:

Hermanos, no os quejéis unos contra otros, para que no seáis condenados; he aquí, el juez está delante de la puerta (Reina-Valera 1960).

Hermanos, no os quejéis unos contra otros, para que no seáis juzgados; mirad, el Juez está a las puertas (Biblia de las Américas).

Hermanos, no os andéis quejando continuamente unos de otros, para que no seáis juzgados de igual forma que juzgáis a los demás. Pensad que la venida del Juez ya está a las puertas (Biblia en castellano).

Santiago está hablando ahora de cómo debemos actuar unos con otros cuando enfrentamos dificultades. Debemos exhibir en nuestras relaciones con otros creyentes la misma moderación resignada. Si pensamos en el ejemplo de los agricultores podremos comprender mejor. Pasaba los veranos de mi infancia en una granja donde aprendí una valiosa lección: los campesinos siempre se ayudan unos a otros. En las buenas y en las malas, permanecen unidos. Esta es la meta que Santiago concebía para los creyentes a quienes dirigió su epístola. Cuando la presión aumenta, cabe siempre la tentación de dividirse. Es en tales momentos, sin embargo, que la familia de Dios debe estar más unida.

Cuando estamos atravesando los valles de la vida y miramos a nuestro alrededor a otros cristianos a quienes parece sonreírle la prosperidad, ¿qué hacemos? Cuando perdimos el trabajo y el esposo de nuestra mejor amiga recibió un ascenso, ¿qué hacemos? ¿Nos quejamos y refunfuñamos en nuestro fuero interno? Santiago ya ha advertido contra las quejas en voz alta:

Hermanos, no hablen mal unos de otros. Si alguien habla mal de su hermano, o lo juzga, habla mal de la ley y la juzga. Y si juzgas la ley, ya no eres cumplidor de la ley, sino su juez. No hay más que un solo legislador y juez, aquel que puede salvar y destruir. Tú, en cambio, ¿quién eres para juzgar a tu prójimo? (4:11-12).

Esta epístola fue recibida por creyentes dispersos, algunos de los cuales estaban sufriendo más que otros. No todos padecían un idéntico nivel de penuria. Robert Johnstone imagina cómo habrá sido la vida en el tiempo de Santiago:

> Suponga que uno de estos judíos cristianos oprimidos es citado ante un tribunal por un fanático enemigo de la cruz ... con algún burdo pretexto, pero en realidad, como bien saben el acusado y quienes le rodean, porque ama y honra a Jesús ... El cristiano acusado sufrirá entonces en su persona o en sus bienes, o en ambos. Mientras el sufrimiento está fresco, sus pensamientos se vuelven hacia un hermano creyente, tan destacado en la iglesia como él y con iguales probabilidades de atraer sobre su cabeza la venganza de los que no creen. Sin embargo, pasa un día, y otro, y un mes, y otro, y no viene sobre él mal alguno; va a lo suyo y disfruta de sus privilegios religiosos en paz. O también él es acusado y enjuiciado, pero se le deja libre. Si el que padece estuviera con la guardia espiritual baja, se pondría a rumiar, y ello iría cobrando fuerza en su alma, marchitando sus alegrías y sus energías ... ¿Y en qué se fundamenta? En simples sospechas sin base de que la entrega de su hermano a Cristo no es, después de todo, tan brillante y auténtica como debería ser; de que él maquina para mantenerse en buenas relaciones con los enemigos de Cristo ... y de que posiblemente haya claudicado para sobornar al juez y a otros.[8]

A aquellos que se pueden sentir tentados a devolver golpe por golpe, Santiago les recuerda que deben considerar el regreso inminente de Cristo para juzgarnos a todos. En sus palabras: «El juez está a la puerta». Conocer que el Juez puede irrumpir en cualquier momento en medio de sus conversaciones y evaluarles, debe haber motivado a estos inconformes en potencia a revisar su conducta. Y debe haber sido una idea moderadora el saber que incluso las cosas no expresadas serán juzgadas: «El pecador está a sólo un latido del corazón del Juez. Pues cuando la muerte le golpea, el refunfuñón entra a la presencia de Dios, quien le juzgará por cada palabra de más que haya pronunciado. Todo el que atraviesa el portal de la muerte se encuentra al otro lado con el Juez».[9]

Necesitamos paciencia cuando somos reprobados

En el Antiguo Testamento hay palabras de aliento. Antes que nosotros hubo otros que anduvieron la senda de la desaprobación y las dificultades. Como ejemplo de sufrimiento y paciencia, Santiago sugiere echar una mirada a los profetas que hablaron en el nombre del Señor:

> Moisés tuvo que luchar durante muchos años con un pueblo rebelde y terco. David fue perseguido por Saúl «como una perdiz en las montañas». ... y más adelante tuvo que convertirse de nuevo en fugitivo, debido a la rebelión del hijo que más amaba; los malvados gobernantes de Israel persiguieron a Elías con furia vengativa; la vida de Jeremías fue de persecución continua ... y así fueron las experiencias de todos los hombres de la antigüedad.[10]

Hay por lo menos once pasajes en el Nuevo Testamento que se refieren a la persecución de los profetas. He aquí tres ejemplos:

> Dichosos serán ustedes cuando por mi causa la gente los insulte, los persiga y levante contra ustedes toda clase de calumnias. Alégrense y llénense de júbilo, porque les espera una gran recompensa en el cielo. Así también persiguieron a los profetas que los precedieron a ustedes (Mateo 5:11-12).

> ¡Jerusalén, Jerusalén, que matas a los profetas y apedreas a los que se te envían! ¡Cuántas veces quise reunir a tus hijos, como reúne la gallina a sus pollitos debajo de sus alas, pero no quisiste! (Mateo 23:37).

> (Habla Esteban) ¿A cuál de los profetas no persiguieron sus antepasados? Ellos mataron a los que de antemano anunciaron la venida del Justo, y ahora a éste lo han traicionado y asesinado (Hechos 7:52).

La tesis de Santiago es que los profetas sufrieron no por haber hecho algo malo, ¡sino porque estaban haciendo el bien! ¡Hablaban en el nombre del Señor! Eran mal vistos por sus contemporáneos y perseguidos por su testimonio. Y Santiago sabía bien de qué estaba hablando. Cuatro veces en sus versículos llama a los destinatarios de esta epístola «hermanos». Él se identifica con ellos en todo cuanto dice. Según historiadores seculares, Santiago encontró una muerte violenta porque no quiso negar que Jesús fuera el Mesías. Fue lanzado desde el pináculo del templo por orden de Anás, el sumo sacerdote. Durante toda su vida, supo lo que era sufrir, y aquí habla a sus amigos como alguien que también conoce el sufrimiento. Estos profetas a los que Santiago se refiere sufrían la aflicción con paciencia.

> Bienaventurados vosotros los pobres, porque vuestro es el reino de Dios. Bienaventurados los que ahora tenéis hambre, porque seréis saciados. Bienaventurados los que ahora lloráis, porque reiréis. Bienaventurados seréis cuando los hombres os aborrezcan, y cuando os aparten de sí, y os vituperen, y desechen vuestro nombre como malo, por causa del Hijo del Hombre. Gozaos en aquel día, y alegraos, porque he aquí vuestro galardón es grande en los cielos; porque así hacían sus padres con los profetas (Lucas 6:20-23, VRV 1960).

Necesitamos paciencia cuando nos enfrentamos al desastre

Hay aquí en el texto un cambio de palabras. Santiago abandona la palabra *makrothumia* y la idea de la resignación, e instala la palabra *hupomeno*, que significa «resistencia firme». La longanimidad (*makrothumia*) describe generalmente la actitud de una persona cuando es presionada por otras. La paciencia (*jupomeno*) denota por lo común la reacción ante las circunstancias.

Santiago es el único escritor del Nuevo Testamento que menciona el nombre de Job. La historia de Job empieza realmente en el cielo, donde Satanás le acusa ante Dios. Cuando Dios menciona a Job como un ejemplo diáfano de hombre justo, Satanás replica que lo es sólo porque tiene todo a su favor. Dice: «Dios, si le quitas los privilegios, Job te maldecirá en tu propia cara». De modo que Dios permite que Satanás haga eso mismo. En cuatro rápidos golpes, Job queda diezmado.

• Un mensajero llega y le dice a Job que los sabeanos han capturado todos sus bueyes y asnos y matado a sus criados (1:15).

• Un segundo mensajero viene y le dice a Job que un rayo caído del cielo calcinó a sus ovejas y a los criados que las velaban (1:16).

• Otro sirviente llega y le informa a Job que unos salteadores caldeos se han apoderado de sus camellos y matado a los hombres que los atendían (1:17).

• Por último, un cuarto criado aparece y le dice a Job que todos sus hijos han muerto al derrumbarse sobre ellos la casa del mayor (1:18-19).

Job perdió a diez hijos, siete varones y tres hembras. Se cubrió de llagas desde la coronilla a las plantas de los pies. Miserable y agónico se sentó sobre un montón de cenizas en un estercolero. Su mujer le pidió que maldijera a Dios y se suicidara. Tres amigos vinieron a consolarle y entre otras cosas le dijeron que su sufrimiento se debía a sus terribles pecados. Perdió toda su fortuna, pero no cedió a las presiones:

> Satanás le ha lanzado sobre un montón de estiércol, pero él en presencia de su Dios lo convirtió en un trono. Satanás le afligió con úlceras y llagas, pero Job las convirtió en emblemas honoríficos. Eran sobre él como medallas y honores, y Job hizo que Satanás se tragara sus palabras. Le hizo confesar que era un mentiroso, y Dios estuvo presente todo el tiempo... Dios se propuso darle a Job el doble de lo que había tenido, incluyendo su gracia y su amor. Pero para lograrlo Job tuvo que sufrir, pues la gracia y el amor no vienen de ninguna otra forma que mediante grandes pruebas y sufrimientos.[11]

El propósito que Dios había concebido se realizó cuando Job reaccionó a este período de tribulaciones. Mientras lee estas palabras del diario de Job, usted podrá identificar fácilmente el efecto purificador de dichas pruebas sobre el antiguo patriarca:

> Yo sé que mi redentor vive, y que al final triunfará sobre la muerte. Y cuando mi piel haya sido destruida, todavía veré a Dios con mis propios ojos. Yo mismo espero verlo; espero ser yo quien lo vea, y no otro. ¡Este anhelo me consume las entrañas! (Job 19:25-27).

> (Habla Job) De oídas había oído hablar de ti, pero ahora te veo con mis propios ojos. Por tanto, me retracto de lo que he dicho, y me arrepiento en polvo y ceniza (Job 42:5-6).

> Después de haber orado Job por sus amigos, el Señor lo hizo prosperar de nuevo y le dio dos veces más de lo que antes tenía (42:10).

> El Señor bendijo más los últimos años de Job que los primeros, pues llegó a tener catorce mil ovejas, seis mil camellos, mil yuntas de bueyes y mil asnas. Tuvo también catorce hijos y tres hijas (42:12-13).

INTEGRIDAD: CUANDO USTED ANDA APURADO Y DIOS NO

Cuando todo hubo terminado, Dios se acordó de Job. Él no era un hombre perfecto, pero su paciencia era tal que aún hoy cuando vemos a alguien atravesando dificultades y manejándolas bien solemos decir que esa persona «tiene la paciencia de Job». Job no era perfecto, sólo era paciente:

> Job se quejaba constantemente. Hasta deseaba no haber nacido nunca. Pero sus imperfecciones y debilidades humanas apenas se recuerdan. Sólo se habla de su paciencia. Esto es muy característico de la tolerancia de Dios hacia sus santos. Cuán terrible sería que todo lo que Dios pudiera recordar de nosotros fueran nuestros fallos y debilidades ... La gente tiende a recordar lo malo de nosotros, pero Dios se acuerda de lo bueno.[12]

Necesitamos paciencia cuando enfrentamos la deshonestidad

El último versículo de esta sección ha sido separado de los primeros once por muchos estudiosos de la Biblia. Pero el conector en el principio del versículo es un claro puente entre esta instrucción final y la que le precede. Hay un vínculo entre la prohibición de jurar de Santiago y el tema de la paciencia: «Sobre todo, hermanos míos, no juren ni por el cielo ni por la tierra ni por ninguna otra cosa. Que su "sí" sea "sí", y su "no", "no", para que no sean condenados» (5:12). Estas palabras de Santiago son un eco de algo que dijo Jesús:

> También han oído que se dijo a sus antepasados: «No faltes a tu juramento, sino cumple con tus promesas al Señor». Pero yo les digo: No juren de ningún modo: ni por el cielo, porque es el trono de Dios; ni por la tierra, porque es el estrado de sus pies; ni por Jerusalén, porque es la ciudad del gran Rey. Tampoco jures por tu cabeza, porque no puedes hacer que ni uno solo de tus cabellos se vuelva blanco o negro. Cuando ustedes digan «sí», que sea realmente sí; y cuando digan «no», que sea no. Cualquier cosa de más, proviene del maligno (Mateo 5:33-37).

En los tiempos de Santiago se abusaba bastante de los juramentos. Se practicaban como una forma de profanidad, y también eran utilizados en los astutos trucos de los rabinos para ejercer control sobre sus seguidores. Pero Santiago habla de la práctica de jurar indiscriminadamente en tiempos de confrontación hostil. «En épocas de opresión o persecución, uno puede sentirse tentado a negar su culpa reforzando sus afirmaciones con un juramento ... un juramento invoca a Dios como testigo de lo que decimos, y lo implica para que castigue al que jura si jura en falso».[13]

Muchos se han basado en las palabras de Jesús y de Santiago para enseñar que a los cristianos les está prohibido hacer un juramento ante un tribunal. Sin embargo, hay varias ocasiones en la Biblia cuando Dios (Génesis 22:16-17; 26:3; Hebreos 6:18), Pablo (Romanos 1:9; 2 Corintios 1:23), y otros hacían juramentos sin pecar:

> ¿Qué querían decir nuestro Señor y Santiago con sus absolutos «No juren de ningún modo» y «No juren»? ... Ellos estaban prohibiendo el uso de esas palabras superfluas y vacías de significado que se usaban tan frecuentemente entonces y que aún se usan hoy para inducir a otros a que crean lo que decimos ... Por ese entonces debe haber sido una costumbre preceder cualquier afirmación con un juramento, quizás como simple cuestión de hábito, tal como hoy tenemos algunas palabras y expresiones recurrentes que no pueden considerarse malas en sí mismas ... Es contra tal fraseología que habla Santiago, y ciertamente podría hablarnos también a muchos de nosotros hoy. Una afirmación de la verdad exagerada despierta sospechas. Conviene guardarse de la persona que siempre nos recuerda que está diciendo la verdad y nada más que la verdad, porque podría estar tratando de engañarnos.[14]

Helmut Thielicke lo interpreta así:

> Siempre que pronunció la fórmula «Lo juro por Dios», estoy diciendo en realidad: «Ahora voy a marcar un área de verdad absoluta y a erigir muros a su alrededor para aislarla de las aguas turbias de lo incierto e irresponsable que comúnmente inundan mi lenguaje». A decir verdad, estoy diciendo más que eso. Estoy diciendo que la gente espera que yo mienta desde el principio. Y debido a que ellos cuentan con mis mentiras, tengo que armarme con estos grandes cañones del juramento y la palabra de honor.[15]

Siempre que un antiguo escriba copiaba los manuscritos sagrados, se detenía antes de escribir el nombre de Dios, se bañaba y luego regresaba a su escritorio con una pluma nueva y nunca antes usada. Entonces procedía a escribir el nombre de Dios en cualquier forma que apareciera. Incluso leían siempre con admiración y reverencia santas cualquiera de sus nombres. ¿Nos atreveremos nosotros con nuestros frágiles juramentos a mostrar menos respeto por el nombre de Dios que ellos?

La paciencia sobre la cual hemos leído en este capítulo es fácilmente comprensible para cualquiera que haya intentado las carreras de fondo. Los corredores de maratón llegan a un punto en el que a duras penas pueden plantar un pie delante del otro. Pero si se mantienen corriendo, su energía parece renovarse. En *The Complete Book of Running* [El libro de las carreras] leemos:

> A lo largo de los años ha habido muchas discusiones acerca de si realmente existe el llamado segundo aire ¡Sí existe! El Dr. Roy Shepard reporta que cuando los investigadores interrogaron a veinte estudiantes a intervalos de un minuto durante una fuerte sesión de ejercicios, dieciocho dijeron que su respiración mejoró después de un rato, y catorce dijeron que se sentían las piernas mejor.[16]

¡Lo que el segundo aire es para el maratonista, lo es la paciencia para el creyente!

Doce

INTEGRIDAD: CUANDO EL DOLOR NOS LLEVA A ORAR

(Santiago 5:1-20)

«La oración del justo es poderosa y eficaz».

Si alguna vez hubo un hombre capacitado para abordar el tema de la oración, ese fue Santiago. Un escritor de la antigüedad le presenta como un nazareno que dedicaba frecuentes y prolongadas sesiones a orar por su nación:

> Acostumbraba entrar solo en el templo, donde se le hallaba orando arrodillado por el perdón del pueblo, y así sus rodillas se volvieron duras como las de un camello, por causa de su constante adoración a Dios. Con tanta frecuencia oraba que se referían a él como el «viejo rodillas de camello», porque en sus rodillas crecieron protuberantes callos a consecuencia de sus largas sesiones de oración. Por su probidad excesiva le llamaban el Justo.[1]

Para la mayoría de nosotros resulta difícil identificarnos con un hombre como Santiago.

¿A quien hemos conocido capaz de orar tanto como para que le salgan callos en las rodillas? Quizás sería mejor preguntar: «¿A quién conocemos capaz de orar, pero de orar de veras?» No es una interrogante injusta, ni ha sido calculada para inspirar sentimientos de culpa. Sólo refleja sondeos realizados por investigadores cristianos y seculares ¡Hoy en día la gente está demasiado ocupada para orar! El escritor y pastor Bill Hybels le ha dado vuelta a esa excusa en el título de su libro *Too Busy Not to Pray* [Demasiado ocupado para no orar]. Su análisis de nuestras insuficientes oraciones da en el clavo:

> La oración no es una actividad natural. Desde que nacimos hemos aprendido las reglas de la autoconfianza mientras nos esforzamos por lograr la autosuficiencia. La oración revolotea en la nariz de esos arraigados valores. Es un asalto a la autonomía humana, una recusación de la vida independiente. Para las personas que viven de prisa, determinadas a triunfar dependiendo de sí mismas, la oración es una digresión que estorba. Es ajena a nuestra orgullosa naturaleza humana.[2]

Uno de los pasajes más poderosos sobre la oración en el Nuevo Testamento está ahora delante de nosotros, en el final de la epístola de Santiago a sus amigos judíos dispersos. En 5:7-12, la palabra paciencia se utiliza cuatro veces. Al final de este capítulo, Santiago utiliza la palabra oración siete veces. Cuando se presentan situaciones que requieren paciencia, la oración es la clave. Señala Ralph Martin: «Al concluir su obra con una exhortación a la oración ... Santiago sigue un patrón común en las epístolas del Nuevo Testamento (Romanos 15:30-32; Efesios 6:18-20; Filipenses 4:6ss; Colosenses 4:2-4,12; 1 Tesalonicenses 5:16-18,25; 2 Tesalonicenses 3:1ss; Filemón 22; Hebreos 13:18ss; Judas 20).

Es importante orar por razones emocionales

Tres veces en estos ocho versículos Santiago utiliza la pregunta introductoria «¿Está alguno...» (5:13-14). La primera vez pregunta: «¿Está afligido alguno entre ustedes?». La palabra que se traduce aquí como *afligido* no debe confundirse con la que se traduce como *enfermo* en el versículo 14. La primera significa «penuria y problemas» la Nueva Versión Internacional en inglés traduce la pregunta mencionada como: «¿Está alguno de ustedes en problemas?» Dichos problemas pueden incluir sufrimiento mental o emocional o los dos juntos. El hecho de que esta no es una referencia a la enfermedad física es aceptado por la mayoría de los eruditos:

> Podríamos cuestionarnos si la palabra *kakopatheo* significa de algún modo «padecer enfermedad». Con sus derivados y compuestos se le encuentra unas seis veces en el N.T. Según Thayer significa «sufrir (pade-

cer) males (penuria, problemas); estar afligido». Según Lidell y Scott: «sufrir un mal, estar en problemas». Y Rotherham traduce: «¿Está en problemas alguno de ustedes?» Es más, los medios empleados para el alivio de esos problemas se corresponden con la naturaleza del caso: «Que ore». No se añade ninguna promesa, pero abundantes experiencias demuestran la eficacia de este medio para alcanzar la gracia, y muchos hijos de Dios han podido cantar:

¡Oh, cuántas veces tuve en ti
auxilio en ruda tentación,
y cuántos bienes recibí
mediante ti, dulce oración![4]

Si relacionamos este versículo con el precedente, podremos ver que hay dos maneras de enfrentar las dificultades inesperadas en la vida. El versículo 12 advierte contra el jurar cuando aparecen dificultades. El versículo 13 instruye al creyente a orar. Al atravesar momentos difíciles, la respuesta no es jurar, sino orar. Si no seguimos este consejo, nos apartamos del poder de Dios, y eso complica nuestro problema al convertirse en causa de problemas aún mayores:

Es difícil para Dios liberar su poder en su vida cuando usted se mete las manos en los bolsillos y dice: «Puedo arreglármelas solo». Si usted hace eso, no se sorprenda si un día tiene la inquietante sensación de que el curso de la batalla se ha vuelto en su contra, y de que se encuentra lo bastante inerme como para poder hacer algo al respecto.

Las personas que no oran se separan del poder prevaleciente de Dios, y el resultado frecuente es la conocida sensación de sentirse abrumado, atropellado, derrotado, vapuleado, vencido. Una sorprendente cantidad de personas están dispuestas a transarse por vidas como esas. No sea usted una de ellas. Nadie tiene que vivir así. La oración es la clave para llenar su vida del poder prevaleciente de Dios.[5]

Santiago sugiere acto seguido otro tipo de reacción emotiva cuando pregunta: «¿Está alguno de buen ánimo?» La palabra traducida como «de buen ánimo» sólo se encuentra en otra parte del Nuevo Testamento, en

Hechos 27:22, describiendo los esfuerzos de Pablo para animar a sus compañeros antes del naufragio en Malta.

«Si alguno está de buen ánimo», dice Santiago, «que cante alabanzas». En otras palabras, alabar a Dios se ve con la misma seriedad que orarle. La palabra alabar se encuentra en la Biblia aproximadamente 550 veces. La que significa cantar es *«psallo»*, que se refiere al canto, generalmente acompañado por arpa o lo que nosotros llamamos guitarra. Alabar a Dios con cánticos es una forma de oración, y Pablo la relaciona con la llenura del Espíritu (Efesios 5:18-19). En 1 Corintios 14:15 coloca la oración y los cánticos en el mismo orden que Santiago lo hace aquí. Es apropiado cantar alabanzas a Dios cuando estamos llenos de alegría. Me gusta mucho este resumen de William Barclay:

> La iglesia siempre ha sido una iglesia cantora. Cuando Plinio, emperador de Bitinia, le escribió en 111 d.C. a Trajano, emperador de Roma, para contarle sobre la nueva secta de los cristianos, le relató que, por lo que sabía, «tienen la costumbre de reunirse antes del amanecer un cierto día fijo, en el que cantan en versos alternos un himno al Cristo Dios». En la sinagoga judía ortodoxa no ha habido música desde la caída de Jerusalén en 70 d.C., pues, cuando adoran, rememoran una tragedia; pero en la Iglesia Cristiana ha existido, desde sus comienzos hasta ahora, música de alabanza, pues el cristiano recuerda un amor infinito y disfruta de una gloria presente.[6]

Con sus instrucciones en este versículo, Santiago nos recuerda que tenemos un Dios tanto en las buenas como en las malas:

> Tanto en períodos de sufrimiento y problemas como en los de júbilo, la oración y la alabanza reconocen por igual que él es suficiente. Orarle es reconocer su poder soberano para atender nuestras circunstancias. Ya sea como la fuente de provisión en la necesidad, o como la de alegría en nuestro regocijo, Dios es nuestra suficiencia.[7]

Es importante orar por razones físicas

Aunque este se considera el pasaje clave del Nuevo Testamento en materia de curación, las interpretaciones acerca de lo que quiere decir son tan diversas como las múltiples opiniones acerca de la curación por fe:

Un día Dios quiere sanar todas las dolencias; otros días se aproximan más a conceder que los propósitos de Dios pueden cumplirse a veces en nuestras enfermedades. Algunos igualan la enfermedad con el pecado; otros no llegan a eso, pero aún les cuesta explicarse por qué se enferman las personas espiritualmente fuertes. Algunos culpan al diablo. Hay quienes aseguran tener don de curación; otros dicen no tener ninguna capacidad extraordinaria para curar, sino que son usados por Dios para mostrar a la gente el camino de la fe. Algunos aplican un toque físico o ungen con aceite; otros afirman que pueden sanar «hablando» o sencillamente orar por la curación y obtener resultados.[8]

La palabra que se traduce enfermo en el versículo 14 es el vocablo griego *asthenia*; significa «"estar sin fuerzas", y describe el efecto debilitador de la enfermedad, que incapacita para trabajar».[9] Así se encuentra en otros pasajes del Nuevo Testamento:

Se usó para describir a un funcionario real cuyo hijo estaba a punto de morir (Juan 4:46-47). Se usó respecto de Lázaro, quien poco después murió (Juan 11:1-3); en torno a Dorcas, que también falleció al poco tiempo (Hechos 9:37), y con Epafrodito, cuya enfermedad le puso al borde de la muerte (Filipenses 2:26-27).[10]

La manera en que Santiago usa aquí la palabra, denota una referencia obvia a una grave enfermedad física. La fórmula «lo levantará» la implica de manera inequívoca. Cuando alguna persona de la asamblea está gravemente enferma, Santiago dice que se deben hacer tres cosas:

- *El enfermo debe convocar a los ancianos de la iglesia.*

Si alguien está gravemente enfermo, dice Santiago, «haga llamar a los ancianos de la iglesia». Observe que es el enfermo quien debe tomar la iniciativa y hacer llamar a los ancianos. No son ellos quienes deben estar merodeando en busca del enfermo. Pero deben estar listos para responder cuando sean llamados. Toda la actividad sanadora debe tener lugar en el hogar del enfermo. No hay evidencias de que se hayan realizado servicios de unción alguna vez a las puertas de la iglesia. Cuando Santiago se refiere a los ancianos, está pensando en un grupo específico de hombres:

INTEGRIDAD: CUANDO EL DOLOR NOS LLEVA A ORAR

El Nuevo Testamento recoge la expresión *anciano* (presbítero) poco después de la fundación de la Iglesia el día de Pentecostés. En la Iglesia de Jerusalén, los ancianos eran los representantes de los creyentes (Hechos 11:30; 21:18). Eran los hombres que ejercían el liderazgo, supervisando como pastores a la congregación a la que representaban (Hechos 20:28; 1 Pedro 5:1-4). En su primer viaje misionero, Pablo y Bernabé designaron ancianos en cada una de las iglesias (Hechos 14:23), y Pablo instruyó a Tito que nombrara ancianos en cada población de Creta (Tito 1:5).[11]

- *Los ancianos deben orar por el enfermo.*

El instrumento para levantar al enfermo no es su propia oración, sino la de los ancianos, no es su fe, sino la de ellos. Pero el poder que lo levanta no es el poder de la fe de los ancianos: es la intervención directa del Señor. Este pasaje acalla a aquellos que quieren culpar al corazón sin fe del enfermo por la persistencia de su enfermedad. Como este es uno de los puntos a subrayar en este capítulo, quiero citar dos ejemplos que demuestran los dañinos efectos de no aplicar las instrucciones de Santiago.

El primero está tomado de un libro escrito por un doctor en medicina, William Nolen. *Healing: A Doctor in Search of a Miracle* [Curación: Un médico en busca de un milagro] documenta sus investigaciones sobre el ministerio de curación de Kathryn Kuhlman. He aquí el informe de primera mano acerca de uno de sus servicios.

> Por fin terminó. Había largas filas de personas esperando para subir a la plataforma y reclamar su curación, pero a las cinco en punto, con un himno y una bendición final, todo había concluido. La Señora Kuhlman abandonó la plataforma y el público empezó a salir del auditorio.
>
> Antes de pasar atrás para hablar con ella pasé unos minutos observando la salida de los pacientes inválidos. Todos aquellos desesperados que habían ido en silla de ruedas, seguían en ellas. De hecho, el hombre con cáncer del riñón, extendido a la columna vertebral y a la cadera, a quien yo había ayudado a llegar al auditorio y que cuando aseguró estar curado hizo que llevaran a la plataforma su silla de ruedas prestada para que la mostraran, estaba de nuevo sentado en ella. Su «curación», meramente histérica, había durado muy poco.
>
> Mientras estuve parado en el pasillo contemplando la salida de los

casos desesperados, las lágrimas de los padres empujando a sus hijos inválidos hacia los ascensores, hubiera deseado que la Sra Kuhlman estuviera allí conmigo. Ella se había quejado un par de veces durante el servicio de «la responsabilidad, la enorme responsabilidad», y de cómo su «corazón se dolía por aquellos que no eran sanados», pero yo me preguntaba cuántas veces les había mirado realmente. Me preguntaba si ella sentía sinceramente que la alegría de los «curados» de bursitis y artritis compensaba la angustia de quienes se iban con sus piernas marchitas, sus hijos idiotas, sus cánceres en el hígado. Me preguntaba si ella sabía realmente el daño que estaba haciendo. No podía creer que sí lo supiera.[12]

La segunda viñeta salió de la pluma de un ex Cirujano General de Estados Unidos [posición equivalente a un Ministro de Salud], el Dr. C. Everett Koop. Él recuerda este incidente de sus días como presidente de la Fundación Evangélica:

> Contratamos a un reportero investigador para indagar en algunos de los cultos, y específicamente acerca de los sanadores por fe. Nuestro investigador viajó a una ciudad del suroeste de EE.UU. donde desde semanas antes se había anunciado una campaña de curación. Al lado de la enorme carpa donde se esperaban miles de personas durante los servicios había otra más pequeña. Durante toda la semana anterior, personas con enfermedades físicas concurrieron a esa pequeña carpa para dar sus datos a los asociados del sanador ... Entre los que se inscribieron para curación había un anciano caballero cristiano que vivía en las praderas. Su vista se había tornado borrosa, y sufría probablemente de cataratas. La única iluminación en la modesta cabaña donde vivía era la de una lámpara de keroseno. Era un cristiano devoto, leía a diario su Biblia —o lo intentaba— y tenía toda la fe necesaria para curarse, si la fe bastara para ser sanado. Su queja principal era que su vista se había deteriorado hasta el punto de que ya no podía leer la Biblia.
>
> La noche en que compareció ante el sanador, lo llevaron a la plataforma en la atmósfera de un espectáculo colateral. El sanador por fe dijo: «Bueno, abuelo, ya no puedes ver. Te has puesto viejo, ni con tus lentes puedes ver. Tu vista está fallando». Entonces extendió la mano y le quitó al hombre los anteojos, los tiró sobre la plataforma y los pisoteó, haciéndolos pedazos. Luego le entregó al caballero una Biblia con letras gran-

des, la cual, bajo la iluminación necesaria para la televisión en aquellos tiempos, le permitió leer en alta voz Juan 3:16, para el asombro y el aplauso de la concurrencia.

El anciano alabó a Dios, también el sanador, y lo mismo hizo el público. Y entonces el viejecito regresó a su pequeña cabaña mal iluminada, donde no pudo encontrar su Biblia, porque le habían destruido sus anteojos. Regresó adonde el sanador, pero le dijeron lo más descorazonador que pueda escuchar un hombre de Dios: «Usted no tenía suficiente fe, de lo contrario su sanidad habría durado».[13]

No creo que las palabras de J. I. Packers al evaluar estas trágicas experiencias sean suficientemente fuertes:

> Que le digan que la anhelada curación se le niega por algún defecto en su fe cuando usted ha trabajado y se ha esforzado en todas las formas posibles por consagrarse a Dios y a «creer por bendición», es como ser lanzado a la congoja, a la desesperanza y a una sensación de abandono por parte de Dios. Una sensación tan amarga como la más amarga de este lado del infierno, particularmente si, como ocurre con la mayoría de los inválidos, su sensibilidad ya está crispada y su ánimo por el suelo.[14]

- *Los ancianos deben ungir al enfermo con aceite en el nombre del Señor.*

El tercer paso mencionado para orar por el enfermo es la unción con aceite. En los tiempos bíblicos la creencia en el valor medicinal del aceite estaba ampliamente difundida:

> Todo en ellos es heridas, moretones, y llagas abiertas, que no les han sido curadas ni vendadas, ni aliviadas con aceite (Isaías 1:6).

> (El Buen Samaritano) se acercó, le curó las heridas con vino y aceite, y se las vendó... (Lucas 10:34).

Hay sólo otra referencia más en el Nuevo Testamento que menciona la unción con aceite vinculada a la curación (Marcos 6:13). Nunca se dice que Jesús usara aceite en ninguna de sus curaciones. Sin embargo, a pesar de la escasez de información en la Biblia sobre ella, esta práctica de la Iglesia primitiva se popularizó hasta convertirse en la Iglesia Romana en el «Sacramento de los Enfermos»:

> Ya en el Siglo III d.C. se había hecho costumbre que el aceite utilizado para ungir a los enfermos fuera «consagrado» por el obispo del área donde se iba a aplicar. Hacia el Siglo X, se insistía cada vez más en que la unción fuera realizada por un «sacerdote». Hacia el Siglo XII encontramos los términos «extrema unción» y «sacramento de los moribundos», y la unción queda restringida para aquellos cuya muerte inminente parece segura. En el Siglo XIII la ceremonia de la (extrema) unción fue declarada uno de los «siete sacramentos» instituidos por el propio Cristo.[15]

¡Uno no necesita ser un gran teólogo para darse cuenta de esto! La práctica de la «extremaunción» servía el propósito de preparar a alguien para la muerte. El propósito de ungir con aceite era, según Santiago, ¡restaurar la salud de una persona enferma!

Antes de continuar, quiero asegurarme de que no se malinterprete la capacidad de Dios para sanar a los enfermos. Es apropiado que el creyente le pida al Señor que lo sane. ¡Dios todavía sana! A veces lo hace directamente, sin medios visibles, y con frecuencia emplea algunos medios. Nuestro texto nos dice que la oración hecha con fe sanará, y que deben utilizarse medios médicos. He aquí otros ejemplos en los que se usaron «medios» para la curación:

> Isaías había dicho: «Preparen una pasta de higos, apliquensela en la llaga, y él se recuperará» (Isaías 38:21).

> Los doce salieron y exhortaban a la gente a que se arrepintiera. También expulsaban a muchos demonios y sanaban a muchos enfermos, ungiéndolos con aceite (Marcos 6:12-13).

> No sigas bebiendo sólo agua; toma también un poco de vino a causa de tu mal de estómago y tus frecuentes enfermedades (1 Timoteo 5:23).

Un ejemplo excelente de la actividad de Dios sobre la enfermedad se encuentra en Hechos 28, cuando Pablo y Lucas el médico naufragan en Malta. El padre de Publio estaba muy mal, y Pablo «entró a verlo y, des-

INTEGRIDAD: CUANDO EL DOLOR NOS LLEVA A ORAR

pués de orar, le impuso las manos y lo sanó» (Hechos 28:8). La palabra griega empleada aquí para describir la curación milagrosa hecha por mediación de Pablo es *iaomai*. Los demás enfermos de la isla fueron también llevados ante ellos para recibir curación. La palabra griega utilizada para describir la curación de estos se deriva de *therapeuo*, e indica claramente que Lucas usó con ellos sus conocimientos de medicina. Dios sana con y sin medios. En definitiva, si hay curación, es obra de él. Veamos de nuevo las palabras de C. Everett Koop:

> No sé bien cuántas operaciones he practicado durante mi carrera de cirujano. Sé que hice 17.000 de determinado tipo, y 7.000 de otro. Practiqué la cirugía durante 39 años, así que quizás haya realizado unas 50.000 operaciones. Tuve éxito, y tenía una reputación de buen cirujano. Los pacientes venían a mí de todas partes del mundo, y una de las cosas que me hacia ganarme a sus padres era la manera en que cicatrizaban mis incisiones.
>
> A nadie le gusta una gran cicatriz, pero son especialmente enojosas para las madres cuando quedan en sus hijos. De modo que desde muy temprano me propuse que las mías fueran pequeñas, tan cortas y delgadas como fuera posible. Estas cicatrices «invisibles» se convirtieron en mi marca registrada, pero ¿era yo quien las sanaba?
>
> El secreto de una cicatriz discreta es hacer una incisión precisa —sin bordes rizados— y, al cerrar, colocar los márgenes de la piel en una aposición exacta. Lo lograba suturando por dentro de la piel, pero no a través de ella, y los nudos los hacía por debajo. Podrá imaginar qué cansado quedaba después.
>
> Era yo quien juntaba los bordes, pero era Dios quien coagulaba el suero. Era Dios quien enviaba los fibroblastos a lo largo de los márgenes de la piel. Era Dios quien hacía que los fibroblastos produjeran colágeno, y había probablemente otros cincuenta procesos complejos involucrados, de los cuales ni usted ni yo nos enteraremos nunca. Pero, ¿bajaba Dios e instruía a los fibroblastos comportarse de esa manera?
>
> En cierto sentido sí. Pero lo hacía por medio de sus leyes naturales, de la misma manera que hace crecer la hierba, caer la lluvia o temblar la tierra. La pregunta no es pues: ¿Sana Dios? ¡Claro que sana! La que nos concierne es otra. Si admitimos que Dios sana, ¿lo hace normalmente,

por medio de sus leyes naturales, o como una excepción a esas leyes ... por ejemplo, un milagro?

Como señala otro escritor:

> Cuando la aspirina alivia, es el Señor quien la hace aliviar; cuando el cirujano repara la fractura y el hueso suelda, es el Señor quien lo hace soldar ... En la curación hay siempre una dimensión espiritual ... Un cristiano no debe ir nunca al médico sin acercarse también a Dios.[17]

Es importante orar por razones espirituales

Aunque en nuestra vida no siempre el pecado es la causa de la enfermedad, se lo menciona en los versículos 15-16 y 19-20 como una causa posible:

> La enfermedad física puede resultar del pecado, y la experiencia ofrece numerosos ejemplos. Las enfermedades venéreas, el alcoholismo y la adicción a los narcóticos son algunos de los más obvios. La Biblia también enseña que Dios puede enviar la enfermedad como una corrección disciplinaria por el pecado (1 Corintios 11:29-30). Pero de ninguna manera es este siempre el caso. Jesús enseñó a sus discípulos que no era el pecado de la víctima ni el de sus padres lo que causaba la ceguera (Juan 9:2-3) ... Debe considerarse la posibilidad de la confesión y darle oportunidad, pero no se debe presuponer que esto se cumpla en todos los casos.[18]

«Si ha pecado» es una cláusula compleja: «Entraña la idea de la persistencia. Si alguien ha persistido de manera flagrante, imprudente, rebelándose y a sabiendas en el pecado, esos pecados le serán perdonados, lo cual implica que han sido confesados y que se ha pedido al Padre que los perdone».[19]

Esta sección de la epístola de Santiago sugiere un procedimiento a seguir en casos en que se sospecha que el pecado es la raíz del problema. El consejero Jay Adams hace una propuesta válida cuando escribe:

> El Nuevo Testamento enseña que la enfermedad puede surgir del pecado, y por eso Santiago manifiesta la urgente necesidad de ... su confron-

tación por parte de los ancianos de la iglesia. Los pastores deben estar siempre conscientes de su deber en este sentido cuando visitan a los enfermos. Aparentemente, los pastores deben indagar como práctica regular la posibilidad de que el pecado sea la raíz de la enfermedad. La necesidad de distinguir entre la enfermedad provocada por el pecado y la provocada por agentes patógenos se ha enfatizado tanto en nuestros tiempos que los pastores conservadores modernos rara vez abordan el tema con los enfermos. Claro que también se necesita coraje para hacerlo. Uno se pregunta cuántas enfermedades (o al menos sus complicaciones) podrían haberse curado atendiendo cuidadosamente a las palabras de Santiago y aplicándolas. Los consejeros deben aprender a tomar en serio a Santiago.[20]

Dick Mayhue ha resumido con esta explicación parafraseada lo que el texto quiere decir:

Luego el sentido del pasaje es este: un creyente se ha descarriado al pecado, ha permanecido en él, y Dios le ha disciplinado poniendo una enfermedad en su vida a fin de que vuelva a él. Cuando el creyente reconoce que Dios le ha enviado una enfermedad severa e inoportuna para incapacitarle, debe hacer llamar a los ancianos de la iglesia. Ellos deberán concurrir; él confesará su pecado; y ellos le ungirán con aceite y orarán por él. Si el pecado es la causa de la enfermedad, entonces Dios le levantará. Si se enfrenta el pecado por medio de la confesión, no habrá más necesidad de acción disciplinaria. Dios la retira y la salud física del creyente es restaurada.[21]

Uno de los propósitos de la confesión es el aislamiento de la ofensa. Mientras el pecado no sea aislado y confesado, no será perdonado. Leí recientemente sobre un estudiante de primer año de la universidad que fue a la lavandería de los dormitorios con su ropa sucia envuelta en una vieja sudadera. Pero estaba tan avergonzado de su suciedad que nunca abrió el bulto. Sólo lo echó en la lavadora, y cuando la máquina paró, lo sacó y lo echó en la secadora. Por último, se lo llevó de regreso al dormitorio sin abrirlo. Allí descubrió, por supuesto, que la ropa se había mojado y secado, pero no lavado. Dios dice: «No mantengas tus pecados envueltos en un seguro bultito».

Otra razón espiritual para orar en el Cuerpo de Cristo es la experiencia tan frecuente de los creyentes descarriados. Santiago se refiere a esto en el final de su epístola: «Hermanos míos, si alguno de ustedes se extravía de la verdad, y otro lo hace volver a ella, recuerden que quien hace volver a un pecador de su extravío, lo salvará de la muerte y cubrirá muchísimos pecados» (5:19-20).

Aunque en ninguno de estos versículos se menciona específicamente la oración, es sin duda legítimo deducir su lugar en la restauración de un cristiano caído. Santiago depositó la responsabilidad por el hermano o hermana extraviados sobre los hombros de la Iglesia. Al hacerlo, está predicando el mismo mensaje urgente que procura transmitir el escritor de la epístola a los Hebreos: «Cuídense, hermanos, de que ninguno de ustedes tenga un corazón pecaminoso e incrédulo que los haga apartarse del Dios vivo. Más bien, mientras dure ese "hoy", anímense unos a otros cada día, para que ninguno de ustedes se endurezca por el engaño del pecado» (3:12-13).

Cuando Santiago se refiere a la salvación del alma del enfermo (VRV 1960), no está hablando de su salvación por Cristo. La palabra traducida *alma* se utiliza con frecuencia para describir la vida de una persona, el ser humano todo. La vida redimida del pecador será «salvada» de la muerte física. Aunque puede sufrir la corrección, ¡no morirá!

Cuando un hermano cristiano restaura a uno caído no sólo es salvada de la muerte el alma de este último, sino que —como también promete Santiago— muchos pecados son cubiertos. Como podrá imaginar esta afirmación ha sido tema de incontables discusiones y malentendidos. Pedro hace en su primera epístola otra similar: «Sobre todo, ámense los unos a los otros profundamente, porque el amor cubre multitud de pecados» (1 Pedro 4:8). En este pasaje, Pedro está recordando a sus lectores que cuando aman a alguien, le perdonan y renuncian a exponer sus pecados. Tanto Santiago como Pedro pueden haber estado reflejando palabras aprendidas en los Proverbios: «El odio es motivo de disensiones, pero el amor cubre todas las faltas» (10:12).

Cuando restauramos a un creyente que ha tropezado, no logramos el perdón de nuestros pecados, ¡sino la alegría de saber que el patrón de pecado en la vida de nuestro hermano ha sido detenido!

Es importante orar por razones nacionales

Por cuarta vez, Santiago se refiere a un personaje del Antiguo Testamento que ilustra su argumento (vv. 17-18). Ya citó a Abraham (2:21-24), a Rajab (2:25), a Job (5:11) y ahora apela a Elías. Su selección de Elías fue calculada para producir una reacción inmediata, puesto que era uno de los hombres más venerados de la historia judía. Los escritores del Nuevo Testamento le mencionan con más frecuencia que a cualquier otro profeta del Antiguo. Su nombre aparece nueve veces en Mateo, nueve en Marcos, ocho en Lucas, dos en el evangelio de Juan y una en Romanos y Santiago respectivamente. Su prominencia era especialmente estimulada por el profético anuncio de Malaquías 4:5 que relacionaba su reaparición con la venida del Mesías.

Dos incidentes del Nuevo Testamento ilustran el importante lugar que ocupaba Elías en el pensamiento de los primeros creyentes. Su aparición en el Monte de la Transfiguración no parece haber sorprendido a los discípulos. Se «aterrorizaron», pero aparentemente no se sorprendieron. Por el contrario, Pedro propuso enseguida levantar una tienda para el profeta al que tanto habían esperado (Mateo 17:1-13).

El clamor de nuestro Señor desde la cruz (Elí, Elí), tenía sólo una ligera semejanza con el nombre de Elías, pero los espectadores pensaron enseguida en el profeta: «Cuando lo oyeron, algunos de los que estaban allí dijeron: —Está llamando a Elías ... Los demás decían: —Déjalo, a ver si viene Elías a salvarlo» (Mateo 27:47-49).

Pero esta figura tan reverenciada fue, según Santiago, «un hombre con debilidades como las nuestras» (5:17). La palabra traducida «debilidades» es la expresión griega *homoiopathes*:

> Denota que Elías estuvo sujeto a las mismas emociones y debilidades humanas que todos tenemos. La palabra fue usada por Bernabé y Pablo cuando en Listra la multitud supuso que ellos eran dioses: «Nosotros también somos hombres mortales como ustedes» (Hechos 14:15). Aunque el gran Elías permitió en ocasiones que sus sentimientos le dominaran y que la depresión le abrumara (1 Reyes 19:4; 10, 14), Dios respondió a sus oraciones.[22]

Por medio de las oraciones de este hombre corriente, Dios hizo en Israel algo milagroso: «Elías ... oró con fervor que no lloviera, y no llovió sobre la tierra durante tres años y medio. Volvió a orar, y el cielo dio su lluvia y la tierra produjo sus frutos» (5:17-18).

Cuando Elías oró por primera vez, impidió la lluvia. Cuando oró la segunda vez, Dios proveyó la lluvia. Herman Hoytt resume el poder de su oración:

> Tan poderosas eran estas oraciones que la naturaleza se movía por la palabra de este profeta de Dios, y un rey malvado y una nación entera se inclinaron a admitir que Jehová era Dios. Pero el poder de estas oraciones no estaba en Elías, sino en el Dios entronizado dentro de él. Recordando que Elías tenía pasiones similares a las nuestras, y que es Dios obrando en los creyentes quien produce poderosas oraciones, los cristianos deben animarse y orar por los enfermos para que sean sanados.[23]

Durante su agónico internamiento en el campo de la muerte nazi de Raavensbruck, Corrie ten Boom y su hermana Betsie padecieron maltratos y falta de atención médica. Eran tratadas peor que delincuentes comunes, aunque su único crimen había sido brindar refugio a judíos que procuraban escapar de la tiranía criminal del nazismo.

La prisión donde las habían confinado estaba abarrotada, y las condiciones de vida en las barracas eran atroces. Las enfermedades y la desnutrición eran rampantes, y ellas temían que, como tantas cautivas a su alrededor, estuvieran muy pronto languideciendo moribundas.

En su miseria, se veían a menudo forzadas a depender por completo de Dios. Y Dios escuchó y respondió sus oraciones, mostrándoles a veces su protección milagrosa en los momentos de peor necesidad.

En una ocasión en que Betsie estaba muy enferma, Corrie se percató de que sólo quedaban unas gotas en el frasquito de Davitamon. «Mi instinto», escribió, «era siempre ahorrar: ¡Betsie se estaba debilitando tanto! Pero había también otras enfermas. Era difícil decir que no ante aquellos ojos que ardían de fiebre y aquellas manos que temblaban de frío. Traté de ahorrarlo para las más débiles, pero estas pronto sumaron quince, veinte, veinticinco»... El corazón de Corrie estaba con ellas, pero temía desesperadamente que compartir aquellas preciosas gotas con todas los demás privara a Betsie de su única oportunidad de sobrevivir.

Betsie admitió que necesitaba el medicamento, pero le recordó a Corrie el relato de la viuda de Sarepta que compartió con Elías, cuyo puñado de harina y escaso aceite duraron tanto como su necesidad. Betsie estaba convencida de que Dios haría por ellas un milagro similar. Inicialmente Corrie desdeñó la idea de tal milagro en los tiempos modernos, pero pronto empezó a creer: «Cada vez que invertía el frasquito aparecía en su boca una gota ¡No podía ser! Lo ponía al trasluz tratando de comprobar cuánto quedaba, pero el vidrio ambarino era demasiado grueso para ver».

Continuó distribuyendo a diario la que creía era la última gota, hasta que un día una guardia que se había mostrado antes bondadosa con las prisioneras llevó a las barracas una pequeña cantidad de vitaminas para ellas. Corrie se entusiasmó, pero decidió que terminaría primero con las gotas que quedaban en el frasco. «Pero aquella noche, por más que lo mantuve boca abajo, por más que lo agité, no apareció ni una gota más».[24]

El mensaje final de Santiago a sus dispersos amigos creyentes es este: Dios aún responde a la oración: No importa si oramos en el reino emocional, físico, espiritual o nacional, Dios está listo para escucharnos y deseoso de respondernos. «La oración del justo es poderosa y eficaz».

GUIA DE ESTUDIO PERSONAL Y COLECTIVO

Para el estudio personal

Acomódese en su asiento favorito con su Biblia, una pluma o lápiz, y este libro. Lea un capítulo, marcando los fragmentos que le parezcan significativos. Escriba en los márgenes. Fíjese dónde coincide, discrepa o cuestiona al autor. Lea las notas al pie y pasajes relevantes de las Escrituras. Pase entonces a las preguntas relacionadas en esta guía de estudios. Si desea registrar sus avances por escrito, utilice un cuaderno para asentar sus respuestas, ideas, sentimientos y preguntas que se le ocurran. Remítase al texto y a las Escrituras mientras permite que las preguntas enriquezcan su pensamiento. Y ore. Pídale a Dios que le dé una mente capaz de discernir la verdad, preocupada por los demás y con un mayor amor por él.

Para el estudio colectivo

Planee con antelación. Antes de reunirse con su grupo, lea y marque el capítulo como si se estuviera preparando para el estudio personal. Repase las preguntas haciendo anotaciones mentales de cómo podría contribuir al debate colectivo. Lleve a la reunión este texto y una Biblia.

Prepare un ambiente que promueva la discusión. Asientos cómodos, dispuestos en un círculo informal invitan a conversar. Le dicen: «Estamos aquí para escuchar y responder a los demás, y para aprender juntos». Si usted es el líder, asegúrese de sentarse donde pueda mantener contacto visual con cada uno de los demás.

La puntualidad importa. Para muchos el tiempo es tan valioso como el dinero. Si el grupo se retrasa (debido a que comenzó tarde) estas personas se sentirán tan robadas como si les hubieran saqueado los bolsillos. Así que, a menos que sea por acuerdo mutuo, se debe comenzar y terminar puntualmente.

Haga que todos participen. El aprendizaje colectivo funciona mejor si todos tienen una participación más o menos equitativa. Si usted es un *hablador* natural, espere antes de entrar en la conversación. Pregunte entonces a una persona más parca su opinión. Pero si usted es un *oidor* natural, no vacile en incorporarse a la discusión. Otros se beneficiarán de sus ideas sólo si usted las expresa. Si usted es el líder, tenga cuidado de no dominar la sesión. Claro que usted habrá estado meditando previamente acerca del tema, pero no suponga, por halagüeño que le parezca, que los asistentes están ahí sólo para escucharle. En su lugar, ayude a los miembros del grupo a hacer sus propios descubrimientos. Haga las preguntas, pero inserte sus ideas sólo si son necesarias para cubrir las brechas.

Vaya al paso. Las preguntas para cada sesión han sido diseñadas para que esta dure alrededor de una hora. Las primeras conforman el marco para la discusión posterior, de manera que no debe apresurarlas demasiado, a fin de que el valioso fundamento no se pierda. Más adelante, sin embargo, las preguntas suelen referirse al presente, así que tampoco se extienda demasiado al principio: deje tiempo para los aportes personales. Aunque el líder asume la responsabilidad de controlar el ritmo de las preguntas y respuestas, cada miembro del grupo debe ayudar a mantener la sesión de estudios a un paso uniforme.

Ore por los demás, solo o en grupo. Observe entonces la mano de Dios obrando en las vidas de todos.

Tome en cuenta que cada sesión incluye lo siguiente:
Tema de la sesión: un breve resumen del tema a tratar.
Factor comunitario: una actividad para relacionarse con el tema de la sesión y/o unos con otros.
Preguntas: un cuestionario dirigido a estimular descubrimientos individuales y colectivos y su aplicación.
Foco de la oración: sugerencias para convertir lo aprendido en oración.
Actividades opcionales: ideas complementarias que enriquecerán el estudio.
Tarea: actividades o preparación a realizar antes de la siguiente sesión.

UNO
INTEGRIDAD: CUANDO LA TEMPERATURA SUBE
Santiago 1:1-12

Tema de la sesión
Vendrán pruebas y tentaciones. La pregunta es ¿cómo reaccionaremos?

Factor comunitario *(Escoger uno)*
1. Describa una experiencia en la que usted haya sido depurado significativamente por una situación difícil ¿Qué aprendió entonces sobre sí mismo? ¿Sobre la vida? ¿Sobre Dios?
2. Nombre a la persona «más sabia» que conozca. Ofrezca un ejemplo, si puede, de la sabiduría de esa persona.

Preguntas de descubrimiento
1. Lea en voz alta Santiago 1:1-12. ¿Qué ve en este pasaje que es contrario al pensamiento secular actual?
2. ¿Le parece que Santiago está diciendo que tenemos que sentirnos felices cuando nos ocurre algo malo o difícil? Explique.
3. Santiago dice que las «prueba» producen paciencia (VRV 1960). ¿Cree usted que esto sucede automáticamente? Si no, ¿qué cree que puede hacer durante un período de prueba para que le ayude a ser paciente?
4. ¿Por qué pueden regocijarse los creyentes en tiempos de sufrimiento, además de porque aprenderán a soportarlo?
5. Cuando nos sucede algo terrible, es fácil preguntarse qué hemos hecho para merecerlo. Los amigos de Job suponían que Dios le estaba castigando; le pidieron que confesara sus pecados secretos. ¿Necesitamos una explicación del porqué de nuestras pruebas antes de poder confiar en Dios? Explique.
6. ¿Qué encuentra en Santiago 1:1-12 que pueda ayudarle a sobrellevar el sufrimiento, aun si nunca ha descubierto su razón? (Revise cada versículo).
7. ¿Que vínculos puede establecer entre sufrimiento y sabiduría. (Considere varios versículos del texto de Santiago, así como sus propias observaciones de la vida.)

8. El cine, la televisión, las revistas e incluso algunos que predican a través de los medios de comunicación nos dicen que debemos escapar de las dificultades y las penas. ¿Qué influencia cree que tienen en usted estas fuerzas?
9. Tener fe en Cristo no garantiza que seremos felices ni financieramente seguros, ni que tendremos un matrimonio perfecto. ¿Qué nos garantiza, según Santiago, una fe perseverante? ¿Qué valor tiene para usted esa promesa?
10. El sufrimiento puede crear oportunidades para conocer a Dios. ¿Qué le ha enseñado Dios acerca de él gracias a sus períodos de congoja y penuria? (Sea específico.)
11. Santiago afirma que Dios puede utilizar el sufrimiento para traernos sabiduría y paciencia. ¿Qué consejo práctico ofrecería a un amigo que sufre y que quisiera que Dios le ayudara a crecer de esa manera?

Enfoque de la oración

- Jesús dijo que sus seguidores enfrentarían persecución por creer en él. Pero Jesús sufrió en la cruz para que nuestro sufrimiento no fuera en vano. Agradézcale a Jesús por haberle regalado su propio sufrimiento.
- Lea en voz alta 1 Pedro 4:12-16. Dedique luego un tiempo a orar por esas situaciones de su vida en las que ve que Dios le permite sufrir por él.
- Dé gracias a Dios por las oportunidades que le brinda para crecer como hijo suyo. Pídale que le dé la gracia de ser su testigo aún en períodos de tribulación.

Actividades opcionales

1. Medite sobre la enseñanza de Pedro en 1 Pedro 2:20-25. Dedique un tiempo a ponderar el sufrimiento que Cristo soportó en su nombre para que usted pudiera vivir libre del poder de sus pecados ¿Cómo la hace responder a Cristo esta conciencia de su sacrificio?
2. ¿Cómo define usted «cumplimiento»? ¿Qué le parece? Escriba sus ideas para que pueda volver sobre ellas más tarde.

Tarea

1. Si no está llevando todavía un diario, empiece uno esta semana. Comience a escribir sus ideas con relación a la Epístola de Santiago. Concéntrese cada semana en el pasaje que ha estudiado. Haga de su diario una parte regular de su tiempo devocional ¿Qué ha aprendido esta semana acerca de las pruebas?
2. Lea el capítulo 2 de *Un giro hacia la integridad*.
3. Memorice Santiago 1:2-4

DOS

INTEGRIDAD: CUANDO LO TORCIDO PARECE RECTO

Santiago 1:13-18

Tema de la sesión

La tentación: lo importante es qué haremos con ella.

Factor comunitario (Escoja uno)

1. Trate de recordar un tiempo cuando algo le tentó pero pudo superar el impulso de ceder. ¿Qué atractivo tenía la tentación? ¿Qué le ayudó a resistirla?
2. Nombre una canción o película que trate sobre la tentación. ¿Qué mensaje encierra sobre la tentación dicha canción o película? ¿Está usted de acuerdo con ese mensaje?

Preguntas de descubrimiento

1. Lea en voz alta Santiago 1:13-18. Si fuera a pintar respectivos cuadros sobre estos dos párrafos, ¿qué incluiría en cada uno? (Considere el color, las líneas, los objetos, las pinceladas y cómo le gustaría que se sintiera un espectador.)
2. Si fuera a autografiar cada pintura con el nombre (de acuerdo con Santiago) del artista apropiado, ¿qué nombre escribiría en la parte inferior de cada cuadro?
3. Describa con sus palabras el proceso del pecado que expone Santia-

go en los vv. 14-15. ¿Cuáles son las etapas del pecado? (Piense en sus propias experiencias con la tentación y remítase también a las pp. 35-37 de este libro.)

4. Según Hebreos 4:15, Jesús fue tentado pero no pecó. ¿Qué pasos prácticos podría dar para impedir que la tentación se convierta en pecado?
5. La Biblia dice que Dios nos disciplina porque nos ama (Hebreos 12:6). A veces eso significa que él nos pone en lugares donde tenemos que tomar decisiones difíciles. ¿Cuál es la diferencia entre decir «Dios me está tentando» y «Dios me está disciplinando»?
6. Santiago 1:16 comienza con las palabras «no se engañen». ¿Por qué es fácil engañarnos acerca del origen de lo bueno en nuestra vida?
7. ¿Qué buenas dádivas y dones perfectos le agradece a Dios? Dedique un tiempo ahora a darle gracias por cada uno de ellos.
8. ¿Por qué podrían los dones de Dios descritos en Santiago 1:16-18 hacerle más fácil el resistir la tentación?
9. Piense en una situación en la que haya cedido a la tentación. Recapitulando sus pasos, ¿en qué punto pudo haber dado la espalda al pecado? ¿Qué pudo haber hecho en ese punto para detener la espiral descendente?
10. Martín Lutero dijo: «Usted no puede evitar que los pájaros vuelen sobre su cabeza, pero sí puede impedirles que hagan un nido en su pelo». ¿Qué quiso decir?
11. Santiago 1:18 dice: «Por su propia voluntad nos hizo nacer mediante la palabra de verdad». Piense en una tentación «rutinaria» en su vida ¿Cómo puede expresar esta semana el don de Dios de haberle permitido volver a nacer cuando se encuentra con esa tentación?

Enfoque de la oración

- La «buena noticia» es que Dios sabe que siempre seríamos vencidos por el pecado si no fuera por él ¡Pero Jesucristo ha cargado nuestras tentaciones y ha vencido al pecado! Démosle gracias por eso.
- Lea en voz alta Hebreos 2:14-18. Alabe a Dios que le ha mostrado su misericordia, no abandonándole en el pecado, sino abriéndole un camino para vivir una vida agradable a él.

- Pídale a Dios que le haga sensible al «proceso» de la tentación, que pueda serle más fiel volviéndole la espalda sin pecar contra él.

Actividades opcionales

1. ¿En qué área de su vida siente más la tentación de pecar contra Dios? Conciba un plan razonable que le ayude a «resistir al diablo» (Santiago 4:7). Dígale a un amigo que le pregunte regularmente cómo le va honrando a Dios en esta área.
2. Escríbale una carta a Jesús. Exprésele cuánto aprecia su sacrificio para que usted no fuera vencido por el pecado. Dígale cuánto lo necesita, cada día, para crecer en sabiduría, carácter y amor. Pídale a Jesús que le haga digno de ser llamado discípulo suyo. (Recuerde: pronto vendrá el momento en que verá a Jesús cara a cara. Entonces no tendrá que escribirle; ¡podrá *decirle* lo mucho que le ama!)

Tarea

1. Escriba sus ideas sobre la tentación en su diario de oración.
2. Lea el capítulo 3 de *Un giro hacia la integridad*.
3. Memorice Hebreos 4:18.

TRES
INTEGRIDAD: CUANDO EL ESPEJO NO MIENTE
Santiago 1:19-27

Tema de la sesión

La verdadera fe se demuestra con nuestros actos.

Factor comunitario *(Escoja uno)*

1. David Jeremiah cita la estadística respecto a que sólo un once por ciento de los estadounidenses leen la Biblia (p. 45). ¿Qué cree que leen en su lugar? ¿Qué efecto piensa que tendrá esto a largo plazo?
2. ¿Es usted más un «pensador» o un «hacedor»? Ponga un ejemplo.

GUIA DE ESTUDIO PERSONAL Y COLECTIVO

Preguntas de descubrimiento

1. Lea en voz alta Santiago 1:19-27. ¿Qué contrarios advierte en este pasaje? (Ejemplo: «despójense de toda inmundicia»; «reciban ... la palabra sembrada».) En vista de estos contrarios, ¿qué elecciones debe hacer el cristiano?
2. ¿Qué cree usted que quiere decir Santiago cuando dice: «deben estar listos para escuchar, y ser lentos para hablar y para enojarse»? ¿Qué dificultad encuentra para obedecer ese mandamiento?
3. ¿Cómo puede la ira humana impedir la vida justa de que habla Santiago en el versículo 20?
4. Estudie más detenidamente los versículos 21-25. Según Santiago, ¿qué efectos debe obrar la Palabra de Dios sobre nosotros?
5. Santiago afirma que no podemos separar lo que creemos de lo que hacemos. Pero Howard Hendricks dice que muchos no hacen lo que la Biblia manda, porque son cristianos «funcionalmente analfabetos» (p. 52). ¿Qué problemas pueden suscitarse cuando los cristianos tratan de vivir su fe pero conocen poco de la Biblia?
6. Estudie los versículos 26-27. ¿Qué quiere decir Santiago cuando afirma que si alguien se cree cristiano pero no puede controlar lo que dice, «se engaña a sí mismo», y «su religión no sirve para nada»?
7. Fíjese en los ejemplos de «religión pura y sin mancha» que cita Santiago en el versículo 27. Si usted fuera a actuar conforme a esa descripción, ¿qué actividades tendría que agregar a su calendario? ¿Cuáles tendría que excluir?
8. ¿Qué está haciendo usted que exprese su fe en formas similares a las que describe Santiago?
9. David Jeremiah esboza seis pasos para convertirse a la vez en oidor y hacedor de la palabra: preparación, examen, aplicación, meditación, memorización y demostración. ¿Cuáles de estos pasos necesita fortalecer en su vida y qué puede hacer para lograrlo?
10. Mortimer Adler *(Cómo leer un libro)* observa cómo leemos con más atención una carta de amor que otros escritos. Pero la Biblia es la carta de amor que Dios nos ha enviado, una invitación a conocerle. ¿Cómo puede influir el amor de Dios en la forma en que usted valora las restricciones y los deberes bíblicos?
11. Dedicar tiempo a meditar sobre lo que ha leído en las Escrituras es el primer paso para convertirse en un «hacedor» de la palabra. ¿Cuál

es su mejor momento del día para leer las Escrituras y meditar sobre ellas? ¿Cómo está empleando ahora su tiempo? ¿Cómo podría convertirlo en un tiempo más rico con Dios?

Enfoque de la oración

- Dios desea que nos diferenciemos del mundo en nuestros pensamientos y en nuestros actos. Lea en voz alta Gálatas 5:19-25. Deje que estas palabras inspeccionen su conducta.
- Invierta dos o tres minutos en una confesión individual silenciosa de algún acto o pensamiento pecaminoso.
- Pídale a Dios que le conceda gracia para conocer su verdad. Pídale que el conocimiento de dicha verdad le despierte el deseo de agradarle en todo lo que haga y piense.

Actividades opcionales

1. Piense en dos personas presentes en su vida: una de quien le gustaría ser discípulo para convertirse en un seguidor de Cristo más maduro, y otra a quien le gustaría estimular en la fe. Ore pidiendo una oportunidad de sugerir dichas ideas a los dos. Luego, aproveche la oportunidad.
2. ¿Hay alguna persona necesitada que usted conozca, como un «huérfano» o una «viuda»? Busque la forma de atenderla y dar así expresión a su fe.

Tarea

1. Escriba sus ideas acerca de ser a la vez oidor y hacedor de la palabra tiempo.
2. Lea el capítulo 4 de *Un giro hacia la integridad*.
3. Memorice Santiago 1:22.

CUATRO
INTEGRIDAD: CUANDO LA JUSTICIA NO ES CIEGA
Santiago 2:1-13

Tema de la sesión
Dios no nos discrimina, por tanto no debemos mostrar parcialidad hacia los demás.

Factor comunitario *(Escoja uno)*
1. Lewis Smedes dice que a veces podemos identificar las áreas en que incurrimos en favoritismo examinando lo primero que nos preguntamos sobre alguien a quien acabamos de conocer. ¿Cuál sería la pregunta más probable que se haría usted sobre un nuevo conocido, aun si nunca se la hiciera a dicha persona?
2. ¿Adoró a Dios alguna vez como parte de un grupo de personas muy diferentes de usted? ¿Cuál fue su reacción a esa experiencia?

Preguntas de descubrimiento
1. Lea en voz alta Santiago 2:1-13. ¿Qué revela este pasaje sobre los prejuicios de aquellos para quienes Santiago escribió su epístola? ¿De qué prejuicios eran ellos mismos víctimas?
2. ¿Qué razones argumenta Santiago para no favorecer a una persona sobre otra? (Hay respuestas en casi todos los versículos.)
3. ¿A qué tipos de personas ve usted como «los pobres según el mundo»?
4. La teología de la liberación afirma que los pobres están siempre más cerca de Dios que los demás. ¿Qué problemas le ve a este criterio?
5. David Jeremiah apunta varias categorías en las que tendemos a discriminar: apariencia, ancestros, edad, éxito, solvencia. En su comunidad, ¿por qué valores se muestra mayor respeto? ¿Ve estos valores en acción en su iglesia? Explique.
6. ¿Por qué cree usted que Dios escogió a los pobres según el mundo para que fueran ricos en la fe (2:5)? ¿Qué se entiende aquí por pobre? Piense en la composición de su iglesia. ¿Ve usted gente de diferente origen social y étnico representada en la congregación y el liderazgo? (Aunque la diversidad en sí misma no es «mejor», su au-

sencia puede indicar prejuicios hacia ciertas personas.) ¿Qué conclusiones puede sacar de sus observaciones?
7. Santiago dice que mostrar parcialidad es un pecado comparable a matar y adulterar (2:9-11), y que Dios juzgará severamente a su pueblo por ello (v.13). ¿Por qué es el favoritismo un pecado tan grave ante los ojos de Dios, según Santiago?
8. ¿Hay en su iglesia vías para que los creyentes demuestren la gracia de Dios hacia todos? Ponga ejemplos. ¿Dónde cree que podrían mejorar? ¿Cómo podría usted promover una mayor fidelidad a Cristo en esta área?
9. Santiago resume la ley de Dios acerca de las relaciones humanas con lo que llama «la ley real»: «Ama a tu prójimo como a ti mismo» (v. 8). ¿Qué relaciones ve entre esta ley y las enseñanzas de Santiago acerca del favoritismo?
10. ¿Qué tentaciones halla en tener favoritos? (Considere su familia, su trabajo, sus amigos y su iglesia.) ¿Qué pasos puede dar para obedecer mejor a Cristo en esta área?
11. Esta sección de la epístola de Santiago finaliza con la sentencia: «La compasión triunfa en el juicio». Mencione algunas formas en las que Dios le ha mostrado su misericordia ¿En qué formas prácticas puede usted hacer que esta conciencia de la piedad de Dios moldee la forma en que usted trata a otros?

Enfoque de la oración

- La cruz demuestra nuestra común necesidad de Dios. Al margen de quiénes seamos y qué tengamos, ninguno de nosotros merece su compasión. Dedique unos instantes a meditar sobre la misericordia de Dios.
- Lea 1 Corintios 1:18-31. Confiese en silencio cómo ha valorado el poder y el estatus de algunas personas en vez de su postura ante Cristo.
- Pídale a Dios que le recuerde su compasión hacia usted y le ayude a ser generoso hacia todos, independientemente de su estatus.

Actividades opcionales

1. Dedique un tiempo esta semana a estudiar algunos ejemplos de las

Escrituras en los que Dios enseñó a su pueblo a no tener favoritismos: Moisés en Deuteronomio 1;1-17; Pedro en Hechos 10:1-35 y también en 1 Pedro 1:14-19; y Pablo en Romanos 1:18-2:16. Escriba en su diario lo que encuentre.
2. Hágase un sondeo individual sobre aquellos a quienes podría estar discriminando. ¿En qué formas podría mostrar esta semana a otros la compasión que Dios ha mostrado hacia usted? Determine las maneras de obedecer a Cristo en esta área.

Tarea
1. Escriba en su diario de oración sus ideas sobre el favoritismo.
2. Lea el capítulo 5 de *Un giro hacia la integridad*.
3. Memorice Santiago 2:1.

CINCO
INTEGRIDAD: CUANDO LA FE NO OBRA
Santiago 2:14-26

Tema de la sesión
La fe que no cambia nuestro modo de actuar no es fe.

Factor comunitario *(Escoja uno)*
1. Nombre a una persona que conozca y que demuestre su fe mediante obras. Ponga un ejemplo de la manera en que dicha persona expresa su fe.
2. ¿Qué intentos ha hecho usted por expresar su propia fe con actos? ¿Qué éxitos ha observado? ¿Qué fracasos?

Preguntas de descubrimiento
1. Lea en voz alta Santiago 2:14-26. Suponga que un cristiano dijera: «Jesús ha perdonado todos mis pecados; pasados, presentes y futuros. Lo que hago o dejo de hacer no hace ninguna diferencia». ¿Qué le diría Santiago a esa persona? (Utilice información de todo el pasaje.)
2. ¿Qué situaciones puede imaginar en las que alguien podría no tener

oportunidad de demostrar su fe y a pesar de ello creer genuinamente en Cristo?

3. Ponga en sus palabras la afirmación de Santiago de que «la fe sin obras está muerta».

4. Lea la pieza satírica de la p. 80. ¿En cuál de estas áreas ha demostrado su iglesia una fe que trabaja? ¿Dónde piensa que su iglesia podría mejorar sus expresiones prácticas de la fe?

5. Lea de nuevo la lista de la página 80. Esta vez, mentalmente, inserte su propio nombre en lugar de la palabra *tú*. ¿En qué parte de la lista habría dicho: «Soy culpable»? Explique.

6. Dedique un momento de silencio a confesar sus faltas a Dios. Pídale que ponga en su mente a alguien que necesite su ayuda y formas específicas en la que usted pueda ayudarle. Mencione entonces alguna forma en la que, con la ayuda de Dios, espera expresar su fe con actos.

7. Son tantos los necesitados de nuestro mundo que podrían abrumar nuestro deseo de ayudar. Lea lo que dice Dietrich Bonhoeffer en la página 80, con respecto a cubrir las necesidades de otros. ¿Qué pautas sugeriría para decidir a qué necesidades puede responder y cuáles debe ignorar?

8. Lea Romanos 3:21-30 y Santiago 2:20-24. Martín Lutero no logró conciliar estas dos descripciones de la fe, por lo cual rechazó la epístola de Santiago completa. ¿Qué ideas ofrecería usted para ayudar a que se pudiera aceptar tanto lo dicho por Pablo como lo expuesto por Santiago?

9. David Jeremiah dice que muchos definen actualmente la fe no en términos bíblicos, sino como una «actitud mental positiva». ¿Dónde ha visto evidencias de estas ideas? ¿Cómo le ha afectado a usted el punto de vista AMP sobre la fe?

10. Si seguimos a Cristo, nuestros actos nos separarán de quienes nos rodean. ¿Qué espera que piensen los no creyentes de Cristo mientras observan la manera en que usted vive su fe?

Enfoque de la oración

- Cristo nos ha dado el ejemplo supremo de la fe en acción. Lea en voz alta 1 Juan 3:16-18. Dé gracias a Dios por este regalo y por la invitación que le hace.

- Confiésele a Dios las oportunidades que ha tenido de expresar su fe con obras y que ha preferido ignorar.
- Agradézcale a Dios su perdón. Pídale que le ayude a vivir conforme a su título de «hijo de Dios».

Actividades opcionales

1. Estudie algunos de los personajes de la Biblia que mostraron una fe genuina: Abraham e Isaac (Génesis 22:1-18), Rajab (Josué 2) y Sadrac, Mesac y Abed-nego (Daniel 3). Anote en su diario las maneras en que ellos demostraron su fe con obras.
2. Escoja a dos o tres personas (creyentes o no) que le conozcan bien y puedan responderle con franqueza. Pídales que le digan qué dicen sus actos de lo que usted realmente cree. Lleve en sus oraciones estas respuestas ante Dios.

Tarea

1. Trate de formular una definición de la fe que esté de acuerdo tanto con Pablo como con Santiago. Escriba su definición en su diario de oración.
2. Lea el capítulo 6 de *Un giro hacia la integridad*.
3. Memorice Santiago 2:17.

SEIS
INTEGRIDAD: CUANDO LA LENGUA SE DESATA
Santiago 3:1-12

Tema de la sesión

Debemos controlar la lengua: lo que decimos tiene poder para destruir o para sanar.

Factor comunitario *(Escoja uno)*

1. Describa algún momento en que alguien le diera aliento con sus palabras.

2. ¿Cuándo ha sido usted víctima del «veneno mortal» verbal de otra persona?

Preguntas de descubrimiento

1. Lea en voz alta Santiago 3:1-12. ¿Cuál es la esencia de este pasaje?
2. Santiago comienza esta sección acerca de la lengua diciendo que muchos de nosotros no debemos pretender ser maestros. Considerando su tema principal, ¿por qué cree que comienza con este tipo de advertencia?
3. Santiago utiliza en este texto una variedad de imágenes del mundo a fin de ilustrar lo que es la lengua. ¿Qué sugieren sobre ella el timón de un barco, un incendio y una fuente de agua? (Considérelos cada uno por separado.)
4. En el versículo 8 Santiago afirma que nadie puede domar la lengua. ¿Por qué cree entonces que ofrece estas instrucciones?
5. David Jeremiah dice que el chismorreo y la adulación son dos tipos de veneno verbal. A veces es difícil saber cuando una conversación pasa de dar mera «información» sobre alguien a incurrir en chismes. ¿Cómo podría determinar la diferencia?
6. ¿Qué formas sugeriría para prevenir que el normal «intercambio de información» se convierta en chismorreo? ¿Cómo evitaría que el «alentar a alguien» se transformara en adulación?
7. Lea Proverbios 18:21. Considerando este proverbio, ¿cómo puede usted cultivar un sano temor al poder de sus palabras?
8. David Jeremiah señala que la palabra «perfecto» en Santiago 3:2 significa «maduro» (ver Santiago 1:4), lo cual quiere decir que la capacidad de controlar lo que hablamos es una marca que identifica al creyente maduro. ¿En qué forma es usted hoy más maduro al hablar que hace diez años?
9. ¿En qué situaciones se siente usted tentado a hablar sin control? ¿Qué pasos ha advertido que conducen a dicha tentación?
10. ¿Qué puede hacer en los primeros pasos hacia una manera de hablar pecaminosa para prevenir que vaya a herir a otras personas y a ofender a Dios?
11. En el versículo 9 Santiago dice que podemos usar la lengua para alabar a Dios. ¿Cuáles son algunas de sus formas favoritas de alabarle?

¿Cómo puede usar las enseñanzas de este pasaje para alabar de todo corazón a Dios?

Enfoque de la oración

- Dios nos toma en serio; a veces más de lo que quisiéramos. Saber que Dios nos exige responsabilidad por nuestras palabras debe ayudarnos a contenernos.
- Lea en voz alta Mateo 12:36-37. Pídale a Dios que le perdone por cualquier expresión imprudente o hiriente. Confiese su necesidad de la convicción del Espíritu Santo y de que le ayude a tener un mayor control.
- Dé gracias a Dios porque él le permite usar el don del lenguaje para hacer el bien: para alabarle y para ser su instrumento en la curación de otros.
- Alabe a Dios por las cualidades de su carácter divino que usted aprecia.

Actividades opcionales

1. ¿Hay alguien a quien usted haya herido verbalmente sin proponérselo o intencionalmente? Puede que usted le haya hablado directamente a esa persona, o que haya hablado de ella con otro. Decídase a enmendar la situación, ya sea pidiendo directamente a ese individuo que le disculpe, o confesando su error a la persona con la cual habló de él.
2. El autor ofrece varios ejemplos de personajes bíblicos que se esforzaban por controlar lo que decían: Moisés en el Salmo 106:32-33; Isaías en Isaías 6:5-7; Job en Job 40:4; y Pedro en Mateo 26:69-75. Medite sobre Proverbios 10:19; 12:22; 13:3; y 15:1. Anote en su diario sus ideas sobre todos estos pasajes.

Tarea

1. En su diario de oración, tome nota de sus ideas sobre el poder de sus palabras.
2. Lea el capítulo 7 de *Un giro hacia la integridad*.
3. Memorice Proverbios 18:21.

SIETE
INTEGRIDAD: CUANDO LA SABIDURÍA ES NECEDAD
Santiago 3:13-18

Tema de la sesión
La sabiduría cristiana es la capacidad de tomar decisiones correctas en la vida.

Factor comunitario *(Escoja uno)*
1. Lea la cita que cierra el capítulo de David Jeremiah acerca del destino final del hombre (p. 122). ¿Qué piensa de este enunciado?
2. ¿Cuándo ha experimentado usted los límites de su propia sabiduría? ¿En qué situación ocurrió? ¿Cómo difiere de la nuestra la sabiduría de Dios?

Preguntas de descubrimiento
1. Lea en voz alta Santiago 3:13-18. ¿Cómo describiría la diferencia básica entre la sabiduría terrenal y la divina? ¿Cuáles son los orígenes de ambas?
2. De acuerdo con Santiago, ¿cuáles son las características generales de la sabiduría divina? ¿Y de la sabiduría terrenal?
3. Ponga tres o cuatro ejemplos de sabiduría terrenal. ¿Por qué cree que estas formas de sabiduría consiguen adeptos?
4. ¿Cuáles son los presupuestos de estas formas de sabiduría terrenal? (Por ejemplo, algunos creen que la educación es la respuesta a todos nuestros problemas. Suponen que nosotros los humanos si recibimos suficiente información, seremos capaces de ser mejores personas.) ¿Qué está equivocado en estas suposiciones? Discuta varias formas de sabiduría mundana.
5. Santiago dice en el versículo 13 que la verdadera sabiduría conduce a la mansedumbre ¿Por qué piensa que una persona verdaderamente sabia es también humilde?
6. Nombre uno de sus ejemplos favoritos de este tipo de persona. ¿Qué ha aprendido de ella? (Considere sus obras así como sus enseñanzas.)
7. Ya que es cierto que los cristianos llevamos dentro la verdad de Cris-

to, ¿por qué Pablo nos advierte que debemos estar en guardia para no guiarnos por la sabiduría del mundo? (Colosenses 2:8).
8. Os Guinness observa el impacto que Freud y Jung han tenido sobre la psiquis estadounidense cuando dice: «El diván del psicoanalista es hoy tan estadounidense como el terreno de béisbol o los arcos dorados de McDonald's» (p. 106). ¿Cuáles son algunos de los beneficios y algunos de los peligros de esta forma de sabiduría?
9. La televisión se ha convertido en un poderoso y universal transmisor de sabiduría mundana a espectadores pasivos. Dedique un momento a calcular rápidamente la cantidad de horas que usted vio televisión la semana pasada. A la luz de las enseñanzas de Santiago sobre la sabiduría, ¿le satisface esa cantidad de horas? Explique.
10. Lea en alta voz Juan 2:23-25. Jesús sentía una sana desconfianza por la opinión humana. ¿Considera usted que está aceptando los mensajes de este mundo o trata de cuestionar el pensamiento popular? Ponga un ejemplo.
11. ¿Dónde busca usted típicamente sabiduría? ¿Compiten estas fuentes con Dios? ¿O diría usted que las fuentes en donde busca normalmente sabiduría provienen de Dios?
12. ¿Cuáles serían algunos pasos prácticos que puede dar para crecer en la sabiduría divina y guardarse de las filosofías del mundo? (Recuerde que ha sido llamado a ser un instrumento de cambio en su mundo, de modo que sus pasos deben relacionarle con creyentes y no creyentes.)

Enfoque de la oración

- Dios sabe que este mundo compite continuamente por la devoción de usted, y él se cela por toda su atención.
- Lea en voz alta 1 Juan 2:15-17. Confiese cualquier tendencia que tenga a guiarse por la sabiduría de este mundo en lugar de por la de Dios.
- Dé gracias a Dios porque mientras que este mundo y sus filosofías van quedando atrás, él está creando en usted una obra eterna por el poder del Espíritu Santo.

Actividades opcionales

1. Haga un estudio de la palabra «sabiduría», tanto de la terrenal como

de la divina. ¿Qué características encuentra en ambas? Anote sus ideas en su diario.
2. Jesús nos dice que pidamos, busquemos y toquemos. Él quiere que le busquemos activamente. ¿Cuáles serían algunas formas específicas en que usted podría procurar más diligentemente la sabiduría de Dios en sus relaciones, su trabajo y sus estudios de la Biblia?

Tarea
1. Anote en su diario de oración sus ideas sobre la sabiduría terrenal y la divina.
2. Lea el capítulo 8 de *Un giro hacia la integridad*.
3. Memorice Santiago 3:13.

OCHO
INTEGRIDAD: CUANDO LA ADORACION LLEVA A LA GUERRA
Santiago 4:1-12

Tema de la sesión
Dios está del lado de los humildes de corazón.

Factor comunitario *(Escoja uno)*
1. «FUE UN GANCHO DE DERECHA LO QUE LE DERRIBÓ», empieza Charles Colson su simpática y lamentable descripción de una trifulca en una iglesia (p. 123). La mayoría de las peleas en la iglesia son más sutiles que un «gancho de derecha» literal, pero dejan en nuestra mente tristes marcas. ¿Cuáles son sus imágenes visuales de un altercado en la iglesia?
2. Mencione algunos caminos pacíficos que haya visto tomar a las iglesias para resolver diferencias personales.

Preguntas de descubrimiento
1. Lea en voz alta Santiago 4:1-12. En el versículo 1 Santiago pregun-

ta: «¿De dónde surgen las guerras y los conflictos entre ustedes?» Responda a esta pregunta utilizando material del resto del pasaje.
2. ¿Qué debemos hacer, según Santiago, con estas disputas internas? (Encontrará información en casi todos los versículos.)
3. En el texto, ¿qué diferencias ve usted en la actitud del corazón entre aquellos que contienden unos con otros y los que están en paz?
4. En el versículo 4, Santiago llama «adúlteros» a los cristianos que riñen con otros. ¿Por qué? ¿A quién han sido infieles y quién recibe su amor? ¿Qué sugiere esta palabra acerca del tipo de relación que Dios quiere tener con su pueblo?
5. David Jeremiah dice que es fácil subestimar el poder que el pecado puede ejercer sobre nosotros (p. 126). Lea Eclesiastés 4:4. ¿Cuál es, según este versículo, el poder de la envidia? ¿Qué papel desempeña la envidia en las disputas entre creyentes?
6. Vuelva a leer Santiago 4:6. ¿Cómo podría capacitar la humildad (en oposición a la envidia) a una persona para que obedeciera los mandamientos de los versículos 7-12?
7. ¿Cuando ha visto usted a una persona de actitud humilde llevar paz a una situación volátil?
8. ¿Cómo podría la información de Santiago 4:1-12 hacerle mantener la humildad durante un desacuerdo con otro cristiano?
9. Compare Santiago 4:3 con Santiago 1:6. ¿Cree usted que antes de responder a sus oraciones Dios espera a que sus motivaciones sean totalmente puras? Explique.
10. Mencione algunas formas de revisar sus motivaciones cuando pide algo a Dios en oración. ¿En qué punto de su oración regular intercalaría esa revisión?
11. Trate de recordar una situación que esté atravesando en la cuál usted pueda ser el primero en humillarse a fin de lograr una solución. ¿En qué manera podría mostrar la gracia de Dios mientras intenta hacer las paces?

Enfoque de la oración

- Dios desea que su Iglesia sea para el mundo un testimonio de su gracia.
- Lea en voz alta 1 Pedro 2:9-12.

- Pídale a Dios que purifique sus motivaciones para que sus relaciones y sus oraciones puedan glorificarle a él.

Actividades opcionales

1. Dedique esta semana un tiempo a examinar algunas de las motivaciones detrás del «bien» que ha hecho. ¿Son motivaciones puras o están llenas de deseos terrenales para quedar bien delante de otros, o para superar a alguien de su iglesia, o para tomar ventaja? Llévele a Dios sus observaciones y pídale que purifique sus motivos para servirle a él, de modo que pueda producir frutos que le sean agradables.
2. ¿Dónde advierte en su iglesia discrepancias entre hermanos? Comprométase a orar para que la gracia de Dios se manifieste en esas situaciones y el testimonio de la Iglesia demuestre el poder de Dios sobre el pecado.

Tarea

1. Anote en su diario de oración sus ideas acerca de la motivación.
2. Lea el capítulo 9 de *Un giro hacia la integridad*.
3. Memorice Santiago 4:7.

NUEVE
INTEGRIDAD: CUANDO SUS METAS NO SON LAS DE DIOS

Santiago 4:13-17

Tema de la sesión

Para el futuro, debemos confiar en Dios y no en nosotros mismos.

Factor comunitario *(Escoja uno)*

1. Describa una época en la que sus planes hayan fracasado. ¿Qué aprendió entonces sobre usted mismo? ¿Qué, acerca de Dios?
2. ¿Qué es lo que resulta difícil en cuanto a ceder el control de su vida a alguien, aun si se trata de cederlo a Dios?

Preguntas de descubrimiento

1. Lea en voz alta Santiago 4:13-17. Suponga que Santiago estuviera escribiendo un folleto titulado *Guía de planeamiento para cristianos*. Basándose en este párrafo ¿qué cree usted que incluiría en ese folleto?
2. ¿Cuál es la diferencia entre hacer planes responsables para su futuro y jactarse de su futuro?
3. Santiago dice que nuestra vida es como la niebla. ¿Qué quiere decir con eso?
4. Mencione algunas formas en que nuestra moderna sociedad tecnológica nos da la ilusión de que tenemos control de nuestra vida y de nuestro porvenir. Especifique.
5. ¿Cómo afecta la nebulosa cualidad de la vida la forma en que usted la planea?
6. ¿Qué circunstancias le han ayudado a vivir de la manera descrita aquí por Santiago?
7. Algunas personas toman literalmente las palabras del versículo 15. Después de cada anuncio sobre el futuro escriben o dicen: «Si Dios quiere». ¿Cómo podría usted expresar una actitud similar sobre el porvenir aun sin usar exactamente esas palabras?
8. Santiago nos advierte que el no hacer «el bien» es un pecado (4:17). ¿Cómo le estimularía la visión de la vida presentada en este texto a hacer (sin dilaciones) el bien que debe hacer?
9. ¿Qué «bien» cree que debería estar haciendo?
10. David Jeremiah observa que a menudo cometemos el error de suponer que conocemos el futuro. ¿Cómo se ve a sí mismo en cuanto a suponer un conocimiento del futuro en las decisiones que toma?
11. Mencione una de sus preocupaciones más persistentes en relación con el futuro.
12. Santiago afirma que el bien que sepamos hacer debemos hacerlo. ¿Qué «bien» debería estar haciendo usted en el área que mencionó antes?
13. Si todavía no está haciendo lo que debiera, pídale ayuda a Dios para enfrentar las tareas que le esperan. Si ya está haciendo en esta área que le preocupa todo lo que debe, dedique ahora un tiempo a mencionarle dicha preocupación a ese Dios que le ama, y a encomendarla en sus manos poderosas.

Enfoque de la oración

- Dedique un minuto a reflexionar en silencio sobre cómo Dios le ha provisto en el pasado en formas que no esperaba. Déle gracias por eso.
- A la luz de sus estudios sobre el libro de Santiago, lea y medite en voz alta las palabras de Jeremías 9:23-24.

> Así dice el SEÑOR:
> «Que no se gloríe el sabio de su sabiduría,
> ni el poderoso de su poder,
> ni el rico de su riqueza.
> Si alguien ha de gloriarse,
> que se gloríe de conocerme
> y de comprender que yo soy el SEÑOR,
> que actúo en la tierra con amor,
> con derecho y justicia,
> pues es lo que a mí me agrada»
> afirma el SEÑOR.

- Termine dedicando un tiempo a confesar su confianza en Dios para el futuro. Déle gracias porque ha prometido no dejarnos nunca que enfrentemos solos nuestras dificultades.

Actividades opcionales

1. Medite sobre la poderosa enseñanza de 2 Pedro 2:21 y Lucas 12:47-48. Confeccione una lista de 4 ó 5 cosas que sabe que Dios quiere que usted haga, pero que, por determinada razón, no ha hecho. Comprométase a hacerlas en el curso del próximo mes.
2. Vuelva a leer Jeremías 9:23-24. Pida a un familiar o a un buen amigo que le evalúe (honestamente) respecto al grado en que usted demuestra que se gloría en conocer a Dios y no en su propia capacidad. Dedique tiempo a orar reflexionando sobre lo que le digan, y a confesar aspectos de su vida en los que está confiando en sus propias fuerzas en lugar de confiar en Dios.

Tarea

1. Anote en su diario de oración sus ideas acerca de su dependencia de Dios.
2. Lea el capítulo 10 de *Un giro hacia la integridad*.
3. Memorice el Salmo 37:3-4.

DIEZ
INTEGRIDAD: CUANDO LA RIQUEZA DE NADA VALE
Santiago 1:1-12

Tema de la sesión
Dios juzgará con severidad a aquellos que acumulan riquezas mediante la explotación.

Factor comunitario *(Escoja uno)*

1. ¿Se siente usted más cómodo entre personas más ricas que usted? ¿Más pobres que usted? ¿De su mismo nivel económico? ¿Por qué?
2. Imagine que viviera en un pueblo compuesto por familias representativas de cada país del mundo ¿Qué le gustaría de sus vecinos? ¿Qué dificultades, además del idioma, cree que tendría para relacionarse con ellos? ¿Dónde cree que se ubicaría en el escalafón económico de su pueblo?

Preguntas de descubrimiento

1. Lea en voz alta Santiago 5:1-6. El autor comienza este capítulo diciendo que los ricos deberían llorar aullando (VRV 1960). ¿Por qué? (Puede usar todo el texto.)
2. ¿Qué han hecho de malo estos ricos?
3. ¿Por qué es esta clase de pecado particularmente tentador para los ricos?
4. A la luz de las acusaciones de este texto, ¿qué responsabilidades parece conllevar la riqueza?
5. Lea Proverbios 11:28. ¿Qué significa «confiar en la riqueza» y por

qué resulta tan tentador? ¿Por qué es peligroso depositar la confianza en las riquezas?

6. ¿Cómo describiría la función y propósito del dinero? ¿De dónde viene su valor?
7. Mencione algunas formas en que los cristianos que cuentan con grandes recursos financieros pueden servir los propósitos de Dios. (Sea creativo.) Mencione algunos de los potenciales peligros a tener en cuenta.
8. ¿En qué formas ha permitido la Iglesia que la prosperidad perjudique sus enseñanzas y su testimonio? Ponga algunos ejemplos.
9. Pablo dijo que había aprendido el secreto para sentirse satisfecho en cualquier situación (Filipenses 4:10-13). Mencione algunas de las lecciones provechosas que puede aprender de pasar necesidades.
10. Vuelva sobre el pueblo descrito en el punto 2 de *Factor comunitario*. Si usted viviera en esa villa su actual estilo de vida, ¿cree que podrían presentarse contra usted algunas de las acusaciones de Santiago 5? Explique.
11. Si viviera en ese pueblo, ¿qué ajustes haría en su estilo de vida?
12. Reflexione sobre la manera en que gasta su dinero: la porción que gasta para cubrir sus necesidades y responsabilidades y la que da a aquellos que tienen menos que usted. Mencione formas específicas en las que podría usar mejor sus ingresos para cubrir las necesidades de otros en el mundo.

Enfoque de la oración

- Dios desea satisfacer nuestras necesidades y obrar por medio de nosotros para cubrir las de otros. Con nuestro padre Celestial no tenemos que tener temor al futuro. Encomiéndele a él su porvenir y los temores que tenga sobre el mismo.
- Lea en voz alta Proverbios 30:7-9.

Sólo dos cosas te pido, Señor;
no me las niegues antes de que muera:
Aleja de mí la falsedad y la mentira;
no me des pobreza ni riquezas
sino sólo el pan de cada día.

> Porque teniendo mucho, podría desconocerte
> y decir: ¿Y quién es el Señor?
> Y teniendo poco, podría llegar a robar
> y deshonrar así el nombre de mi Dios.

- Pídale a Dios que le haga sensible a las necesidades de otros y le muestre formas de ser generoso con ellos.

Actividades opcionales

1. Si no está ya involucrado a algún nivel en dar de comer al hambriento, vestir al desnudo y visitar a los presos y a los enfermos (estos grupos representan a personas que deben depender de la misericordia de quienes tienen más que ellos), busque un programa que los atienda y done parte de su tiempo y de sus recursos voluntariamente a la obra de ser como Cristo para los necesitados.
2. Examine sus finanzas para ver en qué se gasta su dinero. ¿Hay alguna forma de que viva más sencillamente y dé más? ¿De qué podría prescindir? ¿Qué está dispuesto a sacrificar por el amor de Cristo para que alguien más se beneficie? Decida dónde puede hacer cambios sin decírselo a nadie. A veces, de honrar a Dios en privado, nos llegan bendiciones secretas.

Tarea

1. Anote en su diario de oración sus ideas sobre la riqueza.
2. Lea el capítulo 11 de *Un giro hacia la integridad*.
3. Memorice Mateo 6:19-21.

ONCE
INTEGRIDAD: CUANDO USTED ANDA APURADO Y DIOS NO
Santiago 5:7-12

Tema de la sesión
Sabiendo que Cristo regresará pronto, prepárese a soportar la persecución con lealtad.

Factor comunitario *(Escoja uno)*
1. Piense en una ocasión en la que haya sufrido por hacer lo correcto. Usted: (1) ¿Trató de «desquitarse»? (2) ¿Contó a muchas personas cuánto estaba sufriendo? (3) ¿Oró para ser capaz de amar y perdonar a la persona causante de sus penas?
2. Relate alguna época de su vida en la que debió tener más paciencia de la que creía tener ¿En qué circunstancias ocurrió y cómo influyó la experiencia en usted?

Preguntas de descubrimiento
1. Lea en voz alta Santiago 5:7-12. El autor empieza esta sección con las palabras «tengan paciencia». ¿Qué ejemplos de paciencia se pueden encontrar en este texto?
2. ¿Qué daño podría derivarse de la falta de paciencia en cada uno de los ejemplos mencionados en estos versículos?
3. El versículo 7 habla del regreso de Cristo. ¿Qué efecto tiene la promesa del regreso del Señor en sus intentos por ser paciente?
4. Se nos ha prometido que, hasta que Cristo regrese, el mal será una realidad de la vida. ¿Qué significa en este contexto el ejemplo del agricultor (vv. 7-8)? ¿Por qué debe esperar pacientemente?
5. Revise Santiago 5:9-11. El autor dice que Dios es «compasivo y misericordioso». ¿Por qué cree usted que Santiago describió a Dios de esta manera justo después de describir el sufrimiento que Dios permitió que Job y los profetas atravesaran?
6. Lea en voz alta 1 Pedro 2:21-23. David Jeremiah nos recuerda que el propio Jesucristo es nuestro mejor ejemplo de alguien que soportó el sufrimiento sin tomar represalias. Mencione algunas formas en

que el ejemplo de Cristo le puede servir de aliento en sus períodos de sufrimiento.
7. Identifique uno de sus grandes obstáculos para soportar pacientemente el sufrimiento. ¿Qué pasos puede emprender para superar ese obstáculo?
8. Lea Apocalipsis 21:4-5. ¿Por qué cree usted que los cristianos actuales dedican tan poco tiempo a meditar sobre el cielo? ¿Cómo puede usted permitir que la realidad y la esperanza del cielo le conforten en tiempos difíciles?
9. Si usted supiera que Cristo va a regresar el año próximo, ¿qué empezaría a cambiar o a hacer a fin de prepararse? Aun cuando no sabemos cuándo regresará el Señor, ¿cómo podría ayudarle hoy su respuesta?
10. Santiago afirma que la paciencia de unos y otros debe ser recíproca en el Cuerpo de Cristo (v. 9). ¿Hay en su congregación relaciones de las que usted se esté quejando en lugar de trabajar para conciliar la situación con amor? ¿Qué podría estar haciendo de otra manera?
11. Mencione algunos de sus sentimientos cuando ve padeciendo a otro creyente. A la luz de su estudio de la Epístola de Santiago, ¿cómo puede usted ayudar a un cristiano que sufre a conocer a Dios en medio de las pruebas?

Enfoque de la oración

- Lea en voz alta Hebreos 12:1-3. Dedique un minuto o dos a pensar en las personas o las circunstancias que están poniendo a prueba los límites de su fe.
- Confiésele al Señor aquéllos momentos en los que no le ha honrado con su reacción ante sus pruebas y las de otros.
- Pídale a Dios que le ayude a librarse de todo pecado que le esté estorbando y a concentrarse en Jesús, quien ya recorrió ese camino antes que usted, a fin de que pueda ganar la recompensa jubilosa de la vida eterna.

Actividades opcionales

1. ¿Conoce usted a alguien que esté padeciendo por hacer lo correcto?

¿Qué puede hacer usted como su hermano en Cristo para alentarle a reaccionar de manera que honre a nuestro Señor?
2. Job 42:10 dice que Dios restauró a Job cuando él *oró por sus amigos* (con sus consejos mundanos, dichos amigos sólo habían empeorado su sufrimiento). Piense en una persona que le haya ofendido por quien usted podría estar orando en lugar de guardarle rencor. Entregue esa persona al Señor y confíe en que Dios sea su juez.

Tarea
1. Anote en su diario de oración sus ideas sobre la paciencia.
2. Lea el capítulo 12 de *Un giro hacia la integridad*.
3. Memorice Santiago 5:8.

DOCE
INTEGRIDAD: CUANDO EL DOLOR NOS CONDUCE A ORAR
Santiago 5:13-20

Tema de la sesión
Dios nos dice que debemos orar en cualquier circunstancia, porque él escucha nuestras oraciones.

Factor comunitario *(Escoja uno)*
1. ¿Cuál ha sido su experiencia al orar por curación, bien fuera por la suya o la de otros?
2. C. Everett Kopp, ex Cirujano General de EE.UU., presenta la cuestión de si Dios sana por medio de los procesos naturales o por medio de milagros (lea las pp. 190-191). ¿Qué cree usted? ¿Se ajusta esta situación a «cualquiera de las dos maneras»? ¿Cuál ha sido su experiencia?

Preguntas de descubrimiento
1. Lea en voz alta Santiago 5:13-20. Según el autor, ¿qué tipos de situación deben llevarnos a orar?

GUIA DE ESTUDIO PERSONAL Y COLECTIVO

2. Si usted se encontrara escuchando en cada una de las situaciones descritas por Santiago, ¿en qué cree que se diferenciarían las oraciones? (Considere estado de ánimo, tono, contenido y personas presentes.)
3. Muchos creen que no oran bien o con la regularidad que deberían. Mencione algunas de las razones por las que hayan fracasado sus propias oraciones.
4. Santiago 5:13 afirma que debemos alabar a Dios en nuestros momentos felices. ¿Por qué consideramos tan a menudo que nuestra felicidad es lo normal y que sólo debemos orar por nuestras necesidades?
5. Según Santiago 5:13-16, ¿cuál es la responsabilidad de quien está enfermo? ¿Qué debe hacer la iglesia por esa persona? (Relacione los detalles en cada versículo.)
6. ¿Hasta qué punto provee su iglesia el tipo de ministerio para los enfermos descrito en Santiago 5? ¿Qué pasos podría dar su iglesia a fin de asumir mejor estas responsabilidades para con los enfermos?
7. La Biblia ofrece distintas explicaciones de la enfermedad y el sufrimiento (1 Corintios 11:29-30 menciona el pecado personal, pero Juan 9:1-13 habla de la manifestación de las obras de Dios). ¿Cómo afecta sus oraciones en demanda de curación el saber que no hay una sola explicación del sufrimiento físico?
8. Dios decide a menudo sanar a las personas a través de las oraciones de otros. ¿Por qué cree usted que Dios hace esto? ¿Se sentiría responsable si la persona por la que ha orado no fuera sanada? Explique.
9. David Jeremiah cita varios casos de ministerios de sanidad irresponsables (páginas 189-191). ¿Qué ministerio apropiado podrían ofrecer las iglesias a las personas que son atraídas a los sanadores por fe?
10. Santiago dice que Elías era como nosotros (5:17) y sin embargo, cuando oró no volvió a llover en tres años y medio. ¿Por qué no vemos ocurrir hoy cosas como esta? ¿O sí las vemos? ¿Cómo podría el ejemplo de Elías afectar sus oraciones por preocupaciones mundiales, nacionales y locales?
11. Observe detenidamente cómo Santiago termina su epístola con los versículos 19-20. ¿Qué podrían aportar estos versículos a sus acciones prácticas? ¿Y a sus oraciones?

12. Describa cómo es actualmente su vida de oración. A la luz de este estudio, ¿dónde haría cambios? Mencione algunas formas prácticas para hacer que estos cambios se cumplan.

Enfoque de la oración

- Dios ha escogido obrar mediante las oraciones de sus hijos, pese a que no está limitado a ellas. Concéntrese mientras ora en este conocimiento.
- Lea en voz alta Efesios 3:20-21.
- Pídale a Dios que le eleve para ver su gloria y su poder: de sanar, de salvar, de obrar a través de todo lo que él creó, para que cuando usted ore tenga en mente quién recibirá sus oraciones.

Actividades opcionales

1. ¿Ha lastimado usted intencionalmente o no debido a su enfoque a personas por las que ha orado? Acérquese a ellas y pídales su perdón por haber sido insensible a su dolor. Si le parece apropiado, hable con ellas de algunas de las cosas nuevas que ha aprendido en este estudio sobre la sanidad.
2. Si no está listo para reunirse en oración con otros cristianos, busque a algunas personas que deseen consagrarse a la oración y empiece a reunirse con ellas de forma regular. Mantenga un formato sencillo: ore según la dirección del Espíritu Santo.

Tarea

1. Anote en su diario sus ideas sobre la oración.
2. Vuelva a leer en su diario las anotaciones de estudios anteriores. Déle gracias a Dios por esta oportunidad de conocerle y obedecerle con mayor fidelidad.
3. Memorice Efesios 3:20-21.

NOTAS

Introducción

1. Stephen R. Covey, *The 7 Habits of Highly Effective People,* Simon & Schuster, Inc., NuevaYork, 1989, p. 148.
2. Lewis Smedes, *A Pretty Good Person – What It Takes to Live with Courage, Gratitude and Integrity,* Harper, San Francisco, 1990, p. 57.
3. Alexander Whyte, *Bible Characters – The New Testament,* Zondervan, rep., Grand Rapids, 1964, pp. 142-43.
4. Josephus, *Antiquities of the Jews* 20.9, 197-203, trad. Louis H. Feldman, The Loeb Classical Library, Harvard Univ. Press, Cambridge, 1965, pp. 495-96.
5. *No God but God –Breaking with the Idols of Our Age,* Os Guinness & John Seel, editors, Moody Press, Chicago, 1992, p. 12.

Capítulo Uno

1. Tom Burgess, «Navy Seals Go Through Hell», San Diego Union, 18 de enero de 1987.
2. Homer A. Kent, Jr. *Faith That Works,* Baker, Grand Rapids, 1986, pp. 34-35.
3. Philip Yancey, *Where Is God When It Hurts?,* Zondervan, Grand Rapids, 1977, pp. 13-14.
4. Tom Burgess, «Navy Seals Go Through Hell».
5. Spiros Zodhiates, *The Behavior of Belief,* Eerdmans, Grand Rapids, 1959, p. 21.
6. Philip Yancey, *Where Is God When It Hurts?*
7. *Illustrations for Biblical Preaching,* editado por Michael P. Green, Baker, Grand Rapids, 1989, pp. 349-50.
8. John White, *The Fight,* InterVarsity, Downers Grove, Illinois, 1976, pp. 106-7.
9. William Barclay, *The Letters of James and Peter,* traducidas e interpretadas por William Barclay. Publicado por Saint Andrew Press, Edimburgo, 1958; y en los EE.UU. por Westminster Press, 1961, p. 51.
10. Citado por George W. Sweeting, en *How to Solve Conflicts,* Moody, Chicago, 1973, p. 21.
11. David Jeremiah, *The Wisdom of God,* Milford, Mott Media, Michigan, 1985, p. 2.
12. Dorothy L. Sayers, *Christian Letters to a Post-Christian World,* Eerdmans, Grand Rapids, 1969, p. 14.
13. Citado por Guy King, *A Belief That Behaves,* Marshall, Morgan & Scott, LTD, Londres, 1941, p. 13.
14. *Illustrations for Biblical Preaching,* editado por Michael P. Green, p. 386.
15. Ibíd., 388.
16. Tom Burgess, «Navy Seals Go Through Hell».

Capítulo Dos

1. John Fischer, *Real Christians Don't Dance,* Bethany, Minneapolis, 1988, 31-32.
2. Tom L. Eisenman, *Temptations Men Face,* InterVarsity, Downers Grove, Illinois, 1990, pp. 16-17.
3. *Illustrations for Biblical Preaching,* editado por Michael P. Green, Baker, Grand Rapids, 1989, pp. 372-73.
4. John White, *The Fight,* InterVarsity, Downers Grove, Illinois, 1976, p. 78.
5. Charles Caldwell Ryrie, *Balancing the Christian Life,* Moody, Chicago, 1969, p. 135.
6. Oswald Chambers, *My Utmost for His Highest, An Updated Edition in Today's Language,* Discovery House Publishers, Grand Rapids, Editado por James Reimann, 1992.
7. Erwin Lutzer, *How to Say No to a Stubborn Habit,* Victor Books, Wheaton, Illinois, 1979, p. 26.
8. Citado en Robert Johnstone, *Lectures Exegetical and Practical on the Epistle of James,* Klock / Klock, Minneapolis, 1978, p. 104.
9. Spiros Zodhiates, *The Behavior of Belief,* Eerdmans, Grand Rapids, 1959, p. 71.

10. Citado por Roy Roberts, *Life in the Pressure Cooker – Studies in James*, BMH Books, Winona Lake, Indiana, 1977, p. 22.
11. Robert Johnstone, *Lectures Exegetical and Practical on the Epistle of James*, p. 100.
12. Louis Mowday, *The Snare*, Nav Press, Colorado Springs, 1988, p. 84.
13. Tom L. Eisenman, *Temptations Men Face*, p. 228.
14. John White, *The Fight*, p. 79.
15. Homer A. Kent, Jr. *Faith That Works*, Baker, Grand Rapids, 1986, pp. 50-51.
16. Simon J. Kistemaker, *The New Testament Commentary – James and I-III John*, Baker, Grand Rapids, 1986, pp. 52-53.
17. Mark McMinn, *Dealing with Desires You Can't Control*, NavPress, Colorado Springs, 1990, pp. 4-5.
18. William Barclay, *The Letters of James and Peter*, traducidas e interpretadas por William Barclay. Publicado por Saint Andrew Press, Edimburgo, 1958; y en los EE.UU. por Westminster Press, 1961, p. 61.
19. Tom L. Eisenman, *Temptations Men Face*, p. 28.
20. Frank Houghton, *Amy Carmichael of Dohnavour*, Society for the Propagation of Christian Knowledge, Londres, 1954, p. 62.

Capítulo Tres

1. Citado por Howard G. Hendricks and William D. Hendricks, *Living by the Book*, Moody, Chicago, 1991, p. 10,
2. *USA Today*, 1ro. de febrero de 1990.
3. Citado por Donald S. Witney, *Spiritual Disciplines for the Christian Life*, NavPress, Colorado Spring, 1991, p. 34.
4. Spiros Zodhiates, *The Work of Faith*, Zondervan, Grand Rapids, 1977, p. 105.
5. Simon J. Kistemaker, *The New Testament Commentary – James and I-III John*, Baker, Grand Rapids, 1986, p. 58.
6. Mortimer J. Adler, *How to read a Book*, Simon & Schuster, Nueva York, 1966.
7. Robert A. Traina, *Methodical Bible Study, A New Approach to Hermeneutics*, Robert A. Traina, Wilmore, Kentucky, 1952, pp. 97-98.
8. Howard G. Hendricks and William D. Hendricks, *Living by the Book*, Chicago, 1973, p. 11.
9. George W. Sweeting, en *How to Solve Conflicts*, Moody, Chicago, 1973, p. 47.
10. Spiros Zodhiates, *The Work of Faith*, p. 110.
11. Geoffrey Thomas, *Reading the Bible*, Edimburgo, Escocia, The Banner of Truth Trust, 1980, p. 22. Citado por Donald S. Witney, *Spiritual Disciplines for the Christian Life*, NavPress, Colorado Spring, 1991, p. 34.
12. Donald S. Witney, *Spiritual Disciplines for the Christian Life*, p. 43.
13. Lorne Sanny, «Five reasons Why I Memorize Scripture», *Discipleship Journal*, Número 32, 1986, p. 10.
14. Simon J. Kistemaker, *The New Testament Commentary – James and I-III John*, p. 64.
15. Spiros Zodhiates, *The Work of Faith*, p. 144.
16. Citado por Richard Wolf, *Contemporary Commentaries – James and Jude*, Tyndale, Wheaton, Illinois, 1969, p. 36.
17. V.C. Grounds, *The Reason for Our Hope*, Moody, Chicago, 1945, pp. 88-89.

Capítulo Cuatro

1. *Westways*, Mayo de 1992.
2. Rick Warren, «How to Treat People Right». Mensaje pronunciado en la Saddleback Community Church, Mission Viejo, California, el 26 de octubre de 1986.
3. Lewis Smedes, *A Pretty Good Person*, Harper Collins, San Francisco, 1990, p. 135.
4. Carl Franke, *Defrost Your Frozen Assets*, Waco Texas, Word, 1969, p. 47.

NOTAS

5. J.B. Phillips, *The New Testament in Modern English*, Macmillan, Nueva York, 1958, p. 495.
6. Tom L. Eisenman, *Temptations Men Face*, InterVarsity, Downers Grove, Illinois, 1990, pp. 113-14.
7. Vernon Doerksen, *James –Everyman's Bible Commentary*, Moody, Chicago, 1983, 56.
8. Homer A. Kent, Jr. *Faith That Works*, Baker, Grand Rapids, 1986, p. 82.
9. Lehman Strauss, *James, Your Brother – Studies in the Epistle of James*, Loizeaux Brothers, Neptune, Nueva Jersey, 1956, p. 95.
10. Vernon Doerksen, *James –Everyman's Bible Commentary*, p. 60.
11. Carl Franke, *Defrost Your Frozen Assets*, p. 53.
12. Homer A. Kent, Jr. *Faith That Works – Studies in the Epistle of James*, p. 85.
13. Stephen R. Covey, *The 7 Habits of Highly Effective People*, Simon & Schuster, Inc., NuevaYork, 1989, pp. 30-31.

Capítulo Cinco

1. James Patterson y Peter Kim. *The Day America Told the Truth*, Prentice Hall, Nueva York, 1991, pp. 199-200.
2. John MacArthur, *The Gospel According to Jesus*, Zondervan, Grand Rapids, 1988, p. 218.
3. Peter H. Davids, *The Epistle of James, A Commentary of the Greek Text*, Eerdmans, Grand Rapids, 1982, p. 121.
4. A.T. Robertson, *Word Pictures in the New Testament*, Broadman, Nashville, 1933, p. 34.
5. John MacArthur, *The Gospel According to Jesus*. P. 170.
6. Homer A. Kent, Jr. *Faith That Works – Studies in the Epistle of James*, Baker, Grand Rapids, 1986, p. 88.
7. Carl W. Franke, *Defrost Your Frozen Assets*, Word, Waco, Texas, 1969, p. 22.
8. Homer A. Kent, Jr. *Faith That Works – Studies in the Epistle of James*, p. 89.
9. Alexander Maclaren, *Hebrews, Chaps. VII to End, Epistle of James in Expositions of Holy Scripture*, Eerdmans, Grand Rapids, reeditado en 1944, p. 416.
10. De *The Churchman*, Diócesis de Dallas, citado en Charles Allen, *You Are Never Alone*, Old Tappan, Revell, Nueva Jersey, 1978, pp. 143-44.
11. Dietrich Bonhoeffer, *Ethics*, Macmillan, Nueva York, 1965, p. 137.
12. James B. Adamson, *The Epistle of James*, Eerdmans, Grand Rapids, 1976, p. 124.
13. Citado en Rudolf Stier, *The Epistle of St. James*, Klock & Klock Christian Publishers, Minneapolis, reeditado en 1982, pp. 351-52.
14. R.V.G. Tasker, *The General Epistle of James –An Introduction and Commentary*, Tyndale New Testament Commentaries, Eerdmans, Grand Rapids, 1957, p. 66.
15. James B. Adamson, *The Epistle of James*, p. 125.
16. D. Edmond Hiebert, *James,* Moody, Chicago, 1992, 168.
17. William Barclay, *The Letters of James and Peter*, Westminster, Filadelfia, 1976, p. 73.
18. William Barclay, *The Letters to the Corinthians*, Westminster, Filadelfia, 1969, p. 289.
19. Manfred George Gutzke, *Plain Talk on James*, Zondervan, Grand Rapids, 1969, p. 81.
20. Simon J. Kistemaker, *The New Testament Commentary – James and I-III John*, Baker, Grand Rapids, 1986, p. 96.
21. Nota en *The Believer's Study Bible*, Thomas Nelson, Nashville, 1991, p. 1760.
22. Citado por D. Edmond Hiebert, *James*, p. 158.
23. Alexander Ross, *The Epistles of James and John*, Nuevo Comentario Internacional sobre el Nuevo Testamento, Eerdmans, Grand Rapids, 1986, p. 53.
24. Herbert F. Stevenson, *James Speaks for Today*, Westwood, Revell, Nueva Jersey, 1966, p. 58.
25. Simon J. Kistemaker, *The New Testament Commentary – James and I-III John*, p. 99.
26. Juan Calvino, *Commentaries on the Catholic Epistles – The Epistle of James*. Editado y traducido al inglés por John Owen, Eeerdmans, Grand Rapids, p. 316.
27. D. Edmond Hiebert, *James*, p. 179.

28. Frank Gaebelein, *The Practical Epistle of James*, Great Neck, Donigher & Raughley, Nueva York, 1955, p. 73.
29. *A National Study of Protestant Congregations*, Search Institute, marzo de 1990.
30. C.H. Spurgeon, «Serving the Lord with Gladness», en *Metropolitan Tabernacle Pulpit*, Londres, Passmore and Alabaster, p.1868, Pilgrim Publications, reeditado en Pasadena, Texas, 1989, Vol. 13, pp. 495-96.
31. Os Guinness, *Of Two Minds*, InterVarsity, Downers Grove, Illinois, 1976, p. 128.
32. Ibíd.

Capítulo Seis

1. W.A. Criswell, *Expository Sermons on the Epistle of James*, Grand Rapids, Zondervan, 1975, p. 63.
2. Curtis Vaughan, *James, A Study Guide*, Zondervan, Grand Rapids, 1969, p. 69.
3. Citado por Richard Wolff, *Contemporary Commentaries, General Epistles of James & Jude*, Tyndale, Wheaton, Illinois, 1969, p. 57.
4. Roxane S. Lulofs, «The Hit-And-Run Mouth», *Christian Herald*, julio/agosto de 1986, p. 34.
5. William Barclay, *The Letters of James and Peter*, Westminster, Filadelfia, 1976, p. 81.
6. Spiros Zodhiates, *The Behavior of Belief*, Eerdmans, Grand Rapids, 1959, pp. 81-82.
7. Citado por Roy Roberts, *Life in the Pressure Cooker – Studies in James,* BMH Books, Winona Lake, Indiana, 1977, p. 77.
8. Simon J. Kistemaker, *The New Testament Commentary – Exposition of the Epistle of James and the Epistles of John*, Baker, Grand Rapids, 1986, p. 110.
9. Vernon Doerksen, *Everyman's Bible Commentary – James*, Moody, Chicago, 1983, p. 81.
10. Spiros Zodhiates, *The Behavior of Belief*, pp. 112-13.
11. Simon J. Kistemaker, *James and I-III John – The New Testament Commentary*, p. 112.
12. Citado por George Sweeting en *How to Solve Conflicts,* Moody, Chicago, 1973, p. 77.
13. *Illustrations for Biblical Preaching*, editado por Michael P. Green, Baker, Grand Rapids, 1989, pp. 174-75.
14. John Blanchard, *Truth for Life*, West Sussex, Inglaterra, H.E. Walters Ltd., 1982, p. 108.
15. Robert Brow, «The Taming of the Tongue», *His Magazine*, junio de 1985, p. 16.
16. Robert Brow, «The Taming of the Tongue», p. 16.
17. Vernon Doerksen, *Everyman's Bible Commentary – James*, p. 83.

Capítulo Siete

1. Os Guinnes, «America's Last Men and Their Magnificent Talking Cure», *No God But God*, editado por Os Guinness y John Seel, Moody, Chicago, 1992, pp. 111,116.
2. Loyd John Ogilvie, *Discovering God's Will in Your Life*, Harvest House, Eugene, Oregon, 1982, p. 119.
3. Roy R. Roberts, *Life in the Pressure Cooker*, BMH Books, Winona Lake, Indiana, 1977, p. 93.
4. William Barclay, *The Letters of James and Peter*, Westminster, Filadelfia, 1977, p. 94.
5. William Barclay, *The Letters of James and Peter*, p. 93.
6. Guy King, A *Belief That Behaves*, Christian Literature Crusade, Fort Washington, 1963, p. 73.
7. Vernon Doerksen, *Everyman's Bible Commentary – James*, Moody, Chicago, 1983, p. 90.
8. John White, «God's Perfect Peace», *Moody Monthly*, diciembre de 1962, p. 24.
9. Homer A. Kent, Jr., *Faith That Works –Studies in the Epistle of James*, Baker, Grand Rapids, 1986, p. 135.
10. Citado por R.W. Dale, *The Epistle of James*, Hodder and Stoughton, Londres, 1895, p. 118.
11. R.W. Dale, *The Epistle of James*, Hodder and Stoughton, Londres, 1895, p. 118.
12. Alan Walker, «Beyond Science –What?», *Pulpit Digest*, September 1967, p. 24.

Capítulo Ocho

1. Charles Colson, *The Body*, Word, Dallas, 1992, pp. 92,94,97.

NOTAS

2. Autor desconocido.

3. Vernon Doerksen, *Everyman's Bible Commentary – James*, Moody, Chicago, 1983, p. 94.

4. D. Edmond Hiebert, *James*, Moody, Chicago, 1992, p. 223.

5. Herbert F. Stevenson, *James Speaks for Today*, Revell, Westwood, Nueva Jersey, 1966, pp. 69-60.

6. Vernon Doerksen, *Everyman's Bible Commentary – James*, p. 95.

7. W.A., Criswell *Expository Sermons on the Epistle of James*, Zondervan, Grand Rapids, 1975, 78.

8. Vernon Doerksen, *Everyman's Bible Commentary – James*, p. 96.

9. William Barclay, *The Letters of James and Peter*, Westminster, Filadelfia, 1976, p. 100.

10. Kent Hughes, *James – Faith That Works*, Crossway, Wheaton, Illinois, 1991, pp. 169-70.

11. W.A. Criswell, *Expository Sermons on the Epistle of James*, pp. 76-77.

12. Simon J. Kistemaker, *New Testament Commentary – James and I-III John*, Baker, Grand Rapids, 1986, p. 133.

13. Richard Wolff, *General Epistle of James & Jude*, Tyndale, Wheaton, Illinois, 1969, p. 68.

14. «Here's Joni!» *Today's Christian Woman*, enero/febrero de 1990, 24-25.

15. Annie Johnson Flint, «He Giveth More Grace», *The Hymnal for Worship and Celebration*, Word Music, Waco, Texas, 1986, p. 415.

16. Homer A. Kent, Jr., *Faith That Works – Studies in the Epistle of James*, Baker, Grand Rapids, 1986, p. 148.

17. Herbert F. Stevenson, *James Speaks for Today*, p. 76.

18. Juan Calvino, *Commentary on the Catholic Epistles – The Epistle of James*, Ed. y trad. por John Owen, Eerdmans, Grand Rapids, 1948, p. 334.

19. Simon J. Kistemaker, *New Testament Commentary – James and I-III John*, p. 141.

20. Mark Littleton, «Putting Out the Fire of Gossip», *Discipleship Journal*, Número 31, 1985.

21. Charles Colson, *The Body*, pp. 92,94,97.

Capítulo Nueve

1. William M. Alnor, *Soothsayers of the Second Advent*, Revell, Old Tappan, Nueva Jersey, 1989, p. 9.

2. *Bible Prophecy News* 17, No.1, enero, febrero, marzo, 1988, p. 11.

3. Spiros Zodhiates, *The Behavior of Belief*, 3ra parte, Eerdmans, Grand Rapids, 1959, p. 18.

4. W.A., Criswell, *Expository Sermons on the Epistle of James*, Zondervan, Grand Rapids, 1975, p. 83.

5. Simon J. Kistemaker, *New Testament Commentary – James and I-III John*, Baker, Grand Rapids, 1986, p. 146.

6. Robert Johnstone, *Lectures on the Epistle of James*, Baker, Grand Rapids, 1954, p. 340.

7. William Barclay, *The Letters of James and Peter*, Westminster, Filadelfia, 1976, p. 113.

8. Spiros Zodhiates, *The Behavior of Belief*, p. 15.

9. Homer A. Kent, Jr., *Faith That Works –Studies in the Epistle of James*, Baker, Grand Rapids, 1986, p. 161.

10. Robert Johnstone, *Lectures on the Epistle of James*, p. 344.

11. Richard A. Swenson, M.D. *Margin*, NavPress, Colorado Springs, 1992, 147-48.

12. James B. Adamson, *The Epistle of James in The New International Commentary on The New Testament*, Eerdmans, Grand Rapids, 1979, p. 179.

13. Spiros Zodhiates, *The Behavior of Belief*, p. 24.

14. Simon J. Kistemaker, *New Testament Commentary – James and I-III John*, p. 151.

15. Alec Motyer, *The Message of James*, Inter Varsity, Downers Grove, Illinois, 1985, p. 162.

16. Lewis B. Smedes, *Shame and Grace*, Zondervan, Grand Rapids, 1993, p. 149.

17. Homer A. Kent, Jr., *Faith That Works –Studies in the Epistle of James*, p. 163.

18. *Illustrations for Biblical Preaching*, editado por Michael P. Green, Baker, Grand Rapids, 1989, 288.

Capítulo Diez

1. Randy Alcorn, *Money, Possessions and Eternity*, Tyndale, Wheaton, Illinois, 1989, 54-55.

2. Richard A. Swenson, M.D., *Margin*, NavPress, Colorado Springs, 1992, p. 164.
3. Citado por R. Kent Hughes, *James – Faith That Works*, Crossway, Wheaton, Illinois, 1991, p. 211.
4. R.V.G. Tasker, *The General Epistle of James, The Tyndale New Testament Commentaries*, ed. Por R.V.G. Tasker, Eerdmans, Grand rapids, 1980, 16,109-10.
5. D. Edmond Hiebert, *James*, Moody, Chicago, 1992, pp. 259-60.
6. Juan Calvino, *Commentary on the Catholic Epistles – The Epistle of James* Ed. y trad. por John Owen, Eerdmans, Grand Rapids, 1948, p. 343.
7. Richard A. Swenson, M.D. *Margin*, 179.
8. D. Edmond Hiebert, *James*, pp. 262-63.
9. Peter Davids, *Commentary on James, New International Greek Testament Commentary*, Eerdmans, Grand Rapids, 1982, p. 177.
10. Homer A. Kent, Jr., *Faith That Works – Studies in the Epistle of James*, Baker, Grand Rapids, 1986, p. 171.
11. Adolf Deissmann, *Light From the Ancient East*, Baker, Grand Rapids, rev., 1965, p. 248.
12. James B. Adamson, *The Epistle of James in The New International Commentary on The New Testament*, Eerdmans, Grand Rapids, 1976, p. 186.
13. C. Leslie Mitton, *The Epistle of James*, Eerdmans, Grand Rapids, 1966, p. 180.
14. Alec Motyer, *The Message of James*, InterVarsity, Downers Grove, Illinois, 1985, p. 167.
15. Randy Alcorn, *Money, Possessions and Eternity*, Tyndale, Wheaton, Illinois, 1989, p. 61.
16. Richard Holloway, *Seven to Flee, Seven to Follow*, Mowbray, Londres, 1986, p. 33-35.
17. A.W. Tozer, *The Pursuit of God*, Christian Publications, Camp Hill, Pensilvania, 1993, p. 21-22.
18. Manfred George Gutzke, *Plain Talk on James*, Zondervan, Grand Rapids, 1969, p. 156.
19. Alec Motyer, *The Message of James*, p. 168.
20. Joshua ben Sira, 34,21-22, rsv.
21. James B. Adamson, *The Epistle of James*, p. 188.
22. Simon J. Kistemaker, *New Testament Commentary – James and I-III John*, Baker, Grand Rapids, 1986, p. 159.
23. John Piper, *Desiring God*, Multnomah, Portland, 1986, p. 156.
24. Citado por L.S. Stavrianos, *The Promise of the Coming Dark Age*, W.H. Freeman and Company, San Francisco, 1976, p. 165.

Capítulo Once
1. Nancy Gibbs. «How America Has Run Out of Time», *Time*, 24 de abril de 1989, Vol. 133, No. 17, p. 58.
2. Jerry Bridges, *The Practice of Godliness*, NavPress, Colorado Springs, 1983, p. 204-5.
3. W. E. Vine, *Diccionario Expositivo de Palabras del Antiguo y del Nuevo Testamento*, Editorial Caribe, Miami-Nashville, 1999, pp. 511,619.
4. William Barclay, *A New Testament Workbook*, Harper and Brothers, Nueva York, s.f., p. 84.
5. Jerry Bridges, *The Practice of Godliness*, NavPress, Colorado Springs, 1983, p. 204.
6. Citado por Spiros Zodhiates, *The Behavior of Belief*, Eerdmans, Grand Rapids, 1959, Part 3, p. 87.
7. D. Edmond Hiebert, *The Epistle of St. James*, Moody, Chicago, 1979, p. 272.
8. Robert Johnstone, *The Epistle of James*, Klock & Klock Christian Publishers, Minneapolis, 1871, p. 377.
9. Simon J. Kistemaker, *The New Testament Commentary – James and I-III John*, Baker, Grand Rapids, 1986, p. 166.
10. Robert Johnstone, *The Epistle of James*, p. 380.
11. W.A. Criswell, *Expository Sermons on the Epistle of James*, Zondervan, Grand Rapids, 1975, pp. 99-100.
12. Spiros Zodhiates, *The Behavior of Belief*, p. 106.
13. Homer A. Kent, Jr. *Faith That Works – Studies in the Epistle of James*, Baker, Grand Rapids, 1986, p. 181.

NOTAS

14. Spiros Zodhiates, *The Behavior of Belief*, p. 111.
15. Helmut Thielicke, *Life Can Begin Again*, Westminster, Filadelfia, 1980, p. 55.
16. James Fixx, *The Complete Book of Running*, Random House, Nueva York, 1977, P. 70.

Capítulo Doce

1. Citado en Eusebius, *Eclesiastical History*, Volumen I, trad. por Kirsopp Lake, The Loeb Classical Library, Harvard University Press, Cambridge, Massachusetts, 1965, p. 171, II 23,3-9,.
2. Bill Hybels, *Too Busy Not to Pray*, InterVarsity, Downers Grove, Illinois, 1988, p. 7.
3. Ralph M. Martin, *Word Biblical Commentary – Vol. 48– James*, Word, Waco, Texas, 1988, 205.
4. Carl Armerding, «Is Any Among You Afflicted?» *Bibliotheca Sacra*, revista teológica trimestral del Seminario Teológico de Dallas, 95,195-201, 1938.
5. Bill Hybels, *Too Busy Not to Pray*, p. 13.
6. William Barclay, *The Letters of James and Peter*, Westminster, Filadelfia, 1976, pp. 128-29.
7. Alec Motyer, *The Message of James*, InterVarsity, Downers Grove, Illinois, 1985, p. 188.
8. John F. MacArthur, Jr., *Charismatic Chaos*, Zondervan, Grand Rapids, 1992, 197.
9. D. Edmond Hiebert, *James*, Chicago, Moody, 1992, p. 294.
10. Homer A. Kent, Jr. *Faith That Works – Studies in the Epistle of James*, Baker, Grand Rapids, 1966, p. 187.
11. Simon J. Kistemaker, *The New Testament Commentary – James and I-III John*, Baker, Grand Rapids, 1986, p. 175.
12. William Nolen, *Healing, A Doctor in Search of a Miracle*, Random House, Nueva York, 1974, p. 60.
13. C. Everett Koop M.D., «Faith Healing and the Sovereignty of God» en *The Agony of Deceit – What Some TV Preachers Are Really Teaching*, Michael Horton, Ed., Moody, Chicago, 1990, pp. 179-80.
14. James I. Packer, «Poor Health May Be the Best Remedy», *Christianity Today*, 21 de mayo de 1982, p. 15.
15. Alec Motyer, *The Message of James*, p. 191.
16. C. Everett Koop M.D., «Faith Healing and the Sovereignty of God», pp. 169-70.
17. Alec Motyer, *The Message of James*, p. 191.
18. Homer A. Kent, Jr. *Faith That Works – Studies in the Epistle of James*, p. 191.
19. Richard Mayhue, *Divine Healing Today*, Moody, Chicago, 1983, p. 113.
20. Jay Adams, *Competent to Counsel*, Presbyterian and Reforms Publishing Co., Nueva Jersey, 1970, 109-10.
21. Richard Mayhue, *Divine Healing Today*, p. 114.
22. Vernon Doerksen, *James*, Moody, Chicago, 1983, p. 136.
23. Citado por Roy Roberts, *Life in the Pressure Cooker – Studies in James*, BMH Books, Winona Lake, Indiana, 1977, p. 162.
24. Corrie ten Boom, con John Sherrill, *The Hiding Place*, Revell, Old Tappan, Nueva Jersey, 1971, pp. 202-3.

COMENTARIOS

Adamson, James B., *The Epistle of James*, en la serie The New International Commentary on the New Testament. Grand Rapids: Eerdmans, 1976.

Barclay, William, *The Letters of James and Peter* Edición Revisada, Filadelfia: Westminster, 1976.

Calvin, John, «Commentaries on the Epistle of James», *Calvin's Commentaries, Vol. XXII*. Grand Rapids: Baker, 1979.

Criswell, W.A., *Expository Sermons on the Epistle of James* Grand Rapids: Zondervan, 1975.

Davids, Peter H. *Commentary on James, New International Greek Testament Commentary* Grand Rapids: Eerdmans, 1982.

Doerksen, Vernon, *James* en la serie *Everyman's Bible Commentary*. Chicago, Moody, 1983.

Fickett, Harold T., *James*. Glendale, California: Regal, 1972.

Gutzke, Manfred George, *Plain Talk on James*. Grand Rapids, Zondervan, 1969.

Hiebert, D. Edmond. *The Epistle of James*. Chicago: Moody, 1979.

Hughes, R. Kent. *James – Faith That Works*. Wheaton, Illinois: Crossway, 1991.

Robert Johnstone, *Lectures Exegetical and Practical on the Epistle of James*. Grand Rapids: Baker, 1986.

Kent, Homer A., Jr., *Faith That Works*. Grand Rapids; Baker, 1986.

King, Guy H., *A Belief That Behaves*. Londres, Inglaterra: Marshall, Morgan & Scott, LTD., 1956.

Kistemaker, Simon J. *New Testament Commentary –Expositions of the Epistle of James and The Epistles of John*. Grand Rapids: Baker, 1986.

Mayor, Joseph B., *The Epistle of St. James*. Grand Rapids, Zondervan, 1913.

Mitton, C. Leslie, *The Epistle of James*. Grand Rapids: Eerdmans, 1966.

Motyer, Alec, *The Message of James*. Downers Grove, Illinois: InterVarsity, 1985.

Roberts, Roy, *Life in the Pressure Cooker – Studies in James*. Winona Lake, Indiana: BMH Books, 1977.

Stevenson, Herbert F., *James Speaks for Today*. Westwood, Nueva Jersey: Revell, 1966.

Strauss, Lehman. *James, Your Brother – Studies in the Epistle of James*. Neptune, Nueva Jersey: Loizeaux Brothers, 1956.

Tasker, R.V.G. *The General Epistle of James –An Introduction and Commentary*, Tyndale New Testament Commentaries. Grand Rapids: Eerdmans, 1956.

Wiersbe, Warren W. *Be mature*. Wheaton, Illinois: Víctor Books, 1976.

Wolff, Richard. *General Epistles of James & Jude*. Wheaton, Illinois; Tyndale 1969.

Zodhiates, Spiros. *The Behavior of Belief*. Grand Rapids: Eerdmans, 1959.

MATERIALES ADICIONALES

Un álbum con casetes de audio que incluye la presentación de estas lecciones por el Dr. Jeremiah está disponible en las oficinas de Turning Point Ministries.

Además, para los que hablan inglés, Paul Joiner escribió breves representaciones dramáticas que coinciden con cada sección de este libro. Los guiones impresos y un video de cada presentación están asimismo disponibles. Si usted está utilizando este material para presentaciones en estudios de la Biblia en su hogar, podría descubrir que el video en formato VHS es lo ideal para lograr que todos participen en la discusión.

Para solicitarlo, escriba a: TURNING POINT MINISTRIES
                                 1651 E. MAIN – SUITE 203
                                 EL CAJON, CALIFORNIA 92021
O llame sin costo al: 1-800-947-1993

Nos agradaría recibir noticias suyas.
Por favor, envíe sus comentarios sobre este libro
a la dirección que aparece a continuación.
Muchas gracias

ZONDERVAN

Editorial Vida
7500 NW 25th Street, Suite #239
Miami, FL 33122

Vidapub.sales@zondervan.com
http://www.editorialvida.com